本书为教育部人文社会科学研究项目

（教育廉政理论研究专项12JDJYLZ05）最终成果

高等院校利益冲突风险评估与管理

崔会敏 ● 著

中国社会科学出版社

图书在版编目（CIP）数据

高等院校利益冲突风险评估与管理／崔会敏著 . —北京：中国社会科学
出版社，2015.5
　ISBN 978 – 7 – 5161 – 6036 – 7

　Ⅰ.①高…　Ⅱ.①崔…　Ⅲ.①高等学校—风险管理—研究　Ⅳ.①G647

　中国版本图书馆 CIP 数据核字（2015）第 085658 号

出 版 人　赵剑英
责任编辑　孔继萍
责任校对　邓雨婷
责任印制　何　艳

出　　　版　中国社会科学出版社
社　　　址　北京鼓楼西大街甲 158 号
邮　　　编　100720
网　　　址　http://www.csspw.cn
发 行 部　010 – 84083685
门 市 部　010 – 84029450
经　　　销　新华书店及其他书店

印刷装订　北京市兴怀印刷厂
版　　　次　2015 年 5 月第 1 版
印　　　次　2015 年 5 月第 1 次印刷

开　　　本　710 × 1000　1/16
印　　　张　15.25
插　　　页　2
字　　　数　235 千字
定　　　价　52.00 元

目　录

导论 ……………………………………………………………… （1）

　　一　问题的提出与研究意义 ……………………………… （1）

　　二　核心概念界定与相关概念辨析 ……………………… （6）

　　三　国内外研究现状综述 ………………………………… （18）

　　四　研究思路与方法 ……………………………………… （30）

第一章　高等院校利益冲突风险评估与管理的理论思考 ……… （34）

　第一节　利益冲突风险评估与管理研究的理论基础 ……… （34）

　　一　制度预防腐败理论 …………………………………… （34）

　　二　风险管理理论 ………………………………………… （37）

　　三　公共权力监督与制约理论 …………………………… （39）

　　四　公共伦理学 …………………………………………… （40）

　第二节　防止利益冲突是预防腐败制度安排的逻辑起点 … （42）

　　一　制约公共权力的分析 ………………………………… （43）

　　二　防止利益冲突的分析 ………………………………… （44）

　第三节　高等院校利益冲突风险评估与管理的意义 ……… （46）

第二章　高等院校利益冲突的类型与表现 …………………… （48）

　第一节　利益冲突的类型 …………………………………… （48）

　　一　根据利益冲突性质的分类 …………………………… （49）

　　二　根据私人利益获取途径和权力运行方向的分类 …… （56）

　　三　根据利益冲突发生的不同伦理领域分类 …………………（59）

　第二节　高等院校利益冲突的表现 …………………………………（66）

　　一　一般性的利益冲突 ………………………………………………（67）

　　二　具有教育行业特点的利益冲突 ………………………………（69）

　第三节　高等院校利益冲突发生的主要原因 ……………………（73）

　　一　客观因素的影响 …………………………………………………（73）

　　二　主观因素的影响 …………………………………………………（78）

第三章　高等院校利益冲突风险评估规划 ……………………（81）

　第一节　高等院校利益冲突信息披露 ……………………………（81）

　　一　信息披露是利益冲突风险评估与管理的基础 ……………（81）

　　二　高等院校的利益冲突信息披露原则 ………………………（82）

　　三　高等院校利益冲突信息披露的机制和程序 ………………（83）

　第二节　高等院校利益冲突风险评估原则与程序确定 …………（84）

　第三节　高等院校利益冲突风险评估方法与工具的选择 ………（86）

　　一　德菲尔法 …………………………………………………………（86）

　　二　风险矩阵分析法 ………………………………………………（87）

　　三　等级全息建模（HHM） ………………………………………（89）

　　四　RFRM 方法框架 ………………………………………………（91）

第四章　高等院校利益冲突风险因素辨识 ……………………（94）

　第一节　高等院校利益冲突中要保护的公共利益 ………………（94）

　　一　高等院校的财务与资产 ………………………………………（94）

　　二　高等院校的功能 ………………………………………………（96）

　　三　高等院校的学风 ………………………………………………（99）

　　四　高等院校的声誉 ………………………………………………（100）

　第二节　高等院校利益冲突风险来源影响因素分析 …………（103）

　　一　利益冲突的逻辑构成要件 ……………………………………（103）

　　二　高等院校利益冲突逻辑构成要件 …………………………（107）

　第三节　高等院校利益冲突风险识别方法与程序 ……………（112）

　　一　高等院校的利益冲突风险辨识 ……………………………（112）

　二　辨识利益冲突风险因素的具体方法 ………………………（114）

第五章　高等院校利益冲突风险程度分析与等级评价 …………（117）
　第一节　对高等院校现有防止利益冲突制度与措施的考察 ……（117）
　　一　高等院校防止利益冲突制度和措施及其确立过程 ………（119）
　　二　利益冲突信息披露制度 …………………………………（122）
　　三　利益冲突回避制度 ………………………………………（123）
　　四　外部行为限制制度 ………………………………………（125）
　　五　离职后行为限制制度 ……………………………………（128）
　第二节　高等院校利益冲突主体的行为能力分析 ……………（129）
　　一　高等院校利益冲突不同领域分类 ………………………（129）
　　二　高等院校利益冲突主体的能级量表 ……………………（130）
　第三节　高等院校防止利益冲突制度的缺陷及被
　　　　　利用的可能性 …………………………………………（132）
　　一　利益冲突信息披露制度的缺陷 …………………………（132）
　　二　利益回避制度的缺陷 ……………………………………（135）
　　三　行为限制规定的缺陷 ……………………………………（136）
　　四　离职后行为限制规定的缺陷 ……………………………（139）
　第四节　高等院校利益冲突风险分析、过滤与等级确定 ………（140）
　　一　高等院校利益冲突风险过滤 ……………………………（140）
　　二　高等院校利益冲突风险评级 ……………………………（142）

第六章　高等院校利益冲突风险的管理 …………………………（145）
　第一节　美国高等院校利益冲突风险管理经验与借鉴 ………（145）
　　一　美国高等院校利益冲突风险管理概况 …………………（145）
　　二　美国高等院校利益冲突管理的内容 ……………………（149）
　　三　美国高等院校利益冲突风险管理的经验启示 …………（157）
　第二节　完善我国高等院校利益冲突风险控制机制 …………（165）
　　一　建立高等院校利益冲突风险预警机制 …………………（166）
　　二　健全高等院校利益冲突信息披露机制 …………………（168）
　　三　构建高等院校利益冲突风险补救机制 …………………（171）

四　完善高等院校利益冲突风险监督机制 ……………………（173）

第三节　建立健全高等院校利益冲突风险评估与
　　　　管理的保障机制 ……………………………………（175）

一　在国家层面建立防止利益冲突的伦理法规 …………（176）

二　完善高等院校防止利益冲突制度建设 ………………（177）

三　增强高等院校防止利益冲突的科技保障 ……………（183）

四　加强高等院校防止利益冲突文化的研究与教育 ………（185）

第四节　整合对接高等院校防止利益冲突与廉政
　　　　风险防控工作机制 …………………………………（187）

一　防止利益冲突与廉政风险防控的异同分析 …………（188）

二　防止利益冲突与廉政风险防控在具体实施过程
　　中存在的问题 …………………………………………（190）

三　构建防止利益冲突与廉政风险防控的对接机制 ………（192）

结语 …………………………………………………………（198）

附录 …………………………………………………………（201）

一　乔治·华盛顿大学:《教职人员和研究人员利益冲突与责任
　　冲突政策》The George Washington University. *Policy on
　　Conflicts of Interest and Commitment for Faculty and
　　Investigators* ……………………………………………（201）

二　美国西北大学:《利益冲突与责任冲突政策》Northwestern
　　University. *Policy on Conflict of Interest and Conflict of
　　Commitment* ……………………………………………（215）

参考文献 ……………………………………………………（231）

导　论

一　问题的提出与研究意义

高等院校素有"象牙塔"的雅誉，一直以来都受到社会公众的尊敬和信任。因为高等院校不但具有选拔人才的功能，还具有道德传承和表率作用。人们相信经过"象牙塔"洗礼的大学生，不但是知识的精英，更是具有道德和诚信的人才。我国著名教育家竺可桢曾将大学比喻为指引世人、教化众生的"海上之灯塔"。但是，随着 20 世纪 90 年代末的扩招，办学规模的不断扩大，不少高等院校投入巨资发展新校区。在这一过程中，腐败开始悄然在高等院校中发酵生长。总体来说，高等院校的党员领导干部绝大多数是清正廉洁的，教职员工基本都是爱岗敬业的。根据对全国检察机关 2003 年至 2010 年 6 月立案侦查高教系统职务犯罪的统计，共立案侦查高教系统职务犯罪 2633 人，占教育系统职位犯罪人总数的25.6%，仅占全国高校教职员工总数的 1.3‰。这说明，检察机关掌握的高教系统的违法犯罪线索只是极少数，被查处的腐败分子更是极少数。但是，由于高等院校承担着教育人才和文化传承功能，在人们心目中有着崇高的地位，是学者研究"高深学问"的所在。这些腐败案件虽然是极少数，涉案金额也不如社会腐败金额那样数目巨大，但是却严重影响了公众对高校的神圣感，高校的公信力被削弱。学生也受到诸多负面影响，对学校、老师的信任感下降，对社会的看法增添了悲观色彩，产生了严重的社会后果。百年大计，教育为本。因此，高等院校的反腐倡廉建设任务紧迫，意义重大。

根据从全国检察机关 2003—2011 年查办的高教系统腐败案件情况看，主要呈现出腐败程度与社会腐败相比总体上较轻，腐败案件呈波动发展趋势。但同时，高教系统党员干部违纪违法腐败现象又有与社会腐败趋同的特征。

具体来说，高教系统腐败案件主要有以下特征。

第一，职务犯罪案件增多、犯罪数额上升、高学历人员犯罪比例增大。

2003 年至 2010 年 6 月全国教育系统职务犯罪共发案 2633 人，2003 年发案 182 人，2004 年上升为 257 人，2005 年急剧上升为 509 人。2006 年、2007 年、2008 年分别持续下降为 457 人、325 人、318 人，2009 年又回升为 321 人（如图 1）。2010 年上半年发案 264 人，与 2009 年上半年相比上升 36.1%。

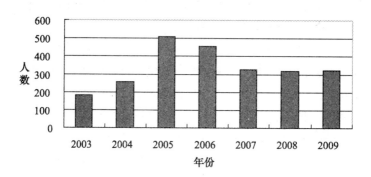

图 1　2003—2009 年高教系统职务犯罪人数对比图

据分析，在这些已发案件中，大案、要案比例较高，而且从所涉嫌罪名看，贪污、受贿犯罪居多。查处的腐败案件中涉嫌贪污贿赂 5 万元、挪用公款 10 万元以上的大案有 1930 人，占总体比重的 73.3% 之高；县处级以上职务犯罪要案 891 人（其中厅级干部 59 人），占 33.8%，这意味着高教系统要案比例比全国腐败案件中要案平均比例（9.7%）高出 24.1 个百分点。而且在所有 2633 名犯罪嫌疑人中有 1449 人涉嫌受贿，占总人数的 55%。尤其是高校领导所涉嫌职务犯罪案件几乎全部涉嫌受贿罪名。有 742 人涉嫌贪污犯罪，占总人数的 28.2%。有 257 人涉嫌挪用公款，58 人涉嫌行贿，56 人涉嫌私分国有资产，40 人涉嫌单位受贿，17 人涉嫌介绍贿赂，11 人涉嫌单位行贿，3 人涉嫌巨额财产来源不明（如图 2）。而且高教系统腐败案件中所涉及的人员拥有高学历的人数也很多。与行政和国企人员职务犯罪相比，高校职务犯罪嫌疑人文化素质及综合素质较高，多受过高等学历教育，甚至有出国留学、交流经历。他们对腐败问题也有深刻认识，但是却不能知行合一，难以抵挡腐败诱惑。他们有一定的社会责任感，对腐败既持有一定的批判态度，却又牵扯其中，不能做到"出淤泥而不染"。

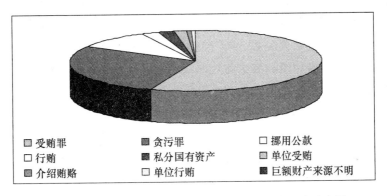

□ 受贿罪　　　　　■ 贪污罪　　　　　□ 挪用公款
□ 行贿　　　　　　■ 私分国有资产　　□ 单位受贿
■ 介绍贿赂　　　　□ 单位行贿　　　　■ 巨额财产来源不明

图 2　2003—2009 年高教系统腐败案件涉嫌罪名种类分布图

资料来源：最高人民检察院办公厅统计处有关统计资料。转引自徐汉明《高教领域腐败风险防控体系建设若干问题研究》，南通廉政网，http：//www.ntlz.gov.cn/lilun/View.aspx？id=31532。

第二，发案部门相对集中，多发于基建处、财务处、物资采购处、招生办、图书馆等领域。

高校职务犯罪大多集中在基础建设、后勤服务、大宗采购、招生录取、财务管理等权力和资金相对密集的几个领域。其中尤以工程建设、物业维修、教学设备与物资采购、图书采购这些领域为主。

石景山检察院通过分析近年来该院查办的高校职务犯罪案件，"发现有超过三成的案子集中于物资材料、设备采购上，三成左右集中于基础设施建设以及道路修缮等，四成左右集中于图书、医疗采购等"。[1]

---

[1]　刘静杰、赵友平：《高校职务犯罪特点呈"三高"》，《法制日报》2010 年 4 月 2 日。

第三，从发案形式看，高教系统的窝案串案情况比较突出。根据资料统计，高教系统 2633 名犯罪嫌疑人中，属窝案串案的占 67%。[①] 如 2008 年查办的浙江理工大学原党委书记白同平、副校长夏金荣等受贿窝案中，上至书记、副校长，下至基建处处长、主任等人均因涉嫌工程受贿被审查，总受贿金额近 100 万元。2010 年查办的原安徽师范大学后勤集团总经理孙东华、数学计算机学院党委书记曾家柱等 10 人受贿窝串案，总涉案金额达 240 多万元；原南昌航空大学招生就业管理处处长万联耀、基建处处长唐洲、审计处处长周剑锋等 8 人受贿窝串案，总涉案金额达 150 多万元。高校历来被称为"象牙塔"，是自成一体的"小社会"，其中的师生关系、直系或近亲属关系、同门关系和老乡关系交织成一个错综复杂的人际关系网。笔者曾听到有老师戏称，"在某某大学不敢随便说话，因为你不知道坐在你面前的两个人到底是什么关系"。而这些关系网的背后是权力的相互勾结和串通，致使各种看似严密的审批环节和监督制约流程成为摆设。在这种关系网络下，相关施工企业为了拿到工程，通常要进行环节疏通，对部门正职、副职、具体办事人员三位一体进行攻关，这也是窝案和串案的一个重要原因。

以上高教系统腐败案件的特征说明，加强反腐倡廉建设、加大对腐败的预防和惩治力度，是高等院校面临的一项十分紧迫的任务。

近年来，"利益冲突"问题研究正成为廉政理论研究的热点问题，学者普遍认为，利益冲突概念的提出，为我国惩治和预防腐败体系建设提供了一个全新的视角和思路，并认为利益冲突是产生腐败的重要根源，防止利益冲突是有效预防腐败、加强廉政建设的逻辑起点和前瞻性策略。利益冲突是公职人员的私人利益与其公共职责之间的冲突。虽然利益冲突不一定导致腐败，但是腐败的发生背后都有利益冲突的原因。在我国，"防止利益冲突"概念 2009 年 9 月首次出现在党的文件中，党的十七届四中全会通过的《中共中央关于加强和改进新形势下党的建设若干重大问题的决定》明确提出"防止利益冲突"的要求。2010 年 1 月 12 日，胡锦涛总书记在中纪委全会上的重要讲话中，再次强调要"防止利益冲突"。2010

---

① 最高人民检察院办公厅统计处有关统计资料。转引自徐汉明《高教领域腐败风险防控体系建设若干问题研究》，南通廉政网，http：//www.ntlz.gov.cn/lilun/View.aspx？id＝31532。

年2月23日中央颁布的《中国共产党党员领导干部廉洁从政若干准则》中，多处提到"公共利益发生冲突"的概念，引起人们对利益冲突问题的关注。党的十八大报告强调要"坚定不移反对腐败，永葆共产党人清正廉洁的政治本色"，并再次指出要"防控廉政风险，防止利益冲突，更加科学有效地防治腐败"。

在实践中，我国部分地区已经试行"防止利益冲突"制度，如2009年7月，浙江省温州市印发《温州市国家工作人员利益冲突回避暂行办法》；2010年7月，浙江省杭州市出台了国内首个相关地方性法规，《关于防止国家工作人员在公共资源交易、公共产品采购、公共资产管理中发生利益冲突的若干规定（试行）》。其他省市也表示将着手探索"防止利益冲突"制度。一些私营企业比如阿里巴巴集团也实施了防止利益冲突的措施。

不少学者提出，我国高等院校在反腐倡廉工作建设中也应以"防止利益冲突"为切入点，建立健全高等院校的防止利益冲突制度，对高等院校的利益冲突进行管理。相比之下，西方高校已经有非常成熟的防止教师和研究人员利益冲突的政策和措施。我国应该在借鉴西方经验的基础上，结合我国具体情况，建设防止利益冲突制度。管理学界有句名言：没有评估就无法管理。防止利益冲突制度建设的基础工作是要进行利益冲突风险评估。只有在科学系统的利益冲突风险评估结果基础上，我们才能制定出科学合理的防止利益冲突规则和政策。因为从广泛意义上说，所有对私人有价值的事物都是私人利益，这些私人利益可以根据不同标准分为不同类型，如根据利益的正当性可分为正当的私人利益和不正当的私人利益，其中正当利益包括公职人员的薪金、投资理财收益、继承的遗产收益等，不正当的利益包括受贿、小金库等；根据利益的形式可分为物质上的利益和精神上的利益，其中物质利益包括现金、股票、基金、房产等资金产权，精神利益包括提拔、荣誉、人情关系和某种快感等。但是现实生活中并不是所有私人利益都会和公职人员所承担的公职职责发生抵触、矛盾和干扰的，比如公职人员的薪金等正当个人收益。同时，由于追求个人利益是"理性经济人"的天性，任何公共组织都无法下令禁止个人追求正当利益，也不应当禁止。而且并非所有利益冲突都是腐败。因此，对高等院校利益冲突进行管理必须进行利益冲突风险评估。对利益冲突风险划分不同的类型和等级，在评估基础上，根据风险程度进行相应管理和控制。

利益冲突作为廉政意义的概念来源于西方，结合中国具体情况研究的成果较少，针对高等院校进行研究的成果更少，对高等院校利益冲突风险评估与管理的研究目前是空白。因此，本书研究无论是在理论还是实践当中，都有着重要的价值和意义。

西方社会因为公共领域与私人领域区分较为明确，对利益冲突的界定明确，关于防止利益冲突的制度也比较健全。而我国由于在历史上有"家国同构"、"宗法一体"传统的影响，对公共利益与私人利益的认识比较模糊，公与私的界分并不很明确。加上"公共利益"本身的抽象性，使我国在文化认知上对利益冲突的理解还存在一定的模糊性。本书的研究不但有助于对利益冲突概念内涵的理解，更有助于推动利益冲突管理的科学性和有效性。

西方高校实践中已有成熟全面的教师和研究人员防止利益冲突政策，并且非常明确其政策目的不是全面消除利益冲突，而是要为利益冲突设置一个可接受的阈值，可以让高校教职人员毫无顾虑地进行课外活动或者科研活动，而不用担心会与重要利益相冲突并导致严重后果。而国内高校在防止利益冲突方面并没有制定专门的政策，人们对利益冲突理解还不够，甚至一些高校领导都不明白利益冲突的廉政含义，因此，我国高校利益冲突制度建设还有很长的路要走。本书研究用风险评估的理论和方法，为高等院校防止利益冲突制度提供坚实的基础性工作，为惩治和预防高等院校腐败提供参考方法和理论指导。同时，可以在实践中促进防止利益冲突制度的建立和健全，遏制教育领域公共权力的滥用和权力腐败，最终为党风廉政建设和反腐败工作的深入开展作出贡献。

二 核心概念界定与相关概念辨析

(一) 利益冲突

1. 国外对利益冲突概念的认识

《朗文当代英语词典》（*Longman Dictionary of Contemporary*）在解释利

益冲突的含义时指出，"利益冲突是一种情境，在这种情境中，你由于会受到你所做出的决策的影响而无法公正地工作：在政治家和其商业活动之间利益冲突会不断增加"。①

《麦克米兰高阶英语词典》（*Macmilan English Dictionary for Advanced Learners*）认为，利益冲突包括两层含义："（1）某人由于会受到其做出的决策结果的影响而做出公正的决定的情境，并且（2）居于其中的一些事物对某人有利而对另外一人有害的情境。"② 政治词典中，美国和其他国家政治和法律条目把利益冲突解释为："公职人员的私人利益和公共利益之间的冲突。"③

透明国际（Transparency International）认为，"利益冲突是指为政府、商业、媒体或民间社会组织工作的个人或实体面临着在职责和立场与其个人利益之间做出选择时的一种情境"④。

迈克尔·麦克唐纳（Michael McDonald）把利益冲突定义为"一种情境，在这种情境中某人（比如公职人员、雇员或专家）具有足以影响他/她客观执行公务的个人利益或私人利益"⑤。按照迈克尔·麦克唐纳的理解，利益冲突包含三个关键要素：（1）个人利益——常常是经济利益；（2）公务，具有官方职位或按照官方身份行动的公务；（3）利益冲突以干扰其客观专业判断的方式干扰其专业责任。他认为利益冲突是一个伦理问题，当官员缺乏伦理标准时，就会有面临利益冲突的潜在危险。

---

① *Longman Dictionary of Contemporary*（Third Edition），1995，p. 281.（a situation in which you cannot do your job fairly because you will be affected by the decision you make：There is a growing conflict of interest between his/her position as a politician and his/her business activities.）

② *Macmilan English Dictionary for Advanced Learners*. 2002，p. 290.（1. a situation in which someone make fair decisions because they will be affected by the results，and 2. a situation in which something that is good for one person is bad for another person.）

③ *Dictionary of Politics：Selected American and Foreign Political and Legal Terms*，Seventh Edition，p. 92.（Conflicts between private and public interest in public office.）

④ http：//blog. transparency. org/："A situation where an individual or the entity for which they work，whether a government，business，media outlet or civil society organization，is confronted with choosing between the duties and demands of their position and their own private interests."

⑤ http：//www. ethics. ubc. ca/people/mcdonald/conflict. htm.（a situation in which a person，such as a public official，an employee，or a professional，has a private or personal interest sufficient to appear to influence the objective exercise of his or her official duties.）

英国学者戴维斯（Davis）认为"利益冲突是一种情境（situation），在这种情境下某人的特定利益具有干扰他代表另一个人做出合适判断的趋势"。更具体地说，"利益冲突是一种情境，在这种情境下某人 P（既可以是自然人也可以是法人）具有利益冲突。P 有利益冲突，当且仅当（if and only if）（1）P 与另一个人处于要求 P 代表他做出判断的关系中，且（2）P 具有某种（特殊的）利益，这种利益具有干扰他在这个关系中做出合适判断的倾向"①。戴维斯对利益冲突的定义有几个基本预设：（1）利益冲突是一种情境而非行动；（2）处于利益冲突的人与另外一人（自然人或法人）具有委托代理关系；（3）受托人具有除委托者利益之外的自身的利益；（4）受托人的个人利益具有干扰其代表委托人利益作出客观判断的可能或倾向。

虽然以上对利益冲突内涵的界定不尽相同，但对利益冲突本质的认识都是统一的，即利益冲突是一种伦理情境，它是公职人员个人利益与其承担公共职责而应维护的公共利益之间的冲突。

2. 国内对利益冲突概念的认识

目前，我国法律法规中对利益冲突还没有明确的界定，政策文件中对其内涵也缺少明确界定。学界对利益冲突概念的认识也不尽相同，总结起来主要有以下三种观点。

第一种观点从个人利益与公共利益冲突的视角出发，认为利益冲突是公职人员的私人利益对其所代表的公共利益的干扰和侵害。如学者龙太江、博岚岚认为利益冲突是指公职人员所代表的公共利益与其自身所具有的私人利益之间的抵触、冲突与侵害②。学者周琪认为利益冲突是假定，假设一个人在某项政策方面有利害关系，那么如果他在这一政策上有决策权，就可能自觉或不自觉地从自己的利益出发，而不是从公共利益出发来作出决策③。学者孔祥仁认为利益冲突的主体是政府官员，利益冲突是指政府官员公职上所代表的公共利益与其自身所具有的私人利益二者之间的冲突④。

---

① Michael Davis, *Conflicts of Interest*, in Ruth Chadwick（editor-in-chief）: *Encyclopedia of Applied Ethics*, Vol. 1, London: Academia Press, 1998, p. 585.

② 龙太江、博岚岚：《公务员辞职后的利益冲突问题》，《探索与争鸣》2007 年第 6 期。

③ 周琪：《从解决"利益冲突"着手反腐败》，《中国新闻周刊》2006 年 6 月 5 日。

④ 孔祥仁：《防止利益冲突——欧美国家反腐新动向》，《正气》2005 年第 5 期。

第二种观点从个人利益与公共责任的冲突视角出发，认为利益冲突是公职人员私人利益对其公共职位所产生的公共责任及义务的干扰和影响。学者庄德水认为利益冲突是公务员所处公共职位上的公共责任与其私人利益的冲突。由于公务员的首要职责是实现公共利益，故其利益冲突表现为私人利益与公共利益的冲突。公共利益是公共行政和政府行为的逻辑起点，故也是判断利益冲突是否发生的重要依据①。

第三种观点从公职人员的角色伦理视角出发，认为公职人员具有多种角色，公职人员常常要在相互冲突的角色之间进行转换和选择，公职人员利益冲突是公职人员在相互冲突的角色伦理、道德规范之间进行选择的结果。如学者邹东升、冯清华认为利益冲突是公共行政中角色冲突、权力冲突以及法理与情理冲突的根本原因。我国社会转型时期，利益主体和利益形式呈现出多样化的特征。当具有社会共享性的公共利益与具有个人独享性的私人利益发生冲突时，当公共行政过程为行政官员的个人利益追求提供便利时，行政官员往往倾向于谋取个人利益②。

目前，学界对利益冲突概念有着不同的界定视角，但不同视角之间却有着内在的契合性。因为公共责任和公共伦理都和公共利益有着密切的联系，有时候甚至可以说公共责任就是公共利益的代名词。而角色伦理冲突的本质其实是利益冲突，公共角色伦理内含着对公共利益的价值偏好。

其实，公职人员利益冲突既是一个伦理问题，也是一个政治问题，同时也是一个管理问题。笔者认为，利益冲突是指"公职人员的公共职责与其私人利益之间的冲突，其中公职人员的私人身份（private-capacity）的利益不恰当地影响他们履行官方义务和责任"③。利益冲突既是一种行为，也是一种伦理困境，"这种伦理困境包含着两层意义：在第一个层面上，利益冲突是一种情境（situation），即利益冲突是潜在的，私人利益起先并未对公职所代表的公共责任形成实质性的干扰，但当公职人员在公务过程中意识到了利益冲突且不加以正确处理时，就会产生真正的危害。

---

① 庄德水：《利益冲突视角下的腐败与反腐败》，《广东行政学院学报》2009 年第 12 期。

② 邹东升、冯清华：《公共行政的伦理冲突场景与消解途径》，《理论探讨》2007 年第 4 期。

③ OECD. Managing conflict of interest in the public service：OECD guidelines and overview [R]．Paris：OECD，2003. p. 24.

在第二个层面上，利益冲突是一种行为（action），即利益冲突是现实性的，公职人员开始从利益冲突的情境中获得私人利益，他在私人利益支配下所作出的政策判断是缺乏社会公正性的"。① "冲突"并不是公职人员的私人利益与其他人利益之间的相互冲突，而是对公共职责的违背，是私人利益对公共角色公正性和客观性的干扰。②

因此，对利益冲突内涵的理解应在三个层面展开。

第一是文化认知层面，即如何理解和区分公共利益与私人利益的关系。文化是由社会确立的意义结构所组成的，对人的行为具有稳定和制约作用。国内外学界对公共利益和私人利益关系的认识还存在争论。"主要有两种主要观点，一种观点是公共利益优于私人利益。西塞罗曾提出了'公益优先于私益'的主张。在18世纪甚至将公益视为最高的'法'，认为公益与私益相对立。另一种相反的观点则认为，公益不过是私益的总和与抽象，私益才是最终目的。如英国功利主义学派边沁就宣称'个人利益是唯一现实的利益'，'社会公共利益只是一种抽象，它不过是个人利益的总和'。③ 国内学者刘军宁认为，公共利益的最高境界就是为实现个人利益提供最有益的环境，只有追求这种公共利益的政府才可能有广泛的民众基础。"④ 虽然有争论，而且各国立法基本上都没有对公共利益进行精确的定义，只是采取抽象概括的方式来规定，但公共利益却是客观存在的。西方社会因为公共领域与私人领域区分较为明确，对利益冲突的理解没有太多歧义。而我国由于在历史上有"家国同构"、"宗法一体"传统的影响，对公共利益与私人利益的认识比较模糊，公与私的界分并不很明确。加上"公共利益"本身的抽象性，就为"部门利益"、"组织化腐败"留下了一定的空间。

第二是行为规范层面，面对公共利益与私人利益冲突，利益冲突行为

---

① 庄德水：《利益冲突：一个廉政问题的分析框架》，《上海行政学院学报》2010年第5期。

② 王天笑、吴春华：《当前我国公职人员利益冲突制度研究述评》，《云南行政学院学报》2010年第5期。

③ ［英］边沁：《道德与立法原理导论》，时殷弘译，商务印书馆2009年版，第59页。

④ 崔会敏：《防止利益冲突：预防腐败制度安排的逻辑起点》，《云南行政学院学报》2012年第3期。

选择是公职人员心中"公共人"与"经济人"角色对抗的伦理困境。"公共人"以追求公共利益最大化为目标，行使公共权力，依靠公共给养，受公众监督①。按照康德的义务论，"公共人"负有公共利益最大化的义务，对公共利益的任何偏离都违反了"公共人"的绝对道德律令。"经济人"以追求自身利益最大化为目标，是每个自由人的权利。当出现亚当·斯密假定时，即每个人在追求自身利益最大化时也同时促进了公共财富的增长，两者关系是和谐的。但是当两者出现冲突和对抗时，就需要一定的职业伦理规范去帮助公职人员选择行为。

第三是行为后果层面，面对公共利益与私人利益冲突，而且没有斯密的统一途径，必须两者选一时，公职人员可能选择牺牲个人利益来维护公共利益，这时就不会导致腐败后果。但是也可能选择牺牲公共利益去追求私人利益，这时就会导致腐败的后果。

（二）高等院校利益冲突

高等院校指按照国家规定的设置标准和审批程序批准举办，通过普通、成人高等学校招生全国统一考试，招收普通高中毕业生为主要培养对象，实施高等教育的全日制大学、独立学院和职业技术学院、高等专科学校、广播电视大学、职工大学、业余大学、职工医学院、管理干部学院、教育学院、普通高校的成人（继续）教育学院等。本书所述高等院校主要指全日制公立高等院校。"全日制"是指固定时间按时上课，非全日制就是不固定，按自己的专业决定课程安排。除此之外还有成人函授（成人脱产相似于全日制学习）、自考、夜大、电大、远程教育（网络教学）等形式都是非全日制的。② "公立"是指高等院校的办学形式是由国家财政拨款，国家出资办学。我国高等学校是社会公益服务事业单位。

高等院校的利益冲突既有公职人员利益冲突的共性，也有高校教职人员利益冲突的特殊性。国外高校利益冲突政策对利益冲突的界定是全体教员和研究人员的私人利益对其承担大学职责的不当影响和干扰。学者丹尼

---

① 刘瑞、吴振兴：《政府人是公共人而非经济人》，《中国人民大学学报》2001 年第 2 期。
② 中华人民共和国中央人民政府网站，http：//www.gov.cn/banshi/2005 – 07/07/content_12758.htm。

斯·F. 汤普森（Dennis F. Thompson）则认为高等院校的利益冲突是一种复杂的状况，此时当事人对于主要利益的专业判断容易受到次要利益的不当影响。他认为任何专业都有主要利益和次要利益，主要利益是其在大学担负的专业职责，而次要利益不属于专业责任或义务的一部分。比如医学研究中临床研究人员的主要利益有三种：病人的健康和福祉，临床研究和专业人员未来顺利的专业教育。次要利益有六种：经济获益，晋升，研究的资助，研究成果的发表，声誉和家庭责任。当次要利益影响专业判断时，就有了利益冲突。①

高等院校"广义的利益冲突还包括职责冲突，如本单位的科研和教学工作在方向、时间和精力方面受兼职工作的干扰"②。唐纳德·肯尼迪在《学术责任》一书中指出："近些年，学术领域的利益冲突问题以一种非常公开的方式浮出水面，焦点是大学里的科学家。他们在被大学全时雇佣期间投身于私人的营利性的企业。一些生物科技百万富翁的出现吸引了很多公众注意力。少数几个惊人丑闻也同样引人注目：研究人员从事的、结果对其有经济上的利益的毒品实验，或教员企业家利用学校设施进行其商业产品的研究或升级。"③

参考国外高校的利益冲突政策和以上对公职人员利益冲突概念的界定，本书从广义上界定高等院校利益冲突，即我国高等院校利益冲突是指高校全体教职人员（包括行政管理人员）的私人利益与其承担的管理角色及教学科研职责之间的冲突。这个概念既包括经济利益冲突，也包括责任冲突。经济利益冲突是指高校教职人员的私人经济利益对其高校公共利益和个人职责的不当影响，也可以说是次要利益对主要利益的影响，这涉及伦理困境。责任冲突则指高校教职员在其主要利益之间产生的冲突，即在其担负大学职责之间的冲突，例如教师在教学活动和科学研究以及行政管理之间的责任冲突。从伦理角度看，责任冲突并不涉及伦理道德上大的问题。

---

① Dennis F. Thompson. *Understanding financial conflicts of interest*. The New England Journal of Medicine1993. August19，No. 8；Volume 329：573－576.

② 曹南燕：《科学活动中的利益冲突》，《清华大学学报》（哲学社会科学版）2003 年第 2 期。

③ ［美］唐纳德·肯尼迪：《学术责任》，阎凤桥等译，新华出版社 2002 年版，第 304 页。

（三）　腐败及与利益冲突的关系

1. 腐败的概念

科学定义腐败概念有利于防止和纠正腐败概念泛化。近年来，新闻媒体出现了大量与腐败相关的词汇，如新闻腐败、医疗腐败、学术腐败、足球腐败、交通腐败、低龄腐败等，似乎哪里都是腐败。但是认真研究后就会发现，有些词汇表述的事件并不属于腐败范畴。比如把出租车司机绕行称为交通腐败，把教师抄袭他人论文称为学术腐败，把小学生班干部接受同学礼物称为低龄腐败等，这些都属于腐败概念的泛化和误用。腐败概念的泛化会降低党和政府的威信，动摇我们治理腐败的信心。但最重要的是，这种概念上的模糊和混乱会使反腐倡廉工作失去理论基础①。

学界对腐败有各种各样的定义，同时各个国家和国家组织也用法律或公约的形式对腐败进行了不同的界定。

比较有代表性的理论定义有：王沪宁认为，腐败就是公共权力的非公共运用②。

J. S. 内伊将腐败定义为："因考虑（家庭、私人团体）金钱或地位上的好处而偏离公共角色规范职责的行为，或者违背某些规则而以权谋私的行为。这些行为包括贿赂（运用报酬改变处于委托职位上的人的判断）、裙带关系（以亲疏关系而非功绩用人）和不正当的占有（非法占有公共资源以供私用）。"③

透明国际对腐败的定义是：滥用委托权力谋取私人利益④。

国际货币基金组织将腐败定义为："腐败是滥用公共权力以谋求私人的利益。"

比较有代表性的法律定义有：《联合国反腐败公约》第十五条至第二十五条对腐败的相关罪行进行了详尽的规定。如贿赂本国公职人员；贿赂

---

①　楚文凯：《腐败概念的泛化和界定》，《中国监察》2005 年第 16 期。

②　同上书，第 7 页。

③　王沪宁：《腐败与反腐败——当代国外腐败问题研究》，上海人民出版社 1990 年版，第 18 页。

④　［新西兰］杰瑞米·波普：《制约腐败——构建国家廉政体系》，清华大学公共管理学院廉政研究室译，中国方正出版社 2003 年版，第 5 页。

外国公职人员或者国际公共组织官员；公职人员贪污、挪用或者以其他类似方式侵犯财产；影响力交易；滥用职权罪；资产非法增加罪，等等。

美国刑法对腐败界定为："在美国政府部门或机构的管理范围内，任何人通过任何手段、手法或方式，明知或故意地对主要事实进行伪造、隐瞒，或作出任何虚假、虚构或具有欺骗性质的陈述或保证，制造或使用任何虚假材料或文件，并明知这些文件含有虚假、虚构或具有欺骗性质的陈述或内容，即构成犯罪。"

各国法律对腐败的界定是非常具体的，对腐败的对象（贿赂物等）、腐败的主体等都有详尽的描述。"廉洁程度越高的国家对腐败的界定也越具体，越能覆盖社会生活的各个领域。"①

综上所述，笔者认为腐败就是利用委托权力谋取私人利益的行为。腐败的主体是公职人员和利用委托权力关系的人。在我国，公职人员是指依法履行公共职务的国家立法机关、司法机关、行政机关、中国共产党和各个民主党派的党务机关、各人民团体以及国有企业的工作人员，而不是仅指党员干部。利用委托权力关系的人指在处理公共事务过程中，通过各种途径试图利用委托权力谋取私利的人。如在公共工程招标中对公职人员行贿的人。

腐败的客体是公共权力。公共权力是对社会资源进行权威性分配的工具，代表着公共利益。公共权力是由人民委托给公共机构的权力，以公共职位和职责的形式存在。

腐败的目的是谋取私人利益。这里的私人利益不仅指金钱利益，还指能满足自身物质及精神方面的需要和欲望的一切利益。

从以上对腐败的定义可以看出，腐败的本质其实是以公权谋私利。

2. 利益冲突与腐败的关系②

在如何理解利益冲突和腐败的关系上，国内学界现在有两种观点。第一种观点认为利益冲突和腐败没有什么本质区别，都是私人利益对公共利

①　任建明、杜治洲：《腐败与反腐败：理论、模型和方法》，清华大学出版社 2009 年版，第 20 页。

②　本部分内容曾以《防止利益冲突与廉政风险防控对接机制研究》为题，发表于《河南社会科学》2013 年第 1 期。

益的影响，只是程度不同而已。两者的关系就像一个连续统一体。利益冲突处于初始阶段，发展到一定程度就变成了腐败行为（Kjellberg，1995：341）。也就是说，利益冲突是腐败的起始阶段。[①] 如图 3 所示。

图 3　利益冲突和腐败的关系（1）

学者公婷和任建明认同此种观点，认为利益冲突在日常生活中相当常见，但其转化为腐败还需要两个基本条件，其一是私人利益与公共利益互不相容且必须从中择一。其二是当事人选择以牺牲公众利益来追求个人利益。同时，他们进一步用数学中的集合方法表示了利益冲突与腐败的关系，[②] 如图 4 所示。

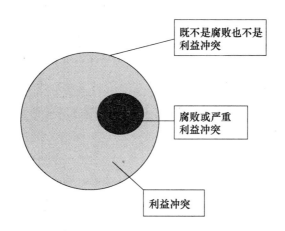

图 4　利益冲突与腐败的关系（2）

① 转引自公婷、任建明《利益冲突及其管理：理论框架与中国实践》，第四届杭州西湖论坛编委会《反腐败：防止利益冲突的理论与实践》，中国方正出版社 2012 年版，第 329 页。

② 公婷、任建明：《利益冲突及其管理：理论框架与中国实践》，第四届杭州西湖论坛编委会《反腐败：防止利益冲突的理论与实践》，中国方正出版社 2012 年版，第 330 页。

第二种观点认为利益冲突和腐败是两个不同的概念。比如学者杜治洲认为腐败是权力滥用的事实，而利益冲突则包括权力滥用的既成事实和潜在可能性两种情况。也就是说，即使有利益冲突也不必然会导致腐败。因此，利益冲突的外延与腐败的外延有相互交叉和高度重叠的地方。[①]　如图5所示，两圆重叠的阴影就是利益冲突和腐败的共性部分，也是间接腐败。直接腐败，如贪污、私分国有资产等行为不是利益冲突，而是利益侵占。而有利益冲突却能不导致腐败的结果，需要靠公职人员高水平的职业伦理，在面对这种两选一困境时能够维护公共利益。

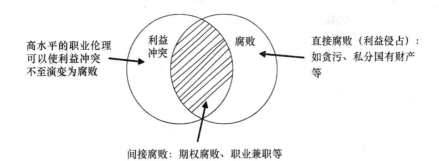

高水平的职业伦理
可以使利益冲突
不至演变为腐败

利益
冲突

腐败

直接腐败（利益侵占）：
如贪污、私分国有财产
等

间接腐败：期权腐败、职业兼职等

图 5　利益冲突与腐败的关系（3）

以上观点的争议反映了人们对利益冲突内涵层次的不同理解。利益冲突一词由"利益"和"冲突"两个核心词汇组成，其中对"利益"的理解可分为"公共利益"和"私人利益"两个关键词。因为文化认知不同，人们对"公共利益"和"私人利益"的理解也会有不同。对"冲突"的理解虽然比较客观一致，但是对冲突的程度和结果理解各异。以上两种关于利益冲突和腐败的关系争论焦点其实恰恰集中在对利益冲突的程度和后果理解的不同之上。

笔者认为，利益冲突与腐败是两个不同的概念，对两者明确区分有利于防止利益冲突制度建设的顺利进行。

这样界分利益冲突与腐败的关系，可以提高制度建设的针对性。首先要在文化认知层面确立防止利益冲突文化制度，即明确公共利益与私人利

---

① 杜治洲：《我国防止利益冲突制度的顶层设计》，《河南社会科学》2012 年第 1 期。

益的区分界限，提供公共利益和私人利益对话平台，既不能让公共利益挤压私人利益空间，也不能让私人利益侵害公共利益。其次要在行为规范层面确立公共伦理规范，让公职人员在面临公共利益与私人利益冲突的困境时，能有一系列行为规范作为指导并作出合理的选择。最后要在行为后果层面确立具体防止利益冲突的激励和惩戒措施，如果公职人员选择维护公共利益，要有合理的个人利益救济、补偿机制和激励措施。如果公职人员选择追求个人利益而侵害公共利益，要有相应的惩戒措施，也就是要有法律的规制。

（四）风险评估与风险管理

风险有广义和狭义两种，狭义的风险表现为损失的不确定性，说明风险只能表现出损失，没有从风险中获利的可能性。例如，法国学者莱曼在其1928年所著的《普通经营经济学》一书中，将风险定义为"损失发生的可能性"。广义的风险表现为不确定性，说明风险产生的结果可能带来损失、获利或是无损失也无获利，如金融风险。

本书将风险定义为：客观存在的，在特定情境中，某个事物导致的最终损失的不确定性。这里风险具有三个特征：客观性、损失性和不确定性。客观性是指风险的存在不以人的意志为转移，不管你是否注意到它，它就在那里。损失性是指风险未来导致的结果是负面的，不是盈余的。不确定性就是指风险发生不发生不确定，发生的时间和空间都不确定。

评估就是评价和估量。对利益冲突而言，风险意味着由于利益冲突造成损失的不确定性，即私人利益对公共利益造成的干扰和侵害具有不确定性，也可能风险高，以致导致腐败；也可能不高，只是微量损失，并没有什么严重后果。

利益冲突风险评估就是对利益冲突中对公共利益损失可能性后果的评价和估量。

风险管理是一种管理职能，主要是对某一组织面临的风险进行识别和评估，并采取应对措施将其影响控制在可接受范围内的过程。风险管理一般通过风险识别、风险分析、风险评估和风险监控等一系列活动来防控风险。

这一定义首先指出了风险管理的目的是要对风险进行处理，即降低风险成本。其次，它指出风险管理就是基于上述目标，对风险进行识别、做出分析评价，并针对风险采取一些措施。最后，风险管理不是一个专门化的管理职能，"它是一个一般性的管理职能，但这并不是说风险管理者不需要专门知识，相反地，风险管理是广泛的、多学科交叉的职能，不能被狭义地描述为保险购买的行为"。[①]

三　国内外研究现状综述

（一）国内研究现状[②]

由于利益冲突概念起源于西方，国内研究主要集中在对公职人员利益冲突的表现类型、利益冲突的危害及利益冲突制度建设等方面，对各专业领域的利益冲突研究还处于探索阶段，对高等院校利益冲突评估与管理方面的研究还没有系统著述，因此对国内研究现状暂且从公职人员利益冲突角度做简单综述。

1. 关于公职人员利益冲突的具体表现和类型

分类是科学研究的逻辑起点。公职人员私人利益的内容异常广泛，涉及对经济、政治、文化等方方面面的诉求；公职人员利益冲突的主体不仅包括公职人员自身，也涵盖其配偶、子女、亲友以及其他的利益相关者；利益冲突的情景和潜在的可能性贯穿公职人员职业生涯的始终，甚至在其离开公职队伍后依然存在着利益冲突的可能和机会。因此，对各种各样利益冲突的表现形式进行归类总结，探寻利益冲突的特征，就成了研究利益冲突必做的工作，也就成了建构利益冲突制度的前提条件之一。

卢少求认为，行政人员面临利益冲突而使公共行政表现为一种非公共倾向。在现实生活中可能有以下八种情形：贿赂、权力兜售、信息兜售、财政交易、馈赠与消遣、组织外就业、未来就业、处理亲戚问题。这八种情况都表现出一种潜在的利益冲突。[③]

---

① 刘新立：《风险管理》，北京大学出版社 2006 年版，第 31 页。

② 该部分观点根据王天笑在其公开发表的《当前我国公职人员利益冲突制度研究述评》（《云南行政学院学报》2010 年第 5 期）基础上整理而成。

③ 卢少求：《试析行政组织中的伦理责任及其规避》，《毛泽东邓小平理论研究》2004 年第 11 期。

　　庄德水根据私人利益的获取方式和公共权力的运行方向，把利益冲突分为三种类型：交易型利益冲突、影响型利益冲突和"旋转"型利益冲突。交易型利益冲突是指公职人员利用职务之便，直接从利益相关者那里收取实体性的或非实体性的私人利益，具体形式包括礼物、馈赠、演讲费、信息兜售或泄密、接受荣誉等形式。影响型利益冲突是指公职人员利用公共权力的影响力，直接或间接地实现自己的或亲属的私人利益，典型的如自我交易、影响交易、处理亲属问题、裙带关系等。"旋转"型利益冲突是指公职人员具有公私双重角色，利用公共权力的影响力，在公务过程中以公共角色的身份参与私人事务，从而为自己、亲属或利益相关者谋取私人利益，典型的有后就业、兼职等形式。这些不同利益冲突类型之间是相互联系的，它们可以相互转化。①

　　程铁军、江涌认为利益冲突的类型分为以下四种：交易型利益冲突、复合型利益冲突、影响型利益冲突和集体型利益冲突。交易型利益冲突即公职人员利用职务之便，直接从利益相关者那里获取各种私人利益。这是一种显性的利益冲突，其本质就是一种赤裸裸的权钱交易。影响型利益冲突，即公职人员利用公共权力的影响力，直接或间接地实现自己或亲属的私人利益，典型的如自我交易、影响交易、处理亲属问题、裙带关系等。复合型利益冲突，即公职人员兼有公私双重角色，在行使公共权力的过程中，公私不分，以公共角色的身份发挥公共权力影响力参与私人事务，从而为自己、亲属或利益相关者谋取私人利益，典型的有自己开公司、兼职、退休后到企业任职等形式。集体型利益冲突，即以公职人员自身利益为背景的行业利益、部门利益对公共利益的侵害、违背和干扰。②

　　2. 关于公职人员利益冲突的危害

　　认识利益冲突的危害程度是引起人们对利益冲突问题重视的重要条件，也是证明利益冲突制度重要性的主要因素。

　　杨芳勇认为，从普遍意义上说，腐败的第一诱因就是利益冲突，而不是个人的贪欲。个人的贪欲只是第二诱因，是第一诱因的催化剂。自由裁

---

　　① 庄德水：《中国公职人员利益冲突政策的现状及发展对策》，《"中国特色社会主义行政管理体制"研讨会暨中国行政管理学会第20届年会论文集》，2010年2月。
　　② 程铁军、江涌：《建立健全利益冲突制度》，《瞭望》2010年3月8日。

量权是形成腐败之云，利益冲突是形成腐败之冷空气，一旦两者结合就会形成腐败之雨。因此，自由裁量权与利益冲突的结合构成了一切腐败的源头①。对利益冲突问题如果不及时加以有效防范与解决，腐败行为就有可能产生。学者过勇对此亦有相似观点。

庄德水认为，利益冲突常常会演变成腐败行为；更重要的是，公众对政府的信任将会因此受到严重侵蚀。公共职位是一种信任，公职人员一旦在公务过程中掺进私人利益，那么政府将会失去社会公众的信任，进而失去统治和管理的合法性和合理性。不良行政行为的实质就在于"利益冲突"②。利益冲突不但会影响公众对政府的信任，还会销蚀政府的合法性基础。公职人员的公共权力最终来源于人民的授予，基于人民对其用公权维护公共利益的期待和信任。人民的信任、支持和拥护也是构成政府合法性的重要基础。利益冲突的最明显特征就是公职人员把私人利益置于公共利益之上，甚至以权谋私，这些已严重违背了人民授权的目的和初衷。势必会丧失人民的信任和支持，进而会威胁政府的合法性。

可以看出，国内研究利益冲突的学者主要从利益冲突可能会造成腐败、合法性危机、公众的信任危机角度认识利益冲突的危害。但是还要看到，利益冲突的危害不仅限于腐败、合法性危机、公众的信任程度，这些是直接的、可见的危害，利益冲突还有间接的、潜在的、较为长远的危害，有着更为广阔的影响，比如对公职伦理的考验、公职人员道德堕落带来的社会性影响、对整个政治体制提出的挑战等，都是有待深入探讨的问题。

3. 关于公职人员利益冲突制度建设

楚文凯认为我国公职人员利益冲突制度的障碍主要在于：首先，对利益冲突问题存在模糊认识。最典型的就是把党员干部的利益与党的整体利益相混同，否认党员干部个人利益的存在；或认为党员干部都能自觉做到个人利益服从党、国家和人民的利益，否认防止利益冲突的必要性。其

---

① 杨芳勇：《试论"防止利益冲突"与反腐倡廉》，《中共南昌市委党校学报》2009 年第 5 期。

② 庄德水：《利益冲突研究：理论路径、政策视界与廉政分析》，《学习与实践》2010 年第 1 期。

次，利益冲突的法律制度不完善。我们针对领导干部廉洁自律相继制定了许多"不准"规定，还出台了领导干部收入申报的规定、领导干部报告个人重大事项的规定等制度，这些制度规定绝大多数意在防止利益冲突。但从立法角度看，还很不完善。最后，防止利益冲突的制度规定在执行中缺乏效率，一是没有把"注重预防"落到实处；二是处理利益冲突问题不及时、不得力；三是制度规定的宣传普及工作薄弱。[①]

庄德水认为我国利益冲突政策主要包括禁止性规定、回避性规定、剥离性规定、公开性规定、限制性规定。禁止性规定主要存在以下不足：对收礼界限的规定比较模糊；对禁止收礼场合的规定过于粗糙，没有界分合法的人情交往与不合法的人情交往；处罚力度不够。回避性规定：我国回避性规定主要集中在任职回避、公务回避和地区回避方面。在一些细节上仍存在不足，如回避对象集中于近亲属、任职回避主要集中于领导职位、回避程序的规定略显简单、对回避的例外情况没有作出规定。限制性规定：后就业限制规定在我国利益冲突政策中充满了矛盾性，离职限制的主要问题是操作性不强，离职限制对离职的公职人员与在职的公职人员之间的交往行为方面不起作用，政策供应不足。兼职性规定不科学。公开性规定的问题则在于：一是这些规定的法律位阶比较低，法律权威性有限，约束能力也有限；二是申报主体范围有限，只限于县处级和省部级以上领导干部，而对县级以下乡镇基层政府负责人和普通公职人员没有作出规定。对离职人员管理不足；三是在申报时间方面，当前政策只规定了现职申报，缺乏就职申报和离职申报；四是没有规定具体的申报管理机构；五是没有规定公开申报的程序。剥离性规定：我国目前还没有财产秘密信托的规定[②]。

针对以上问题，学者也都从不同的角度提出解决对策，比较有代表性的观点如下。

楚文凯认为，建立健全公职人员利益冲突制度应该采取以下措施：首先，完善防止利益冲突的法律制度，加大对利益冲突问题的监督、处理力

---

① 楚文凯：《关于借鉴国外防止利益冲突做法的思考》，《中国监察》2006年第21期。

② 庄德水：《中国公职人员利益冲突政策的现状及发展对策》，《"中国特色社会主义行政管理体制"研讨会暨中国行政管理学会第20届年会论文集》，2010年2月。

度。一是紧密结合巡视工作，加强对领导干部利益冲突情况的监督检查；二是鼓励、支持党员干部和群众积极举报领导干部发生的利益冲突问题；三是通过批评教育、诫勉谈话、免职、责令辞职等多种形式，及时对发生的利益冲突问题作出处理。其次，建立一套防止利益冲突的保障机制。一是严格执行党风廉政建设责任制，严格落实党委、政府以及党委和政府职能部门的领导班子、领导干部在党风廉政建设中的领导责任；二是研究制定廉洁从政若干准则实施办法和公务员法实施细则，建立防止利益冲突的保障性制度；三是变清理党政干部在企业兼职、撤出党政干部煤矿入资等专项工作为防止利益冲突的经常性工作，由专门机构负责，并形成制度。最后，研究建立财产申报、资产处理制度的可行性，条件成熟的地方可以开展试点工作①。

程文浩指出，中国治理和防止利益冲突问题的实践一直在三个层面同时展开，这三个层面分别是公共机构、公职人员及其亲友。中国需要重新定义公私利益之间的界限、需要坚实的信息基础。一方面要立足于现实国情，继续深入扎实地开展治理利益冲突的实践，另一方面也亟须借鉴国外（尤其是经济转型国家）防止和治理官员利益冲突问题的经验②。

庄德水认为，防止利益冲突制度的核心是预防，宗旨在于规范和监督公共权力的运行过程，要求公职人员必须处理好私人利益，避免与其所代表的公共利益发生冲突，若两者发生冲突，要以公共利益为行为标准。建立健全利益冲突制度，我们要在理论上实现三个统一：一是要实现宏观研究与微观研究的统一；二是要实现理论分析与对策研究的统一；三是实现国际视野与本国国情的统一。在实践上，我们亟须实现三个制度创新。一是要创新公务员行政伦理教育制度。应改变传统的思想政治教育方式，把伦理教育融入公共服务的具体工作，着力提高公务员的专业精神和服务意识，促使公务员在工作过程中实现廉洁要求。二是要创新财产申报制度。应把申报主体扩大至全部公务员，特别是高级官员；申报内容应包括公务员个人财产和家庭的共有财产及其他家庭成员的财产；申报资料应由法定

---

① 楚文凯：《关于借鉴国外防止利益冲突做法的思考》，《中国监察》2006 年第 21 期。

② 程文浩：《中国治理和防止公职人员利益冲突的实践》，《广州大学学报》（社会科学版）2006 年第 10 期。

刊物公开；申报期限应与公务员整个职业过程相联系，有就职申报、现职申报、离职申报；加强对公务员财产申报工作的监督和管理，尽早进行国家立法。三是要创新利益回避制度，特别是要切断送礼请吃中的利益关系、公务员任职中的血亲姻亲关系及公务员与所处理的公务之间的金钱利益关系；加强对公务员的兼职限制和辞职退休后的从业限制等①。

（二）国外研究现状

在国外学术界，对"利益冲突"的研究已经比较深入，笔者在 2011 年 5 月 26 日用"conflict of interest"和"corruption"关键词在 EBSCO 数据库进行搜索，与之相关的主题文献共有 681 篇，如果只用"conflict of interest"进行搜索，则与之相关的主题文献多达 47975 篇。西方对"利益冲突"的研究主要在理论和政策两个方面进行。在理论视角下，主要研究公职人员的利益冲突根源、形式，以及利益冲突与公共行政伦理的关系、利益冲突与腐败的关系等主题。这些研究成果从不同角度对利益冲突进行研究，虽然具体方法和思路存在差异，但都将利益冲突看作腐败的主要原因。在政策视角下，主要研究防止利益冲突政策的产生、发展与政策效果，以及防止利益冲突和廉政建设的关系等主题。这些研究成果从不同的角度对政府在管理和防止利益冲突方面的具体措施进行分析，形成了一定的共识，即防止利益冲突是公共行政伦理建设与政府制度建设的统一过程。②

1. 理论研究

利益冲突研究在理论上可以追溯到威尔逊的《行政学之研究》和古德诺的《政治与行政》中对政治与行政二分法的阐述。他们从政治中立和效率的角度，把利益冲突视为一种不道德的行为，是一种政治分赃。

20 世纪 30 年代，西方学者开始关注公共行政过程中的伦理问题，开始从行政责任和公共利益角度来认识利益冲突问题。赫曼·芬纳（Herman Finer）把行政责任视为约束公务员的制度安排，认为行政责任在政

---

① 庄德水：《利益冲突视角下的腐败与反腐败》，《广东行政学院学报》2009 年第 12 期。
② 庄德水：《利益冲突研究：理论路径、政策视界与廉政分析》，《学习与实践》2010 年第 1 期。

府中的重要性并不亚于行政效率，行政责任有利于提高行政效率。解决公务员的利益冲突问题应该从外部控制入手，加强行政责任的权威控制和法制建设。赫林（E. Pendleton）认为公共利益可以作为公职人员的行为标准，"'公共利益'就是指行政管理者执行法律时的标准。这是一个词语性的符号，目的在于把统一、秩序和客观性引入行政管理之中"。① 卡尔·弗里德利奇（Carl Friedrich）则认为行政责任是一种责任感，认为政府需要一批依据内心信念和道德自律来承担民主责任的正直的公务员。为此，公务员应当遵守职业标准，承担公共义务并在道德上具有自主性。解决公务员的利益冲突问题应从内部入手，加强行政责任的教育和道德建设。②

第二次世界大战以后，现代意义上的利益冲突得到了深入、系统的研究，利益冲突的概念研究、防止利益冲突的制度研究、利益冲突的实证研究都得到了进一步发展。

莫瑞姆·哈维（Morreim Haavi）给利益冲突下的定义是："在利益冲突中一个人对一个特定的人或团体的义务与他自我利益相冲突。"③

沃汗（Werhane. P）的定义指出，当个人 I（individual）因如下原因而不能履行其职业责任时，将产生利益冲突：（1）在个人利益与其所属组织 P 应有的利益之间存在（或个人认为存在）实际的或潜在的冲突时；（2）个人 I 有促进或阻碍 X 利益的企图（X 指非 I 的某一利益主体），并且促进或阻碍 X 的利益与 P 的利益之间存在（或个人 I 认为存在）实际的或潜在的冲突。换言之，当个人的经济利益或其他利益与其所应遵循的职业规范或相应义务发生矛盾时，便可能产生利益冲突。④

安德鲁·斯达克（Andrew Stark）认为，冲突包括自我交易、不正当影响、滥用职权、假公济私、以权谋私和"旋转门"等形式；利益一词

---

① ［美］E. 彭德尔顿·赫林：《公共行政和公共利益》，载彭和平、竹立家编《国外公共行政理论精选》，中共中央党校出版社 1997 年版，第 58 页。

② 转引自庄德水《利益冲突视角下的腐败与反腐败》，《广东行政学院学报》2009 年第 6 期。

③ Morreim E. Haavi. Conflict of Interest. in Warren Thomas Reich（editor in chief），*Encyclopedia of Bioethics.* revised edition. New York：Macmillan. 2004. pp. 459 – 465.

④ Patricia Werhane and Jettrey Doeving，"Conflicts of Interest and Conflicts of Commitment" In Deni Elliott and Judy E. Stern, *Research Ethics：A Reader.* University Press of New England. Hanover. 1997. pp. 169 – 170.

包括意识形态的、组织的和心理的内容，如影响、忠诚、情感、性情、偏见、关系、依附等因素都可成为妨碍公务员判断的特殊利益。为了防止利益冲突，他认为必须有法律的、道德的和政治的综合考虑，在此基础上，才能分清某个具体利益冲突到底是属于哪个领域的问题。①

特里·库珀（Terry Cooper）认为，利益冲突指"我们个人自己的个人利益与我们作为一个公共官员的义务之间产生了冲突。这种冲突包括角色冲突和各种权力资源之间的紧张关系；但这些冲突中较典型的是为我们提供了滥用公务谋取私利的机会"。利益冲突表现为公共角色与私人利益之间的冲突，客观责任与个人可能利益之间的冲突，包括七种情形：贿赂、权力兜售、信息兜售、财政交易、馈赠与消遣、组织外就业、未来就业和处理亲戚问题。利益冲突背后的道德问题是作为公共利益代理人的受托关系与公民对公共决策公正性的信任之间的矛盾。②

马国泉认为，利益冲突是指公务员的社会关系、钱财往来或个人信念有可能会妨碍他（她）从公众利益出发，依照法律秉公办事。美国政府中常见的利益冲突形式有自我交易、施加影响、任人唯亲、兼职和代表、合同、泄密、后就业、礼物、演讲费等。在解决利益冲突的伦理管理上，他主张进行专业精神教育和组织道德教育及公民道德教育；在制度建设上，他主张采取信息自由、财务公开、内部监督、外部监督、知情举报和控制后就业等措施。③

杰瑞米·波普认为，公共部门的雇员或官员在工作中如果受到个人利益的影响，便会产生利益冲突。如人们觉得有利益冲突的存在，那么，即使作出的决定是正确的，它也可能像真正的利益冲突那样损害一个组织的名誉并减低公众的信任。利益冲突存在于任人唯亲、裙带关系、公务员离开公共部门之后。列出了可以帮助公务员判断在什么情况下会发生利益冲

---

① Andrew Stark. Conflict of Interest in American Public Life. MA：Harvard University Press，2003. pp. 1 – 49.

② ［美］特里·库珀：《行政伦理学：实现行政责任的途径》，中国人民大学出版社2001年版，第105—106、112—115页。

③ ［美］马国泉：《行政伦理：美国的理论与实践》，复旦大学出版社2006年版，第143—156页。

突的情景、当一个组织存在利益冲突时可以采取的策略。① 这些研究成果从不同角度对利益冲突进行研究，虽然具体方法和思路存在差异，但都将利益冲突当作腐败的主要原因。

2. 政策实践

在政策视野下，西方主要研究防止利益冲突政策的产生、发展与政策效果，以及防止利益冲突和廉政建设的关系等主题。这些研究成果从不同的角度对政府在管理和防止利益冲突方面的具体措施进行分析，形成了一定的共识，即防止利益冲突是公共行政伦理建设与政府制度建设的统一过程。②

在西方政府实践中，早在美国成立后的第一次国会会议上就提到"利益冲突可能性，并要求祛除其诱惑"，③ "利益冲突"在廉政意义上提出是在第二次世界大战期间，"1942 年 3 月 31 日，代理司法部长查尔斯·法希（Charles Fahy）给战争部长写了封信，对容许一位军官和他拥有股份的一家公司保持联系的建议提出了自己的看法。法希认为这样势必导致美国政府、作为国家军队一员的军官，以及作为私人公司股东的军官，这三者之间的利益冲突"。④ 在"水门事件"以后，美国的公共部门日益关注利益冲突问题，并制定了管理和防止利益冲突的法律法规。如《众议院议员和雇员道德准则》、《行政部门雇员道德行为准则》、《国防部人员行为准则》等。加拿大政府则制定了一部专门用于防止利益冲突的法规，即《公务员利益冲突与离职后行为法》。

联合国等国际组织对利益冲突问题也非常重视。联合国在 1990 年 8 月第八届联合国预防犯罪和罪犯待遇大会上要求各个国家在打击贪污舞弊的法律中设立利益冲突罪，指出"公职与私利之间的冲突应得到正确的

---

① ［新西兰］杰瑞米·波普：《制约腐败——构建国家廉政体系》，清华大学公共管理学院廉政研究室译，中国方正出版社 2002 年版，第 278—291 页。

② 庄德水：《利益冲突研究：理论路径、政策视界与廉政分析》，《学习与实践》2010 年第 1 期。

③ Lewis L. Strauss. Conflict of Interest, *California Manangment Review*：CMR：Vol. 7, No. 2, 1964. pp. 3 – 10.

④ ［美］马国泉：《行政伦理：美国的理论与实践》，复旦大学出版社 2006 年版，第 13 页。

处理，虽然确定何种冲突应属犯罪行为随各种不同的文化而有区别"。①
2003 年 10 月 31 日第 58 届联合国大会通过的《联合国反腐败公约》总共
4 次明确使用"利益冲突"这个廉政用语，其中与公共部门和公职人员行
政伦理管理有关的条文有：第七条第四款规定："各缔约国均应当根据本
国法律的基本原则，努力采用、维持和加强促进透明度和防止利益冲突的
制度。"第八条第五款规定："各缔约国均应当根据本国法律的基本原则，
酌情努力制定措施和建立制度，要求政府人员特别就可能与其政府人员的
职能发生利益冲突的职务外活动、任职、投资、资产以及贵重馈赠或者重
大利益向有关机关申报。"经合组织（OECD）2003 年发布了针对利益冲
突问题的研究报告——《公共服务中的利益冲突管理：OECD 的指导原则
与评述》，具体介绍和评述了澳大利亚、加拿大、法国、德国、新西兰、
波兰、葡萄牙及美国等成员国的防止利益冲突政策体系和执行情况。2009
年 10 月 14—16 日，亚太经合组织（APEC）在北京举办反腐败研讨会，
会议主题是"APEC 廉政准则——防止利益冲突"，各方与会代表在惩治
和预防腐败、避免和消除利益冲突、健全完善廉政法规制度体系、加强廉
政教育培训及反腐败国际合作等方面达成了共识。

在西方高校的实践中，美国华盛顿大学（The George Washington Uni-
versity）在 1998 年 2 月就颁布了全体教职员和研究人员的利益冲突政策，
2012 年 8 月对利益冲突政策进行过新的修订，并预计在 2015 年 3 月对利
益冲突政策进行下一次修订。该政策对教职员需要报告的利益和涉外学术
研究事务进行了较为详细的界定，对利益冲突的审查和解决程序也作了明
确的规定。②

米尔德里德·K. 曹（Mildred K. Cho）博士等人对 100 所美国大学教
职员利益冲突政策进行了研究，发现美国高校之间的利益冲突政策内容千
差万别。其中有 49 所大学（55%）要求所有教职员都要进行利益信息披
露，而 40 所大学的政策则只要求首席研究员进行利益信息披露。他们认

---

① 刘明波：《廉政思想与理论》，人民出版社 1994 年版，第 335 页。

② The George Washington University, *Policy on Conflicts of Interest and Commitment for Faculty
and Investigators*, August 24, 2012. http://my.gwu.edu/files/policies/ConflictofInterestandcommit-
ment.pdf.

为大多数高校的利益冲突政策对与行业有关的各种允许或禁止关系缺乏明确针对性，高校宽泛的利益冲突管理政策或许会使潜在的行业合作者迷茫，高校间对行业赞助的竞争或许会降低学术标准。因此制定广泛协商、具体清晰和可信的利益冲突政策是高校的长远利益。①

综上所述，国外学者对利益冲突的研究无论从理论还是政策层面上来说都比较系统、深入和规范。在政策实践层面上的研究方法也更多使用定性和定量的实证调查分析方法分析政策实践过程中存在的问题，并对政策绩效进行广泛的探讨。当然，尽管如此，国外学者的研究还存在一些不足之处，如侧重于研究个体性利益冲突情景和行为，对组织性利益冲突重视不足，"没有考虑到政府部门和少数特殊利益集团在政策过程中的合谋行为"。②

（三）对研究现状的几点思考

综观以上国内外研究成果现状，国外对利益冲突的研究比较成熟，在实践中制度建设也比较完善，利益冲突作为廉政概念已经深入人心，形成了伦理共识。在中国，虽然学术界对利益冲突已经有了初步的探索和研究，但系统研究并不多见，对于高等院校等具体行业领域的利益冲突研究更加少见，对高等院校利益冲突风险评估与管理问题研究处于空白状态。因此，利益冲突问题的研究，不但需要借鉴国外成熟的研究成果，还要重视中国传统的实际情况。具体来说，主要有以下几点。

1. 我国对公职人员利益冲突研究起步较晚，虽然取得了一些成果，但总体上还滞后于国际上对该问题的研究，同时，理论研究也滞后于现实需要。

我国对利益冲突问题的研究成果主要表现在以下方面：（1）认为公职人员利益冲突既是一个伦理问题，也是一个政治问题，同时也是一个管理问题。公共责任和公共伦理都和公共利益有着密切的联系。角色伦理冲突的本质是利益冲突，公共角色伦理内含着对公共利益的价值偏好。

---

① Mildred K. Cho, PhD; Ryo Shohara; Anna Schissel, MBioethics; Drummond Rennie, *Policies on Faculty Conflicts of Interest at US Universities*, American Medical Association, 2000. (Reprinted) JAMA, November 1, 2000—Vol. 284, No. 17. http://jama.jamanetwork.com/article.aspx? 3article id = 193229#Abstract.

② 庄德水：《防止利益冲突与廉政建设研究》，西苑出版社 2010 年版，第 16 页。

（2）对形形色色、表现各异的利益冲突按照一定的标准进行了科学的分类，准确地把握了缤纷现象背后的共同特征，这对于进一步研究利益冲突、建构利益冲突制度有着重要的价值。（3）对利益冲突的危害性有了较为深入的认识。（4）对利益冲突制度的建设进行了初步探索。学者们从不同的视角给出了让人较为信服的解释，尽管不够全面，但不可否认这确实是有益的尝试。国外对利益冲突问题的研究较为成熟，很多国家已经建立了比较系统的公职人员利益冲突制度。对利益冲突的研究也不再仅仅限于政府部门，更扩展到医疗、教育等很多行业和部门。研究向更为细化、更为深入的方向发展。当前，中国对公职人员利益冲突制度的研究是比较滞后的。一方面，对利益冲突问题的研究滞后于国际上对该问题的研究；另一方面，理论研究滞后于现实需要。

2. 利益冲突一词在西方国家已成为廉政领域的专有名词，利益冲突的理念在公共领域得到了有效的运用。

加拿大、美国、新加坡、日本、韩国、澳大利亚、新西兰以及欧盟主要国家，均建立了独立的利益冲突制度，并在实践中取得了良好的成效。我国的香港、台湾、澳门地区也建立了公职人员利益冲突管理制度。可是，国内很多学者对利益冲突的认识尚显粗浅，实践中很多人甚至不知道利益冲突是一个廉政概念。同时，我国的工具书中都没有对利益冲突进行廉政释义的条目，利益冲突问题没有引起人们广泛的、足够的重视。对各个行业领域的利益冲突研究更是少见。但现实中一些私营企业（比如阿里巴巴集团）已经开始了对利益冲突进行管理，走在了研究者的前面。

3. 对利益冲突制度的研究，不能忽视中国传统的政治文化的影响。

我国传统政治文化中有着家国不分的政治传统，国家简化为政府、政府简化为政府官员，这种公私界限的模糊加剧了利益冲突的可能性。同时，忠诚于传统群体的道德要求、注重礼尚往来的社会传统加剧了现代公职人员利益冲突的内在冲动。当然，我国传统政治文化中也有着丰富的利益冲突回避的思想和理念，如超越"小我"服务"大我"的公私观、"博施于民而济众"的仁爱观、"以义制利"的义利观，为政以德、清廉守正、克己奉公的公共伦理要求等。目前对利益冲突制度的研究中，还缺少对我国传统政治文化进行研究的足迹。尽管改革开放以来我国在现代民主政治的道路上成绩斐然、公民意识逐渐觉醒和强大、公民社会逐渐成长，但传统政治文化的影响依然强大。

4. 防止公职人员利益冲突，既是一个理论问题，也是一个技术问题。

作为一个理论问题，防止利益冲突有着丰富的价值规范，其顺利推进和发挥成效必须依赖于政府和社会某些核心价值观念的根本转变。作为一个技术问题，防止利益冲突有着很强的实践指向，建设有效管用的利益冲突制度，依赖于管理方法的改进、权力监督技术的提高。目前，我们的研究在这两方面都不充分，对作为理论问题的防止利益冲突研究不够深入，对防止利益冲突制度的政治意义缺少足够认识，而对作为技术问题的防止利益冲突研究也不够翔实、可操作性不强。

因此，本书将全面风险管理理论与方法引入利益冲突管理当中，尝试从理论和实践两个层面对高等院校利益冲突风险评估与管理问题进行深入探讨。

四 研究思路与方法

（一）研究思路

本书的研究宗旨是在教育廉政建设和反腐败视阈中，用风险评估和管理的方法，全面考察高等院校中的利益冲突，通过等级全息建模辨识高等院校存在的利益冲突风险，并对高等院校现有防止利益冲突制度与措施的缺陷进行分析，结合高等院校利益冲突主体行为能力量级评定，对高等院校利益冲突风险进行过滤、分级评估。最后在风险评估基础上，提出对高等院校利益冲突风险进行管理的具体建议。具体思路如图6所示。

（二）研究方法

1. 文献分析法和历史分析法。文献分析法和历史分析法是进行科学研究的基础性方法。通过文献分析法可以借鉴和汲取已有的研究成果，而历史分析法可以让我们从历史角度对高等院校利益冲突有全面的看法，对利益冲突风险评估和管理的意义有深刻的了解。

2. 系统分析方法。本书将反腐败看作一个系统的工程，各个反腐败的具体措施需要整合起来，才能克服各自的"短板"和"碎片化"倾向，发挥系统合力作用。

3. 调查研究与焦点团体访谈。对于利益冲突风险评估与管理在具体实施中的现状和问题，主要采取调查研究和焦点团体访谈相结合的研究方法，力求理论与现实相结合。主要是通过多次召开小型座谈会，邀请有关专家、学者及高校教学科研管理副院长座谈，获取丰富的一手研究资料。

（三）重点与难点

本书研究的重点是如何对高等院校利益冲突风险因素进行识别、分析及评级。具体来说就是要分析高等院校利益冲突风险中要保护的公共利益和职责有哪些？风险因素是什么？发生的可能性是多少？对高校公共利益和职责的侵害程度怎么样？

本书研究的难点在于，如何将风险建模和评估的方法引入利益冲突领域，并通过理论分析与实证研究，确定高等院校利益冲突风险的过滤、分级和管理工作。同时，如何收集利益冲突风险来源在高等院校中表现的真实、可靠的实证资料也是难点之一。同时，本书对利益冲突风险评估和管理问题的研究涉及政治学、管理学、法学和经济学等多个学科领域，具有较大的理论与实践难度。

（四）可能的创新之处

本书研究中的利益冲突属于当前反腐倡廉建设领域中的前沿问题和热点问题。目前，学术界对于高等院校领域防止利益冲突的研究成果并不多，对高等院校利益冲突风险评估与管理的研究更是空白。本书研究成果首次提出高等院校利益冲突风险评估问题，指出利益冲突风险评估是高等院校利益冲突风险管理的基础，具有较强的创新性。

本书首次提出高等院校利益冲突风险评估的八个指标和确定风险等级的两个维度，即：以岗位的重要程度（Ji）、制度的完善程度（Si）、个人职务（Pi）、职称（Ti）影响力、兼职（PTi）情况、冲突资产（Ai）、社会关系（SRi）、个人道德观念（Mi）为指标，首先根据可能性维度进行风险过滤，再根据对高等院校公共利益（高校财务与资产、功能、学风、声誉）损害程度为维度进行风险等级评定。首次提出风险程度计算公式：

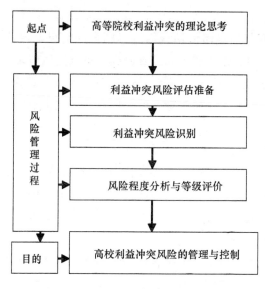

图6　研究思路

$$R_n = \frac{J_i + P_i + T_i}{S_i + PT_i + SR_i + A_i + M_i} + \beta + e$$

其中，R 代表风险，n 表示程度，β 为各因素影响力之间的叠加因子，e 为误差，$\beta \neq 0$。其中 $J_i + P_i + T_i$ 表示利益冲突主体身份及岗位重要程度，也是公共利益的象征，数值和越大，代表一旦受到损失，公共利益损失也将越大。$S_i + PT_i + SR_i + A_i + M_i$ 表示利益冲突主体私人利益数值，其数值越大，说明利益冲突的可能性也越大。因此，R 值 = 1 时风险值最大，R > 1 或 R < 1 时则代表风险值趋小。最后，本书首次提出在实践层面研究防止利益冲突与廉政风险风控的对接机制问题，为提供反腐倡廉的科学性和有效性作了有益的探索。

本书首次对美国高校利益冲突和责任冲突政策进行了详细介绍，可以为同行研究提供较为准确可靠的资料，同时也为完善我国高校防止利益冲突制度建设提供经验借鉴。

最后，本书对一些具体问题的研究具有一定新意。比如详细论述了利益冲突与腐败的关系；防止利益冲突是预防腐败制度安排的逻辑起点；防止利益冲突与廉政风险防控同属于预防腐败制度安排，应该整合对接起来克服腐败治理中的"碎片化"倾向，发挥制度合力，提供反腐败的科学性和有效性等问题。这些问题是当前反腐倡廉建设中的重要问题，但学界对此关注还不够多，因此本书对之进行了初步的探讨，希望是抛砖引玉，引起更多对这些问题的关注。

第 一 章

高等院校利益冲突风险评估
与管理的理论思考

第一节 利益冲突风险评估与管理
研究的理论基础

从高等院校利益冲突风险评估与管理目的与过程来看，主要有以下四种理论为本书研究提供了有力支持。

一 制度预防腐败理论

腐败问题是困扰了人类社会三千多年的难题，世界各国都在与腐败作斗争，但从未根除腐败。这一方面与腐败与反腐败本身的复杂性有关，另一方面也和人们对腐败问题的认识和研究有关。腐败是政治之癌，轻则腐化一个国家的风气，重则使一个国家解体。任何政权和政党都要积极面对这个问题。治理腐败如同医治疾病，在疾病初期还未造成严重后果时，成本最低，疗效也最好。这个道理早在春秋时期，名医扁鹊就已经传于世人，其三兄弟的故事就说明了预防胜于治疗的道理。有一天，魏文王召见扁鹊询问说："你们三兄弟都从医，精于医道，到底谁的医术最好呢？"扁鹊回答说："长兄最好，中兄次之，只有我是兄弟三个中最差的一个。"文王再问："那为什么你最出名呢？"扁鹊回答说："长兄治病，是治在病情未发之前，由于一般的人都不知道他能够在疾病未起之时即将疾病的本因清除，所以他的医术别人无法知晓，只有我们家里的人知道他的这些本领。我中兄治病，是治病于病情初起之时。一般人以为他只能治轻微的小病，所以他的名气只及于本乡里。而我扁鹊治病，是治病于病情严重之时，一般人都看到我在经脉上穿针管来放血、在皮肤上敷药等大手术，所以认为我的医术高明，名气因此响遍全国。"文王说："你说得好极了。"小故事折射出大道理：从医术上来说，事后控制不如事中控制，事中控制不如事前控制。① 在治理腐败上，也是同样道理。

"善除恶者察其本，善理疾者绝其源"，只有清楚导致腐败发生的源头在哪里，正本清源，才有助于解决腐败问题。腐败行为的发生需要有一定的前提条件，即客观条件、主观条件和机会条件。其中客观条件是指公共权力，公共权力是支配公共资源的工具，是公共利益的体现；主观条件是指行为主体的贪腐欲望或用公权谋私利的企图；机会条件是指相关制度、体制和机制方面存在的漏洞或权力运行程序提供的可乘之机，这种机会条件给腐败行为提供了"合法"的外衣。当这三种条件同时满足时，就会发生腐败行为。因此，腐败的原因可以分为两类，一是腐败的动机；二是腐败的机会。所谓腐败的动机，主要是个人（或组织）的主观方面的因素，即理性经济人的最大化利益动机。所谓腐败机会，主要是指由客观制度、体制和机制不完善造成的机会因素。

预防腐败制度功能主要表现在两个方面：一是在主观方面，要激励个人的廉洁动机，弱化腐败动机，使人不想腐败；二是在客观方面，要消除制度、体制和机制方面的漏洞，减少腐败机会，使人不能腐败。而严厉的惩治腐败其实也有预防腐败的功能，因为它可以震慑个人不敢去腐败。"制度"是诺斯所定义的社会博弈规则，是"人类设计的制约人们相互行为的约束条件"，"是一系列被制定出来的规则、服从程序和道德、伦理的行为规范"。既包括正式规则（宪法、产权制度和合同），也包括非正式规则（规范和习俗）和这些规则的执行机制。② 制度安排是获取集体行

---

① 李角向、蔡福津：《从扁鹊三兄弟所想到的》，中国广播网新闻时评，http://www.cnr.cn/newscenter/sp/201110/t20111014_508627532.shtml。

② ［美］D.诺斯：《经济史中的结构与变迁》，陈郁等译，上海三联书店、上海人民出版社2003年版，第225—226页。

动收益的重要手段。制度使人的行为具有可预期性，能够消除腐败，减少腐败的机会。

根据预防腐败制度的功能不同，可以将之划分为四种类型：约束性预防腐败制度、激励性预防腐败制度、直接减少腐败机会的预防制度和间接减少腐败机会的预防制度。[①]

第一，约束性预防腐败制度。约束就是该制度通过控制、监督、制约和强制的方式，对人的行为选择进行限制，从而预防腐败。约束性预防腐败制度主要有权力监督制度、公开透明制度、媒体监督和科技监督。约束性制度预防腐败的机理是减少腐败行为的机会，因为腐败一般都是秘密交易，一旦施加约束就会打破其秘密条件，从而预防腐败发生。

第二，激励性预防腐败制度。激励就是通过特定的制度安排对良好的行为给予物质和精神上的奖励，从而强化好的行为，但不好的行为就得不到这样的奖励。激励性制度从人的心理需要出发，具有内在合理性。激励性预防腐败制度是成本—收益最好的预防制度，关键点是要树立并强化制度思维。新制度经济学有一个基本假定：任何理性人的行为都是在现有制度约束条件下利益最大化的选择。当腐败成为一种普遍行为时，其背后肯定有制度性的原因，也就是结构性的腐败。

第三，直接减少腐败机会的预防制度。直接减少腐败机会的预防制度是根据腐败行为方式的客观条件而制定的，可以分为两种：一是直接取消权力（主要指公共权力）；二是将权力制度化。前者如我国进行的行政审批改革就是直接取消一些公共权力；后者主要是指权力由过去人为掌控变为由制度行使，如政府采购、公共工程招标等。

第四，间接减少腐败机会的预防制度。间接减少腐败机会的预防制度是指防止利益冲突制度。"所谓利益冲突是指公私部门职员个人利益和所服务机构的利益并存的状态。作为理性人，职员会把个人利益置于机构利益之上，以机构利益为掩护或通过损害机构利益而谋取个人利益。"[②] 防

---

① 参见任建明、杜治洲《腐败与反腐败：理论、模型和方法》，清华大学出版社 2009 年版，第 164—171 页。

② 任建明、杜治洲：《腐败与反腐败：理论、模型和方法》，清华大学出版社 2009 年版，第 171 页。

止利益冲突制度的本质是在公共利益和私人利益之间设置"防火墙"或"隔离带"，使公职人员明确认识两者之间的冲突及严重后果，合理处理权力与利益的关系，并按照规定处理两者之间的冲突，在维护公共利益的同时，也保护自己的私人利益并避免腐败行为的发生。腐败是一种隐蔽行为，大多数隐蔽型贿赂就是通过利益冲突途径实现的，因此，如何管理利益冲突是一个重要的预防腐败的课题。

本书研究就是建立在预防腐败理论基础上的，尤其是间接减少腐败机会的防止利益冲突理论之上。对高等院校的利益冲突进行管理只有建立在利益冲突评估基础上才能科学管理，有效防止利益冲突，从而有效预防腐败行为的发生。

二　风险管理理论

风险管理理论萌芽于 20 世纪 30 年代，繁荣于 80 年代。风险管理理论经历了早期风险管理、现代风险管理和全面风险管理三个阶段，形成了不同的学说与理论。综观各种风险管理思想与理论，其主要内容就是通过对风险的识别，运用多种分析手法进行分析，然后针对各种风险采取不同的处理方法。同时，采取风险监督措施，将风险降到最低点。①

风险管理作为企业的一种管理活动，起源于 20 世纪 30 年代的美国。它最早运用于金融领域，用来防范金融风险的发生。后来，随着经济、社会和技术的迅速发展，人类开始面临越来越多、越来越严重的风险，风险管理便逐渐发展到社会其他领域，如保险、医疗、犯罪等。到 80 年代末风险管理理论开始蓬勃发展起来。这与 80 年代末开始的接连不断的金融危机密切相关，如 1987 年美国的"黑色星期一"大股灾、1990年的日本股市危机、1992 年的欧洲货币危机、1994—1995 年的墨西哥比索危机、1997 年的亚洲金融风暴以及 1998 年长期资本管理管理公司（LTCM）的倒闭，等等。这些事件的发生给世界经济和金融市场的健

---

① 任勇：《风险管理理论在工程合同管理工作中的运用》，《高科技与产业化》2002 年第 1 期。

康发展造成了巨大的破坏，同时也使人们意识到了金融风险管理的必要性和紧迫性。

20世纪70年代以后，美国、英国、澳大利亚、新西兰等国家先后颁布了风险管理体系框架或国家风险管理标准。全美反舞弊性财务报告委员会发起组织（简称COSO委员会）于2004年9月29日正式发布了《企业风险管理综合框架》，成为全世界广泛接受的进行风险管理的指导性标准，该框架指出任何一个组织的风险管理都包括如下八个相互关联的组成要素：（1）内部环境；（2）目标设定；（3）事件识别；（4）评估风险；（5）应对风险；（6）控制活动；（7）信息与沟通；（8）监控。通过这样一个系统的风险管理框架，一个组织可以对自身面临的风险进行有效管理。

全面风险管理主要应用于企业管理领域，是指企业围绕总体经营目标，通过在企业管理的各个环节和经营过程中执行风险管理的基本流程，培育良好的风险管理文化，建立健全全面风险管理体系，包括风险管理策略、风险理财措施、风险管理的组织职能体系、风险管理信息系统和内部控制系统，从而为实现风险管理的总体目标提供合理保证的过程和方法。[①] 全面风险管理理论认为，风险可能存在于组织管理中的任何一个地方和环节，因此应该对各个种类的风险进行全面管理。

综上所述，风险管理概念属于管理学范畴，主要是要解决管理当中的管理资源、管理体系、管理体制和组织目标实现的方式问题。良好的风险管理有助于降低决策错误概率、避免可能的损失。风险管理的过程，主要是对某一组织面临的风险进行识别和评估，并采取应对措施将其影响控制在可接受范围内的活动。风险管理一般通过风险识别、风险分析、风险评估和风险监控等一系列活动来防控风险。风险管理理论可以应用到高等院校利益冲突的管理中，因为并非所有的利益冲突都是腐败，可以对利益冲突的后果提前进行风险评估，然后根据评估结果确定管理的重点领域和岗位，提高利益冲突管理的有效性。

---

① 扎世君、李角奇：《企业全面风险管理的流程及措施》，《企业改革与管理》2008年第7期。

三　公共权力监督与制约理论

公共权力是公共管理者或公共组织影响其他个体或组织的能力，是根据国家意志组织、协调和控制社会公共生活的力量，也是统治、管理社会的重要工具。公共权力从功能上可以分为立法权力、行政权力和司法权力。从本质上说，公共权力体现了统治阶级的权威，但同时又是谋取和维护社会公众利益的工具。公共权力必须为社会公众谋取利益，其行使原则是公共利益最大化，即为社会公众谋取最大限度的公共利益。公共权力代表的是社会全局性、普遍性的公共利益，而不是某些团体或私人的利益。公共权力是一种实力很强、具有天然优势地位的权力，它实际上管理着国家的财力、物力、人力等公共资源。

公共权力具有公共性、制约性、支配性和工具性等特征。公共权力是利益冲突行为构成的客体性逻辑要件。虽然公共权力不等于公共利益，但权力与利益紧密联系、相互依赖。利益是获得了社会内容特性的需要。利益是激励人们为满足自身生存和发展的需要的行动因素。马克思主义认为，人们奋斗所争取的一切，都同他们的利益有关。权力是创造利益、获取利益的有效手段，利益是行使权力的目标。如果没有利益，权力就是空洞的；没有利益，权力的行使就失去了意义。

公共权力本质上应该是社会公共利益的代表，但是国家公共权力及其执行者（国家公务人员）自身具有矛盾的两重性，使公共利益与私人利益有发生冲突的可能。首先是国家公共权力兼具公共利益与阶级利益的矛盾两重性。"一方面，国家公共权力代表全体人民的公共利益，但另一方面，这种公共权力却又是社会占统治地位的那个阶级及其阶层利益的代表，是这部分阶级、阶层意志的国家化、公共化。因此，执政党及其政府在制定国家的法规、政策及采取重大决策时，总是要首先考虑所代表的那个政党、那部分阶层的利益与愿望，而社会的各个阶层、各个利益集团，又总是要千方百计寻找'靠山'，实现利益愿望的国家意志化。"[1] 其次是

----

① 袁志冲、陈娟：《公共权力的异化及其制约监督机制》，《廉政文化研究》2011 年第 3 期。

公职人员作为公权实施者自身具有矛盾两重性。一方面，这些公职人员作为公共人，其职责是为社会公共利益服务。另一方面，公职人员也是社会公众中的一员，也是理性"经济人"，会追求自身利益最大化。他们在工作时间拥有公职人员角色，下班后时间又具有多元的私人角色，而且他们与社会其他成员之间会结成千丝万缕的利益关系。因此，公共权力的实施者不仅是"公共人"也是"经济人"，不仅追求公共利益，也追求私人利益。国家公共权力和国家公职人员的这种两重性，就决定了利益冲突现象的产生，也决定了腐败发生的可能性。

由于公共权力的强制性和公共性特征使公共权力影响大、范围广，一旦失去监控而被滥用，其危害也非常大。孟德斯鸠在《论法的精神》中指出，一切有权力的人都容易滥用权力。因此，授予公共组织权力，必须要承担相应的责任，并对公共权力的行使进行监督与制约。对公共权力的监督与制约是指包括公共管理组织内部和外部的各种监督主体，采取相应措施，对公共权力运行的合理性、合法性和有效性进行监督和制约。

对公共权力的监督与制约，主要是针对具有公共权力的组织或个人。由于任何公共组织都是由一个以上的公共管理者组成，对公共组织的权力监督与制约，实质上是对公共组织中由每个具有不同权力的个人构成的权力体系的监督与制约。因此，公共权力的监督与制约最终也要落实到对公共管理者个人的监督与制约上，这与防止利益冲突的对象具有内在一致性。因此，对公共权力的监督与制约为本书提供了有效的理论基础。

四　公共伦理学

伦理，顾名思义就是"人伦之理"，是人类在群体生活中形成的一种自然的社会关系。这是狭义上的伦理；广义上的伦理是指人的行为应该遵循的规范，即行为应合乎秩序、情理。公共伦理学以公共领域及其管理过程中的伦理问题为研究对象。公共伦理体现为公共利益观念，这种观念是公共权力产生和发展的必然结果。公共权力作为社会资源权威分配的工具，容易被滥用，为了避免公共领域里的公权私用或者滥用，必须有一套行之有效的权力约束机制。而公共伦理就是公共权力的一种自律机制，是公共权力的一种内在约束机制。这种机制体现了公共伦理主要的和基本的功能。公共伦理作为一种约束机制，它不仅可以加强对公共权力的制约，还可以提高公共权力的合法性。因为公共伦理在很大程度上会影响公众对公共权力的认同感和支持程度。公共伦理对公共管理的公正、廉洁和高效起着至关重要的作用，良好的公共伦理可以在公众心目中树立政府良好的形象，从而获取较高的社会信任和服从。

从主体上看，公共伦理的主体包含两个层面，即公务人员个体层次和公共组织层次。从整体意义上看，公共伦理的内容应该是关于整个公共管理体系和过程所包含的价值观念体系，即公务人员个人的道德、公共管理职业道德、公共机构的组织伦理及公共管理过程中的政策伦理等。

公共伦理作为公私利益观念的体系，由众多要素组成。其中，权利和义务的关系是最根本的。伦理道德上的权利与义务关系是相对分离的，这和法律意义的权利与义务关系不同。因为公共利益至上性的本质规定，使公共伦理意义上的义务在其所承担的各种道德义务中处于较高层次的义务，当与其他道德义务发生冲突时，要求公务人员牺牲其他道德义务而保全公共管理道德义务。因此，公共伦理主体必须以义务为本，履行公共责任。当然，公共伦理主体也会得到某些特别的权利作为一种补偿，如行政优益权、公务人员的身份保障和工作条件保障等权利。

当代中国的公共伦理观主要由公共伦理的价值基础、价值核心和价值目标三个方面组成，分别是廉政、勤政与完善的行政人格。

廉政是公共伦理关系的反映和要求，是公共伦理的基本内容，也是公共管理的价值基础。廉政应该成为公务人员普遍认同和接受的行为准则，从而保证公务人员能够自觉地在这一价值观的引领下开展公共管理活动。同时，这种价值观会在公务人员的心中形成"善"、"恶"、"应当"、"不应当"等道德判断，进而促进公务人员在具体公共管理活动过程中形成合作的动力。自古以来，廉政就被视为公共领域中最基本的价值理念，并且被制度化为一种法定的义务，而不仅仅是一种倡导式的道德要求。廉政在我国现阶段主要要求是不贪、不占、不奢和公正严明、一心为公。不贪，就是不得有任何贪污、受贿、索贿行为；不占，就是不非法占有利用职务之便获取的个人利益；不奢，就是不能奢侈浪费。公正严明、一心为公，就是要求公职人员不偏不倚地执行公务，严格执法，秉公办案。

勤政是公共伦理的价值核心，反映在公共组织及其公务人员的思想方法、工作作风和办事效率上，要求所有公职人员克服官僚主义和形式主义作风，要勤奋工作，密切联系群众，全心全意为人民服务。空谈误国，实干兴邦，这也是人民群众对公共部门的起码要求。

完善的行政人格是公共伦理观的价值目标。公务人员在追求和实现公共伦理价值的过程中，需要增强公共伦理观中的求真务实意识。求真就是以科学精神对待问题的态度，是对人的主观能动性的自觉和自信，务实是实事求是处理问题的作风。这种态度和精神，是推动廉政和勤政实现的根本动力和现实保障。

利益冲突本身就是公职人员在面临公共利益与私人利益冲突时的伦理困境，因此，公共伦理学为本书研究提供了坚实的价值基础，指导高等院校领导干部和教职人员在面临公私利益冲突时应有的行为选择规范，同时也为社会树立价值标杆，起到引领价值规范的作用。

第二节　防止利益冲突是预防腐败
制度安排的逻辑起点

治理腐败有多种方式，其中预防腐败是事半功倍、低成本高收益的有效措施。因此，预防腐败制度是各国治理腐败的重要制度安排。任何一种思想、理论、学说或制度安排都有自己的逻辑起点，它是研究对象的最简单、最一般的本质规定。逻辑起点是一个理论或制度安排的起始范畴，往往以起始概念的形式来表现。逻辑起点问题是预防腐败理论研究的关键问题之一，逻辑起点选择正确与否，直接决定预防腐败理论体系内在的严密性，直接影响预防腐败制度安排的科学性和合理性。[①]

那么，预防腐败制度安排的逻辑起点是防止利益冲突，还是制约公共权力呢？

---

① 本部分内容已以"防止利益冲突：预防腐败制度安排的逻辑起点"为题，在《云南行政学院学报》2012 年第 3 期发表。

一 制约公共权力的分析

笔者认为，制约公共权力固然是反腐败的根本措施，但不是起始概念，并不构成预防腐败制度安排的逻辑起点。

原因有三，其一，公共权力形成的基础在于人们的利益。在社会生活中，利益的实现和维护并不是一个自发和自动的过程，而是利益主体能动、自觉的活动过程，为了维护和实现自身利益，利益主体会尽可能调动其有效资源，并有机聚合成特定的力量展开谋利活动。由于利益需要主体性和实现途径社会性的基本矛盾，人们之间形成不同的利益关系，其中处于同一社会关系中的人们会形成相同的利益，即共同利益。权力是一种影响和制约能力，公共权力就是建立在共同利益基础上的、对其他权力客体的制约力量。因此，对于预防腐败理论来说，公共权力并不是一个起始概念。

其二，公共权力是一种委托权力，其人性假设前提是"公共人"。根据社会契约论可知，主权在民。人们为了避免生活在"人与人之间是狼"的自然状态中，自愿将自己惩罚犯罪的权力交到公共机构，形成公共权力。这种委托是以信任为基础的，内含了"公共人"的假设前提。公共人以追求公共利益最大化为目标，行使公共权力，依靠公共给养，受公众监督①。按照这样的逻辑，公共人在掌握公共权力时就不存在为了私人利益侵害公共利益的可能。绝对权力导致绝对腐败只是政治谚语，或者是经验总结，从公共权力概念本身并不能推出腐败的结果。另外，公共权力制约概念在政治学领域主要是围绕多元利益主体的协调而展开的，是处理不同利益主体之间矛盾冲突的主要工具。制约公共权力不能成为预防腐败制度安排的逻辑起点。

其三，公共权力概念无法整合"经济人"假设。经济人指理性自利主义者，是在约束条件下追求自身利益最大化的人。公共选择理论认为，选民、政治家和政府人员与普通人并没有什么不同，他们都是出于自利而采取行动的个人，因此必须建立起有效的监督与制约这些个人的机制。根

---

① 刘瑞、吴振兴：《政府人是公共人而非经济人》，《中国人民大学学报》2001 年第 2 期。

据预防腐败理论可知，腐败的原因有两类，一是腐败动机，即理性自利人的最大化动机；二是腐败机会，即客观的制度、体制或机制方面的因素。[①] 而公共权力是以"公共人"为假设前提的，这和"经济人"截然不同，公共权力概念无法提供"经济人"存在的平台。

二　防止利益冲突的分析

与之相反，利益冲突概念不但在基础上提供了公共利益与私人利益存在的空间，还提供了"公共人"与"经济人"对话的平台，而且也揭示了腐败的根源，因此，防止利益冲突是预防腐败制度安排的逻辑起点。

首先，利益冲突是指公职人员在公共行政过程中，发生私人利益与其代表的公共利益相互抵触、竞争和干扰的情境或行为。公共利益是指不特定的社会成员所享有的利益。虽然各国立法基本上都没有对公共利益进行精确的定义，只是采取抽象概括的方式来规定，但公共利益却是客观存在的。就公共利益与私人利益的关系来看，主要有两种主要观点，一种观点是公共利益优于私人利益。西塞罗曾提出"公益优先于私益"的主张。在18世纪甚至将公益视为最高的"法"，认为公益与私益相对立。另一种相反的观点则认为，公益不过是私益的总和与抽象，私益才是最终目的。如英国功利主义学派边沁就宣称"个人利益是唯一现实的利益"，"社会公共利益只是一种抽象，它不过是个人利益的总和"。国内学者刘军宁认为，公共利益的最高境界就是为实现个人利益提供最有益的环境，只有追求这种公共利益的政府才可能有广泛的民众基础。防止利益冲突概念不但提供了公共利益存在的空间，也提供了私人利益存在的空间，避免出现公共利益吞没私人利益，或者私人利益侵害公共利益的情况。因此，围绕防止利益冲突而进行的预防腐败制度安排就从基础层面避免了公共利益与私人利益冲突的可能。

其次，利益冲突概念整合了"公共人"与"经济人"假设。对公职人员来说，利益冲突是角色冲突，是"公共人"与"经济人"的冲突，

---

① 任建明、杜治洲：《腐败与反腐败：理论、模型和方法》，清华大学出版社2009年版，第109页。

是一种伦理困境。现代社会中个人角色多样复杂，尤其是公职人员在公共行政过程中同时扮演两种角色，作为公职人员，他应该是"公共人"，应承担公共责任，作为普通公民，他又是"经济人"，关注私人利益。这种角色对抗经常导致责任的冲突，如何处理这些冲突就是公共行政人员面临的伦理问题。如果角色错位，即以一个普通公民角色对待公职，就会将公共职位看作谋取个人利益的手段，从而以权谋私、滥用权力，产生腐败。"人们受雇扮演公务员角色（尤其是选举产生的公务员和行政人员角色）常会体验到公共利益和个人利益之间的紧张关系，也常为如何处理这些紧张关系而进退维谷。"防止利益冲突提供了"公共人"与"经济人"对话的平台，公共组织的公共性不等于抹杀公职人员主体个性，公职人员的个体利益也应受到尊重。"公共组织不仅是为了公共利益而建构的集体性的部门，也应该是个人试图通过事业的发展而实现自己个人利益的领域。"①因此，防止利益冲突是预防腐败制度安排的逻辑起点。

最后，利益冲突概念揭示了腐败的根源。清华大学廉政与治理研究中心副主任过勇博士认为，利益冲突是公职人员利用职权，为自己或亲属的经营活动提供方便的行为。最高人民检察院检察理论研究所副所长谢鹏程研究员认为，任何权力部门和掌权者，只要存在利益冲突，就可能主动或者在各种内外部压力下利用其权力谋取部门或个人利益。江西省社会科学院研究员杨芳勇认为，"从普遍意义上说，腐败的第一诱因就是利益冲突，而不是个人的贪欲。自由裁量权是形成腐败之云，利益冲突是形成腐败之冷空气，一旦两者结合就会形成腐败之雨。因此，自由裁量权与利益冲突的结合构成了一切腐败的源头"。②利益冲突虽然不直接表现为腐败，却是腐败产生的重要诱因。"腐败的滋生是私欲、权力、机会等各种要素综合作用的结果。在诸多要素中，利益冲突相当于触发机制，正是在公权与私利出现冲突的背景下才会导致私欲膨胀、权力异化和机会漏洞。"③

---

① ［美］特里·L. 库珀：《行政伦理学：实现行政责任的途径》，张秀琴译，中国人民大学出版社 2001 年版，第 107 页。

② 杨芳勇：《试论"防止利益冲突"与反腐倡廉》，《中共南昌市委党校学报》2009 年第 5 期。

③ 顾阳、唐晓清：《防止利益冲突制度：理论内涵、制度功能和实践途径》，《探索》2011 年第 2 期。

因此，防止利益冲突是预防腐败制度安排的逻辑起点。

第三节　高等院校利益冲突风险 评估与管理的意义

风险有狭义和广义两种，狭义的风险表现为损失的不确定性，说明风险只能表现出损失，没有从风险中获利的可能性；广义的风险表现为不确定性，说明风险产生的结果可能带来损失、获利或是无损失也无获利。对利益冲突而言，风险主要从狭义方面去理解，它意味着损失的不确定性，即私人利益对公共利益造成的干扰和侵害具有不确定性，也可能风险高，以致导致腐败；也可能不高，只是微量损失，并没有什么严重后果。因此，利益冲突风险评估对防止利益冲突制度建设意义重大。

首先，高等院校风险评估和管理是高校决策制定过程中不可或缺的一部分，而不是没理由地硬加上的技术分析。风险评估是对不利影响的严重程度和出现概率的一种衡量。即对风险的衡量，这是一种试验性的、定量的、科学性的行为。① 主要目的是确定风险的安全性，即判断风险的可接受程度。利益冲突风险评估和管理是有关廉政建设决策制定过程的基础工作，只有通过科学、定量合理分析利益冲突中的风险，才能制定出有效的控制政策。

其次，通过利益冲突风险评估与管理，可以发现高等院校潜在的可能导致腐败的利益冲突点，可以预防腐败发生，从而把腐败产生的后果降到最低，将利益冲突风险控制在合理的范围内。利益冲突与腐败是不同的，虽然利益冲突和腐败都有"以权谋私"的特征，其形式都是公职人员违背公职责任要求和公共利益要求。但是，利益冲突本身并不是腐败，经合组织的贝托克（Janos Bertok）指出："利益冲突本身并不是腐败，但人们应认识到，对于公职人员的私人利益与公共职责之间的冲突，如果不能得

---

① ［美］雅科夫·Y. 海姆斯：《风险建模、评估和管理》（第2版），胡平等译，西安交通大学出版社2007年版，第3—4页。

到妥善处理的话，就会导致腐败。"① 所以，国外高校的利益冲突和责任冲突政策一般都会强调其政策目的不是彻底消除利益冲突，因为每个人都有追求自己正当利益的权利，而是要给利益冲突设置一个可容忍的阈值或界限，来平衡教职员个人利益与高校利益职责的冲突。因此，利益冲突风险评估则为这种阈值设置提供了科学的基础。

最后，高等院校利益冲突风险评估是高校建设利益冲突制度的基础。不同程度的利益冲突后果需要不同的规则和措施，不能对利益冲突行为搞"一刀切"政策。因此，只有在科学系统的利益冲突风险评估结果基础上，才能制定出科学有效地防止利益冲突的有关规则和政策。但是对高等院校来说，进行利益冲突风险评估目前仍存在一定的困难。一是缺乏一套有关高等院校利益冲突风险评估的科学指标体系。没有权威、科学的指标体系，风险评估就失去了应有的科学依据。二是由于私人利益具有的私人性质，个人会由于"经济人"特性或与他人关系的私密性而倾向隐瞒、藏匿有关私人利益和公共利益冲突的信息，以致使某些私人利益对公共职责的侵害程度容易被低估甚至被忽略。也就是说，目前我国高等院校还缺乏一套利益冲突信息采集的系统和制度，而信息是管理的前提。但是，我们也不能因为信息有限而不进行风险评估，正如海姆斯所说："在风险评估过程中，有限的数据信息不能够作为无法实施正确风险评估的借口。相反，对一个系统了解得越少，对其进行风险评估和管理的需求就越迫切。"② 在这样的前提下，研究高等院校利益冲突风险评估与管理的意义不言而喻是非常重要的。

---

① ADB/OECE, *Controlling Corruption in Asian and the Pacific*, Manila, 2005, p. 86.

② ［美］雅科夫·Y. 海姆斯：《风险建模、评估和管理》（第 2 版），胡平等译，西安交通大学出版社 2007 年版，第 3 页。

第 二 章

高等院校利益冲突的类型与表现

根据国内外学者对利益冲突概念的界定，不难发现"利益冲突"其实是一个公共性问题，只要人们的职业涉及公共服务、社会责任和社会义务，就会面对"利益冲突"问题。高等院校负有文化传承和道德教化的社会义务，其利益冲突问题如果得不到解决，将直接影响教师职业伦理状况和社会信任度。分类是科学研究的第一步，正确认识和分析高等院校利益冲突的类型和表现是解决利益冲突问题的基础。事物既有普遍性也有特殊性，高等院校利益冲突的类型是和一般利益冲突问题相联系的，因此，本章先介绍利益冲突的类型，再对高等院校利益冲突类型和表现进行深入分析。

第一节　利益冲突的类型

一般来说，利益冲突有很多具体形式，我们可根据不同的标准将其划分为不同类别。由于利益源自人的需要，而人的需要是多种多样甚至是无尽的，可能会涉及对经济、政治、文化等方方面面的诉求，不仅包括主体自身，还会涉及其配偶、子女、亲友及其他的利益相关者的利益；利益冲突的可能性贯穿其职业生涯的始终，甚至在其离开职业位置后依然存在着利益冲突的可能和机会。因而，根据利益内容对利益冲突分类比较困难。因此，本书试图根据利益冲突的性质、私人利益获取途径以及利益冲突的伦理领域对利益冲突进行归类分析。

一　根据利益冲突性质的分类

根据利益冲突的性质，可以把利益冲突分为三种类型：实际的利益冲突（real/actual conflict of interest）、潜在的利益冲突（potential conflict of interest）和表面的利益冲突（perceived/apparent conflict of interest）[①]。国际上多采用这种分类方法。[②] 如表 2 - 1 所示。

表 2 - 1　实际的利益冲突、潜在的利益冲突和表面的利益冲突的判断过程

项目	实际的利益冲突	潜在的利益冲突	表面的利益冲突
问题 1	公职人员 X 的官方职责是什么？具体负责什么事务？	公职人员 X 的官方职责是什么？具体负责什么事务？	公职人员 X 的官方职责是什么？具体负责什么事务？
回答 1	公职人员 X 在 B 部门中负责事务 1、事务 2、事务 3……	公职人员 X 在 B 部门中负责事务 X、事务 Y	公职人员 X 在 B 部门中负责事务 1、事务 2、事务 3……
问题 2	公职人员 X 在相关事务中是否具有私人利益？	公职人员 X 在相关事务中是否具有私人利益？	公职人员 X 在相关事务中是否具有私人利益？
回答 2	是的。公职人员 X 具有与其职务相关的个人利益	没有。在目前情况下公职人员 X 的私人利益与其工作没有关系。但在可以预见的未来，X 的私人利益可能会变成相关利益	公职人员 X 有明显相关的私人利益（相关事实并不明确）

资料来源：Managing conflict of interest in the public sectou：a toolkit ［M］. OECD, 2005：23 - 25.

---

①　对于此种类型的利益冲突，国内有不同的译法，有的翻译成明显的利益冲突，有的翻译成表面的利益冲突。本书认为翻译成表面的利益冲突更能表现此种利益冲突的本质内涵。

②　本部分内容参考了王天笑博士的论文。

（一）实际的利益冲突

对于实际的利益冲突（real/actual conflict of interest），不同的人对其界定也不尽相同，如有的人把实际的利益冲突界定为"某公职人员认识到自己的某一经济利益足以影响他或她的公务和职责的履行的境况"。[①]有的则认为"实际的利益冲突"涉及公职人员目前的职责和责任与其现存的私人利益之间直接的冲突。[②] OECD 则认为利益冲突就是指实际的利益冲突，是指"公职人员的私人利益与其公务和职责之间的冲突，在这种冲突中，公职人员的私人利益可以不当地影响其公务和责任的履行。"[③]实际的利益冲突可能是目前进行中的，也可能是过去某个时间存在的。以上第一种解释，认为实际的利益冲突仅仅涉及经济利益是不全面的。在现实生活中，很多非经济性质的利益，比如价值、偏好、仇恨等，也可以生成实际的利益冲突。第二种解释把实际的利益冲突限定为公职人员私人利益与其公共职责之间直接的冲突，也不全面，很多非直接的利益也可以造成实际的利益冲突。相对来说 OECD 对实际的利益冲突解释较为合理，这也是本书比较赞同的观点。

当我们说存在利益冲突时，一般是指实际的利益冲突，这种实际的利益冲突表现为利益冲突行为。在实际利益冲突的情境中，公职人员曾经处于利益冲突或正在处于利益冲突的情境中，这种利益冲突对公共机构及其公职人员具有明显的负面影响，会带来公民对公共机构及公职人员信任的

---

① M. Stevens. *Report of the Commission of Inquiry into the Facts of Allegations of Conflict of Interest Concerning the Honorable Sinclair.* 1987, pp. 29, 32. (A real conflict of interest denotes a situation in which [a public official] has knowledge of a private economic interest that is sufficient to influence the exercise of his or her public duties and responsibilities.)

② Queensland Crime and Misconduct Commission. *Managing Conflicts of Interest in the Public Sector.* New South Wales Independent Commission Against Corruption, 2004, p. 10. "The Australian Report" (An actual conflict of interest involves a direct conflict between a public official's current duties and responsibilities and existing private interests.)

③ OECD. *Managing Conflict of Interest in the Public Sector: A TOOLKIT.* (A "conflict of interest" involves a conflict between the public duty and private interests of a public official, in which the public official has private-capacity interests which could improperly influence the performance of their official duties and responsibilities.)

大大下降，而且在公民对公职人员失去信任之后，信任的重建将会非常困难。对利益冲突的管理重在提前预防，在利益冲突的可能性变成现实之前，采取一系列的管理措施来避免利益冲突的发生是利益冲突管理的核心理念。实际的利益冲突已经发生或正在发生，已经对公职人员的廉洁、公正形象带来了负面的影响。因而，必须对这种负面的影响进行消除，以恢复公职人员廉正、公平、无私的形象。对实际利益冲突的管理，最常见的措施就是对处于利益冲突情境中的公职人员进行处理，以消除公众对政府廉洁形象的怀疑。

很多国家和地区都对实际利益冲突的行为设置了严格的处罚措施，如美国，不但对利益冲突行为设置了罚金，同时还设置了刑事处罚，美国法律规定，违反利益冲突法的规定、参与与其经济利益有关系事项的行为，判处 5 万美元以下的罚款或 5 年以下的监禁，或两者并处。① 日本《国家公务员法》规定："公务员离职后两年内，不得在与其离职前五年间任职的，与人事院规则规定的国家机关或特定独立行政法人有密切关系的私营企业任职。"② 违反该规定的处一年以下徒刑或 3 万日元以下罚款。韩国规定，在总统指定的职级或在该职务领域工作过的公务员和公职有关团体的任职人员，从退职日开始 2 年之内，不得在与退职前 2 年内从事过的业务有密切关系，并且具有一定规模、以营利为目的的私营企业就职，但经过管辖公职人员伦理委员会同意的，不在此限。③ 并对私营企业的规模以及密切关系进行了详细的规定。针对此规定设置了"违反就业限制罪"，该罪可以处以 1 年以下拘役或 1000 万韩元以下的罚金。

实际的利益冲突如何识别呢？我们可以借鉴 OECD 的经验。OECD 为识别实际的利益冲突设置了一种测验方法，这种测验方法通过对一些问题的有序回答来鉴定是否存在利益冲突问题。测验方法如下④。

问题 1：公职人员 X 应履行的职责是什么？（指职责描述、职位描述、法律或雇佣合同等，或公职人员所属机关的职责描述等。）

---

① 孔祥仁：《亮出你的家底——美国财产申报制度一瞥》，《正气》2001 年第 5 期。

② 《日本国家公务员法》（1947 年），第 103 条第 2 款。

③ 《韩国公职人员伦理法》（1978 年），第 17 条第 1 款。

④ OECD. *Managing Conflict of Interest in the Public Sector*：*A TOOLKIT*. 2005. p. 23.

答案1：公职人员 X 在 B 部里负有 1、2、3 等职责。

问题2：公职人员 X 有与其职务相关的个人利益吗？

答案2：公职人员 X 有与其职务相关的个人利益。（相关事实非常明确）

结论：公职人员 X 存在利益冲突问题。

在实际的利益冲突中，对于公职人员的个人利益，在性质上，人们有理由认为相关个人利益能够影响公职人员 X 不正当地履行职责的个人利益。（例如家庭责任或父母责任、宗教信仰、职业关系或政治关系、个人资产或投资、债务，等等）；在数量上，人们有理由认为相关个人利益能够影响公职人员不正当地履行职责，从而为其带来某种价值的个人利益（例如，重大家族商业利益、攫取金融利益、避免巨额损失，等等）。

（二）潜在的利益冲突

不同的主体对潜在利益冲突（potential conflict of interest）的解释也不尽相同。一种观点认为，"潜在的利益冲突结合了一个预见性概念：当一个人可以预见其某种私人利益在将来的某一天足以影响他的职责的履行但是还没有影响时，他们就处于一种潜在的利益冲突中"。[1] 另外一种观点认为，"潜在的利益冲突发生在官员的私人利益在将来可能与其公务相冲突的地方"。[2] 对潜在利益冲突的这两种解释其本质内容大体相同，潜在利益冲突就是在将来有可能发生的利益冲突，它是对未来情况的预测。

如何识别潜在的利益冲突呢？同样，可以借鉴 OECD 给出的以下识别方法。[3]

问题1：公职人员 X 应履行的职责是什么？

---

① M. Stevens. *Report of the Commission of Inquiry into the Facts of Allegations of Conflict of Interest Concerning the Honourable Sinclair.* 1987, pp. 29, 32. (A potential conflict of interest incorporates a concept of foreseeability: when individuals can foresee that a private interest may someday be sufficient to influence the exercise of their duty, but has not yet, they are in a potential conflict of interest.)

② Queensland Crime and Misconduct Commission. *Managing Conflicts of Interest in the Public Sector.* New South Wales Independent Commission Against Corruption, 2004, p. 10, "The Australian Report." (A potential conflict of interest arises where a public official has private interests that could conflict with their official duties in the future.)

③ OECD. *Managing Conflict of Interest in the Public Sector: A TOOLKIT.* 2005. p. 25.

答案1：公职人员X在B部里负有X、Y职责。

问题2：公职人员X有相关的利益冲突问题吗？

答案2：没有。现在，官员X的个人利益与其工作没有关系。但是在可预见的将来，公职人员X的个人利益可能蜕变为相关利益。

结论：公职人员X有潜在的利益冲突问题。

这一测验方法的关键因素是：公职人员X的个人利益暂时为不相关个人利益，这是因为公职人员X的现时职务与其现时的个人利益尚无关系。

但是，公职人员X的职责可能发生变化，从而导致其个人利益影响其不正当地履行职责的行为，这样，公职人员X的个人利益转变为与职务相关的个人利益。例如，公职人员X的某近亲与其在同一部委工作，但与其并不存在工作关系，但是可以预见的是，作为一名资深而且拥有广泛职责的审计员，公职人员X可能去审核其近亲的工作。

可见，潜在的利益冲突是一种未来状态，是未来的实际冲突，这种状态可能一直持续下去，直到公职人员失去公职这种潜在的利益冲突也没有变成实际的利益冲突，但是，它却和实际的利益冲突一样会影响公众对公职人员及其机构的廉正印象。而且利益冲突管理制度的核心理念在于预防利益冲突的发生，这种潜在的利益冲突就成了利益冲突制度规范的重点。

（三）表面的利益冲突

在所有的利益冲突中，表面的利益冲突（perceived/apparent conflict of interest）是最难以理解的，因此对其内涵的解释差异性也较大。一种观点认为，"表面的利益冲突存在于当一个理性的、掌握足够信息的人合理地认为利益冲突存在时"。[①] 另一种观点认为，"表面的利益冲突存在于公职人员的私人利益直观上或看似不当的影响其职责履行的地方，不论这种影

---

① M. Stevens. *Report of the Commission of Inquiry into the Facts of Allegations of Conflict of Interest Concerning the Honourable Sinclair.* 1987, pp. 29, 32. (An apparent conflict of interest exists when there is a reasonable apprehension, which reasonably well-informed persons could properly have, that a conflict of interest exists.)

响是否真的存在"。① 可见，表面的利益冲突具有突出的外观性。在识别表面的利益冲突时，有以下几个关键要素。

（1）第三者（局外人）判断。对于潜在的利益冲突来说，局外人的直观是关键，而不是公职人员的廉洁或善念。表面利益冲突是否发生不是由公职人员个人判断，也不是由公共政策判断，而是由处于公共部门之外的人员判断。区别表面利益冲突和其他类型利益冲突的关键因素是，冲突是被外面的人所认知的。冲突的表面性，位于旁观者的意识中，而不是可见的行为中。这里的第三者（旁观者）必须是一个理性的人（reasonable person）、有才智的公民（an intelligent citizen）、见多识广（well-informed）的人。

也就是说，当公众合理地认为某公职人员处于利益冲突时，就算公职人员在决策的过程中非常廉洁或者存有良好的信念，他也依然处于表面的利益冲突之中。公众的直观感觉是判断表面的利益冲突标准，而不是公职人员的廉洁与否，也不是公职人员在其决策过程中是否受到其私人利益影响的事实。

（2）公职人员必须故意地参与了该行为。如果一个人在不知情的情况下参与了可以产生表面利益冲突的行为、行动或承诺，那他将不会受罚。换句话说，如果一个人故意地对可以产生表面利益冲突的行为负责，尽管他当时不知道其承诺的行为可以产生表面的利益冲突，他也会受罚。

（3）见多识广的标准。那么什么样的人才算是见多识广的人呢？见多识广、拥有充足的信息的标准是什么？加拿大认为理性而又见多识广的人的标准是与法律所坚持的保持和提高公众对政府的信心和对政府廉正的信任相一致。对于外部人员对表面利益冲突信息要求的标准较高，比如要求他们对境况的大规模研究、对所有环境的熟知、深深的思考，会恰当地限制表面利益冲突的范围。

（4）直观的本质是什么？表面的利益冲突产生于旁观者的直观感受，

---

① Queensland Crime and Misconduct Commission. *Managing Conflicts of Interest in the Public Sector*, New South Wales Independent Commission Against Corruption, 2004, p. 10. "the Australian Report." (A perceived or apparent conflict of interest can exist where it could be perceived, or appears, that a public official's private interests could improperly influence the performance of their duties – whether or not this is in fact the case.)

那么这种直观的本质是什么呢？这种直观不是毫无根据的猜想，而是基于对事实信息的充分了解，表面的利益冲突不是对公众怀疑或恶意批评的屈服。它必须要经受住客观的测试。

（5）表面的利益冲突的程度。利益冲突的程度是否会影响对表面利益冲突是否存在的判断呢？表面的利益冲突的程度与决定是否存在表面的利益冲突的测试没有关系。公职人员不但要对其外部行为持审慎的态度，尤其是他易于获取经济利益的行为，同时他还要有意地回避看起来可以影响其作为公务员效率的行为。凡是存在着对其外部行为看起来会损害他作为雇员效率的哪怕是最轻微怀疑的地方，公务员都有责任公示其外部的商业行为。可以毫无疑问地认为，当公职人员从事被视为把其作为公务员的职责和责任置于最轻微阴影下的外部行为时，就可以合理地认为表面利益冲突存在。①

（6）表面的利益冲突和实际的利益冲突及潜在的利益冲突具有同样的法律后果，必须以有利于公共利益的方式解决，就算是公职人员能够证明其行为的无辜。公职人员被要求回避可以给人以貌似损害他们作为公职人员效能的行为，哪怕是最轻微的程度，就算公职人员能够证明他们的无辜和廉正。

表面的利益冲突如何识别呢？OECD 给出的是按照顺序回答问题来鉴别的方法。②

问题1：公职人员 X 应履行的职责是什么？（指职责描述、职位描述、法律或雇佣合同等，或公职人员所属机关的职责描述，等等。）

回答1：公职人员 X 在 B 部里负有1、2、3等职责。

问题2：公职人员 X 是否有与其职务相关的个人利益？

回答2：公职人员 X 可能有相关个人利益，这似乎是事实（相关事实并不明确）。

结论：公职人员 X 有明显的利益冲突问题。

潜在的利益冲突会像实际的利益冲突一样销蚀公众对公职人员及其所属机构的信任。因而，必须要对表面的利益冲突进行调查，在调查的基础

---

① Fraser v. *Public Service Staff Relations Board.* 1985. 2 S. C. R. 455，（"Fraser"）at Para. 13.

② OECD. *Managing Conflict of Interest in the Public Sector*：*A TOOLKIT.* p. 24.

上准确建立公职人员个人利益的事实体系，科学判断公职人员个人利益是否在事实上构成了对其职责客观履行的影响，以判断公职人员是否存在实际的利益冲突，并把调查结果向社会公布以消除公众的疑虑。

二　根据私人利益获取途径和权力运行方向的分类

在假定公共利益是人类共识的前提下，对利益冲突的分类还可以根据私人利益的内容或者获取方式进行分类。比如美国学者克纳亨（Kenneth Kernaghan）根据私人利益与公共利益产生冲突的媒介，将利益冲突存在的情况分为七种：权力兜售、资金交易、兼职、未来就业、处理亲属关系、馈赠与消遣、贿赂；美国学者库珀（Terry L. Cooper）在此基础上加入第八种情形：信息兜售。①

本书参考学者庄德水的分类方法，根据私人利益的获取途径和权力的运行方向，把利益冲突分为以下四种类型：交易型利益冲突、影响型利益冲突、复合型利益冲突和集体型利益冲突。

（一）交易型利益冲突

交易型利益冲突是指公职人员利用职务上的便利，直接从利益相关者那里收取物质性的或非物质性的利益，如接受馈赠、收受礼物等。这是一种非常直接的利益冲突，其本质就是一种权力和利益的置换。作为社会成员的一个分子，公职人员与其他人员一样需要人与人之间的交往以维系其社会关系，礼尚往来不可避免，因而不能不加区别地把公职人员收受礼品、接受馈赠的行为一律视为交易型利益冲突。利益冲突中所说的礼物要与平常的人际交往礼品区别开来。比如公职人员接受其妻子、儿女等近亲属所赠予的礼物就很难说是一种利益冲突行为。另外，也不是公职人员接受任何利益的行为都可以视为利益冲突行为。公职人员所接受的利益必须要达到一定的价值标准，足以影响公职人员在履行职务时的判断力，损害对公平、公正、廉洁的伦理价值的追求，公职人员接受礼物的行为才能被

---

① ［美］特里·L. 库珀：《行政伦理学：实现行政责任的途径》，张秀琴译，中国人民大学出版社2001年版，第112页。

视为利益冲突。因此，对于接受利益的行为必须要区别对待。世界上很多国家和地区的利益冲突制度对公职人员收受礼物、接受馈赠等行为作了详细的规定。如美国政府伦理法规定，礼物是指任何馈赠、照顾、折扣、接待、款待、贷款、延缓偿清债务或其他有金钱价值的表示，不仅包括培训礼品、交通、地方旅行、住宿和饮食，而且还包括服务，无论是用实物形式、购买票券、预先支付，还是已经发生消费后的退还。[①] 再如我国的香港地区就规定，公职人员可以接受亲属给予的利益。[②]

（二）影响型利益冲突

影响型利益冲突是指公职人员利用公共权力的影响力，直接地或间接地实现自己的或亲属的私人利益，典型的如自我交易、影响交易、处理亲属问题、裙带关系等。[③] 影响型利益冲突相对来说是一种比较隐性的利益冲突，不像交易型利益冲突那样表现出权力和利益的直接置换，而是表现得比较隐晦。公职人员的利益冲突行为一般也不表现为权力的直接运用，而是利用掌握权力的公职人员身份间接地对人和事施加影响力，以达成获取利益的目的。需要说明的是，公职人员在影响型利益冲突中获取的利益很多时候并不仅限于经济利益，公职人员的心理满足、自己及其关系人在组织内部的升迁、偏爱的实现等，都可以视为公职人员通过影响型利益冲突获取的利益。

（三）复合型利益冲突

复合型利益冲突也可称为"旋转型"利益冲突，即公职人员兼有公私双重角色，在行使公共权力的过程中，公私不分，以公共角色的身份发挥公共权力影响力参与私人事务，从而为自己、亲属或利益相关者谋取私人利益，典型的有自己开公司、兼职、退休后到企业任职等形式。

---

① 李玉斌：《中国廉政建设研究成果集》（4），党建读物出版社 2007 年版，第 118 页。

② 香港《2010 年接受利益（行政长官许可）公告》，第 3 条。

③ 庄德水：《中国公职人员利益冲突政策的现状及发展对策》，见《"中国特色社会主义行政管理体制"研讨会暨中国行政管理学会第 20 届年会论文集》，2010 年 2 月。

　　"旋转型"利益冲突由一个公职人员和两个工作单位（其中一个是公共部门，另一个是私营部门）所组成。"旋转"是一个比喻用法，用来描述公职人员在公私部门之间"进进出出"，不断变换公私角色的情形。"随着在公共组织和私人组织之间来来去去调换工作，过去的工作与将来的工作之间交叉的利益关系会演变成极端复杂的利益冲突"。① 由于这种情形非常像运行中的"旋转门"，故在西方国家，这种行为被形象地称为"旋转门"。旋转型利益冲突发生在政府部门和私营部门的交界处。旋转型利益冲突一般包括三种类型：第一，由私营部门进入政府部门的公职人员，并没有与原来的私营部门脱离经济关系，因此在公务过程中会受到私人利益影响。第二，由政府公职人员进入私营部门工作，也称为"后就业"，就是"政府官员刚跨出权力和影响的门槛，离开政府，穿过这道门摇身一变，或受雇于私人企业，或充当院外游说人士，跨进门槛，凭借任职政府期间获得的信息、打造起来的关系网，找老同事、老部下打通关节，为新的主子，也为自己谋取利益"。② "后就业"一般发生在公职人员离职之后，公职人员利用他在政府部门的专业知识和信息、人脉资源等来代表私营部门对政府政策施加影响，干扰或侵害公职人员的公正决策和行为。第三，兼职行为。即公职人员在政府正式工作之外还从事其他工作并获得报酬。这会产生两种矛盾：一是在工作时间和精力上产生矛盾。公职人员时间和精力都是有限的，可能会上公职班时磨洋工打瞌睡，下班却去干私活；二是在工作性质和内容上产生矛盾，公职人员无法保持客观公正立场，由此滋生施加影响、通风报信、徇私偏袒等行政伦理问题。③ 可以说，无论哪种情形，都是私人得益，公益受损。本书之所以将其称为复合型利益冲突，是因为在中国语境下，公共组织还包括事业单位，而事业单位与政府部门还是有很多不同特点的。

---

　　① 〔美〕特里·L. 库珀：《行政伦理学：实现行政责任的途径》，张秀琴译，中国人民大学出版社 2001 年版，第 114 页。

　　② 〔美〕马国泉：《行政伦理：美国的理论与实践》，复旦大学出版社 2006 年版，第 241 页。

　　③ 同上书，第 146 页。

（四）集体型利益冲突

集体型利益冲突即以公职人员自身利益为背景的单位、部门利益对公共利益的侵害、违背和干扰。① 政府部门和事业单位是一种社会管理的公共组织，需要为社会提供公共产品和公共服务，其伦理要求实现公共利益。但实际生活中，一些部门和单位往往把自身作为一个利益实体参与权力的运作。因此，单位、部门利益本质上也是一种私人利益。它虽然以组织的形式出现，但对单位、部门利益的获得、分配和使用等方面拥有决定权的主导者却是单位、部门的个别领导。他们在行政管理和日常决策中受私人利益影响的决策和行为会对单位、部门利益产生重要影响。同时，单位、部门等集体性组织是公职人员的集合体，公职人员个人生活、职业发展和利益分配都依附于组织，其个人福利水平与组织发展的程度和利益密切正相关。因此，单位部门利益的内在表现为利益共享，公职人员因此结成一个利益共同体，通过"利益均沾"形成共生关系。这种"利益均沾"会弱化上级和同级的监督，从而导致集体腐败，即同一单位或部门的许多人或全体人员共同参与腐败行为，共同谋求私利。单位部门利益通常表现为行业和部门的不正之风、行业垄断、单位私设"小金库"，等等。

三　根据利益冲突发生的不同伦理领域分类

利益冲突是一个伦理困境，因此存在于多个不同的伦理领域。"伦"本意为"辈"，可以引申为人际关系或顺序、秩序的意思；"理"本意为"治"，引申为规律和规则，即事物是什么的规律以及应当如何的规则。因此，伦理可以理解为人际事实如何的规律以及应当如何的规范。随着伦理学的发展，专业伦理领域受到人们的关注。比如工程伦理学，人们对工程伦理学的理解一般从两个方面出发，一是从科学和技术的角度看工程；二是从职业和职业活动的角度看工程。前者将工程作为技术的一个应用的部分，而不是作为一种有其自身特征的相对独立的社会实践行为。在这种

---

① 程铁军、江涌：《建立健全利益冲突制度》，《瞭望》2010 年 3 月 8 日。

视野下，工程伦理容易被消融为技术伦理。后者又容易将工程伦理与其他职业道德混为一谈，从而抹杀了科学技术在工程职业中的特殊地位。这种视野容易将工程伦理仅仅归结为工程师的职业道德，而忽略了工程活动的伦理维度。专业伦理与职业道德既有区别，又有联系。专业伦理更强调专业的客观性和社会性，职业道德更多用于从事专业的个人，更含有主观性和个体性的意味；专业伦理强调专业领域内正当（适当、合适、合宜等），职业道德强调善（或美德、德性、好等）；评价专业伦理的尺度是对与错，评价职业道德的尺度是好与坏、善与恶。当然，专业伦理是职业道德的基础和前提，而职业道德是专业伦理的载体和形式。因此，不同的专业领域有不同的伦理道德，从业人员都会面临利益冲突的伦理困境。

（一）行政伦理中的利益冲突

行政伦理属于公共管理领域，规定了公职人员和公共组织应该做什么、不应该做什么的价值判断和伦理选择。

行政伦理为政府的合法性与合理性提供了伦理基础和价值导向。行政伦理范畴包括公职人员个人品德、职业道德和行政组织伦理、公共政策伦理。行政伦理的特殊性在于它具有公共性，与社会公共利益、公共服务和公共责任相联系。公职人员身兼"经济人"和"公共人"两种角色，处于公共领域与私人领域的交界处，特别是当政府与私营部门合作与业务往来日益密切的情况下，公职人员更容易发生利益冲突，比如在政府合同、政府工程、政府采购、公共事业招投标等领域中，公职人员直接参与经济活动，对具体公务处理有一定的自由裁量权，就更有机会在行政决策中受私人利益的不当影响。

行政伦理中的利益冲突既可能是现实的，可能是潜在的，也可能是表面的（参见本章第一部分根据利益冲突的性质分类）。行政伦理中的利益冲突是目前各领域中最受到关注的利益冲突，也是影响最为深远和严重的利益冲突，因此，解决行政伦理中的利益冲突，构建系统全面的防止利益冲突制度是我国目前亟待解决的重要课题。

（二）科研伦理中的利益冲突

科学技术在人类社会发展中起着关键作用，科学研究一直被认为是以探寻真理为主旨的领域。近代以来，随着科学技术在社会发展中日益发挥重要作用，科学研究逐渐被职业化，变成一种由很多人参与并得到社会广泛资助的社会活动，变成能使科学家获得荣誉和财富以及社会地位的职业。由于科学技术能产生广泛影响并有巨大的商业潜能，导致很多商业机构资助科学研究甚至直接介入科学研究，而科学家的社会角色也日渐多元化，很多科学家不单单是研究者，甚至还是企业家、管理者或者政府智囊等，科研伦理问题引起人们的关注。特别是 1974 年美国发生萨默林（W. Summerlin）科学欺骗事件后，科研伦理中的利益冲突问题逐渐成为一个热点问题。

汤普森（D. Thompson）认为科研伦理领域中的利益冲突"是一系列复杂的状况，即当决定某一主体职业判断的基本利益要求被其他次要利益考虑所干扰时，将产生利益冲突。他认为任何职业都有主要利益和次要利益，主要利益由科研人员的职业职责所决定，而次要利益并不一定是非法的，只是相对于职业责任而言处于相对次要的地位"。[1] 也就是说，科研人员在进行专业判断时，应该避免次要利益对主要利益的影响，否则，科学活动的公正性和客观性就会受到人们的怀疑。因此，科研伦理领域中的利益冲突就是科研人员在科学活动中因受次要利益不当影响不能客观、准确、公正地进行专业判断的行为和情景。其本质"是科学知识背后的社会利益（首要利益）与科学家的个人利益（次要利益）之间的矛盾，科学知识的客观性要求与人类认识不可避免的主观性之间的矛盾以及每一种具体的科学方法自身的局限性"。[2]

根据科学研究的过程，科研中的利益冲突可分为科研项目同行评议中的利益冲突，科学研究、咨询过程中的利益冲突，研究结果中的利益冲突

---

① Dennis F. Thompson. *Understanding financial conflicts of interest. The New England Journal of Medicine* 1993. August19，No. 8；Volume 329：573－576.

② 曹南燕：《科学研究中利益冲突的本质与控制》，《清华大学学报》（哲学与社会科学版）2007 年第 1 期。

和成果发表时的利益冲突及科学研究机构或科学研究者的广告行为。① 科研项目同行评议中的利益冲突是指同行评议是一个熟人关系网，项目评审官员依靠他们的朋友来受理评审项目。研究、咨询过程中的利益冲突是指研究者在研究过程中为了私人利益而侵害了他人或公共利益，在咨询过程中受利益主体影响而作出具有倾向性的专业判断。研究结果中的利益冲突是指研究者受次要利益影响，对实验对象、实验设计和实验数据等进行有倾向性的选择，得出符合利益主体（比如资助企业利益）的科研结果。典型案例如美国哈斯金特（L. F. Hutchins）等人对癌症患者临床化学治疗的调查研究，就有意排除了高龄患者的数据，以使实验新药疗效显得更好。② 研究成果发表时的利益冲突是指研究者有选择地发表成果或有意隐瞒一些科研成果，不让公众知道真实情况。广告行为是指科学研究者参与营利性的媒体广告宣传，诱导公众对一些科学产品消费的行为。

科学研究中的利益冲突严重影响了科学研究的客观性、准确性和公正性，也严重侵蚀着人们对科学研究的信任。

（三）医务伦理中的利益冲突

医务伦理不仅体现在医学研究中，也体现在临床诊疗过程中。医务伦理来源于医疗工作中医患关系的特殊性质，它是对人类个体生命的尊重，也是在医患信息不对称条件下的必然要求。病人求医时一般要依赖医务人员的专业知识和技能，并由于信息不对称不能判断医疗的实际质量，而且病人常要把自己的一些隐私告诉医务人员，这些都建立在病人与家属对医生的信任基础上。这就给医务人员带来一种特殊的道德义务：把病人的利益放在首位，运用客观、准确的专业判断使自己值得和保持住病人的信任。因此，医患关系本质上是一种委托信任关系，即病人在信任的基础上将疾病治疗和身体健康托付给专业的医务人员，医务人员有责任客观地依据专业知识而不是其他利益驱使作出合理、准确判断。因此，医务伦理中的利益冲突表现为医务人员的私人利益与医务职责之间的冲突。

---

① 王蒲生：《科学活动中的行为规范》，内蒙古人民出版社 2006 年版，第 91—95 页。

② 王蒲生、周颖：《美国科研机构的利益冲突政策的缘起、现况与争论》，《科学学研究》2005 年第 3 期。

医务工作中的利益冲突可分为外部利益冲突和内部利益冲突。外部利益冲突主要是来自医务人员外部的医药公司利益对医患信托关系的干扰。[①] 外部利益冲突会引起商业贿赂行为，危害医患关系。医务工作中外部利益冲突问题主要包括：临床验证新药或诊疗设备而获得公司的验证费；使用某种昂贵的药品或诊疗设备、消耗性材料而从医药公司直接获得灰色收入；从医药公司以赞助名义召开的会议中获得"赞助费"；名为招募患者参加"临床试验"实为行销药品而获得药商奖金；向医药公司报销各种名目的个人开支等。[②] 内部利益冲突主要是医务人员为了自身利益（如工作业绩、专业名誉和满足感、医疗的正面效果）而滥用药品或修改实验或医疗数据，不能作出客观、正确的让患者信任的专业判断。这一利益冲突不涉及医药公司，是医务人员和患者之间的冲突关系。从医生角度来说，内部利益冲突增加了自身的利益。比如医生在为患者开具处方时，如果以多开药、开广告宣传药从医药厂商那里吃回扣为原则，就会自觉不自觉地给病人开了不必要的，或者是缺乏针对性的多余的药品。这时医生的利益得到了增长，而病人的经济利益受到了损害，甚至有时也会因为用药过多损害身体健康。内部利益冲突目前表现为收"红包"现象、虚开处方、重复检查、小病大治、"科室包干"、"以药养医"现象。

（四）工程伦理中的利益冲突

工程伦理（engineering ethics）是应用于工程技术的道德规范系统，是一种应用伦理。工程伦理设定了工程师对于专业、同事、雇主、客户、社会、政府、环境所应担负的责任。工程伦理学在 20 世纪 70 年代从美国等一些发达国家开始兴起。

工程是人们运用科学技术手段改造客观世界的活动及其所取得的成果。无论在古代还是现代，工程建设都对社会的自然状况和人文状况有着形塑的作用，能较大规模地改变自然状况和人类物质生活条件。比如古代就有辉煌的人类建筑工程，如长城、大运河和埃及金字塔等，现代的如摩

---

① 庄德水：《防止利益冲突与廉政建设研究》，西苑出版社 2010 年版，第 40 页。
② 顾军生、徐渊洪：《浅析医疗服务中医患利益冲突与调节》，《江苏卫生事业管理》2005 年第 4 期。

天大楼、航天工程等。现代工程技术对人类社会生活产生了深远而广泛的影响，而工程师在技术方面处于核心地位。工程师创造技术与产品来提高食物产量、节约能源消耗、消除自然灾害等，带给人类生活更多的便捷与美好。然而工程技术是把"双刃剑"，它也有着巨大的风险，对社会生活、自然环境和生态平衡造成严重破坏。人类对月球和其他星球的探索是工程技术的胜利，而航天器"挑战者号"在1986年与"哥伦比亚号"在2003年的爆炸却是人们忽视工程技术风险的悲剧。这些工程技术的负面结果在20世纪30年代大萧条时期以后引起了越来越多的批评。这些批评引起工程师的深刻反思，工程伦理学应运而生。

工程伦理的目标是确保工程人员在工程上的根本道德任务，要把公众的安全、健康和福祉放在首要地位，确保工程的安全性和公共性。美国几乎各大工程师协会的章程都把"工程师的首要义务是把人类的安全、健康、福祉放在至高无上的地位"作为章程的根本原则。但工程师首先也是普通人，他的私人利益也会干扰工程师的职业责任，如果不能很好地处理这些冲突，就会导致工程腐败，产出"豆腐渣"工程，出现"楼歪歪"和"楼脆脆"，危及社会公共安全。

马丁（M. W. Martin）和斯金津格（R. Schinzinger）认为，"工程中的利益冲突是这样一种情形，工程师面对一种获利的可能性，如果去追逐这种利益，那么可能就会使他们无法履行其对雇主或客户所应负有的义务"。[①] 也就是说工程中的利益冲突发生在工程责任和工程师的私人利益之间。工程伦理中利益冲突的危害在于它影响工程人员的客观、准确的专业判断进而影响工程质量。

哈里斯（Charles E. Harris）等人通过举例说明了工程中利益冲突的三种类型，即实际的利益冲突、潜在的利益冲突和表面的利益冲突。

他们以工程师约翰为例，认为实际的利益冲突情形是：约翰参与一项需要10万枚螺钉的工程设计。约翰家族拥有一家名为杰科的螺钉生产公司。如果指定购买杰科的螺钉，那么约翰在杰科的股份将增长20%。约翰指定了杰科的螺钉，尽管这并非最好的选择。在这种情形下，约翰就有

---

① M. W. Martin, R. Schinzinger. *Ethics in Engineering*. NewYork：McGraw-Hill, 2005：625 - 626.

实际的利益冲突。

潜在的利益冲突情形：约翰和维罗妮卡订婚，她的家族拥有 100 年生产螺钉历史的杰科公司。如果约翰和维罗妮卡结婚，他将成为杰科的重要股东。如果他在设计中指定使用杰科的螺钉，他将在经济上受益。也就是说，虽然约翰现在没有利益冲突，但他将来可能有利益冲突。

表面的利益冲突情形：约翰和维罗妮卡结婚，但他因与维罗妮卡和她的家族发生矛盾而且他在杰科的股份被剥夺了。虽然这一消息是公开的，但工程客户蕾切尔并不知情，他雇佣约翰为他设计一个建筑。约翰指定使用杰科的螺钉，他尽管不喜欢把生意给杰科，但他认为杰科的螺钉是最适合该建筑的。但客户还是以利益冲突为由指控约翰违反防止利益冲突规定。[①]

（五）会计伦理中的利益冲突

会计伦理是指会计人员以合法的手段从事会计管理时，所应遵守的道德准则和行为规范。会计作为经济管理行为，会直接影响政府、企事业单位和市场的经济行为，因此社会责任重大。会计信息要真实客观，因为不同的会计信息通过信号传递，会诱导相关使用者作出不同的经济判断和行为，从而影响他们的各自利益，这些使用者包括股东、债权人、顾客、供应商、政府等。会计伦理调整会计活动中的各种利益关系，是保证市场经济健康发展的关键力量。会计伦理的核心就是会计诚信，即保证会计信息的真实性，保证会计师的诚实性。

会计领域中的利益冲突是指"处在这样的一种情况下，即个人由于受到非其所应有的其他利益的驱使，而使其客观性被削弱"。[②] 利益冲突问题是企业界和会计师需要面对的伦理问题之一。处理好利益冲突问题对会计伦理具有重要意义，它可以防止会计信息失真，防止做假账，提高会计报告的诚信度和真实性。

---

① ［美］查尔斯·E. 哈里斯、迈克尔·S. 普理查德、迈克尔·J. 雷宾斯：《工程伦理：概念和案例》，丛杭青等译，北京理工大学出版社 2006 年版，第 111 页。

② ［美］莱昂纳多·J. 布鲁克斯：《商务伦理和会计职业道德》，刘霄仑、叶陈刚译，中信出版社 2004 年版，第 119 页。

美国从 20 世纪 40 年代开始对会计伦理进行系统研究和立法规范。2002 年 7 月颁布了《公众公司会计改革和投资者保护法》，加强对会计事务所和上市公司的监管，强化防止利益冲突政策。《美国注册会计师协会职业行为规范》规定了会计职业原则，表明了会计职业对公众、委托人以及同行的责任。这些职业原则要求会计从业者"始终不渝地承诺诚实行为，即使牺牲个人利益也在所不辞"，"履行职业责任时应该保持客观公正，超脱于利益冲突"。[①]

学者布鲁克斯将会计师的利益冲突分为四类：一是会计师个人利益与其他利益相关者利益之间的冲突；二是会计师和某些利益相关者利益与其他利益相关者利益之间的冲突；三是受优待的客户利益与其他客户利益之间的冲突；四是受优待的一个或更多利益相关者的利益与其他利益相关者利益之间的冲突。[②] 他认为这些利益冲突可能导致会计师的职业服务水平和质量下降，对客户、社会公众以及其他利益相关者产生不利影响。

第二节 高等院校利益冲突的表现

高等院校利益冲突是指高校全体教职员的私人利益与其承担的管理角色及教学科研职责之间的冲突。高等院校的利益冲突本身不是腐败，却是高等院校产生腐败的重要根源。高等院校因为其培养高等人才的教育目标、科研社会服务的功能而享有社会和政府委托的公共权力，这些公共权力应该代表社会公众的利益，并被社会公众信任。根据《中华人民共和国高等教育法》规定，高校享有七项明确的办学自主权，具体包括招生权、学科和专业设置与调整权、教学权、科研与社会服务权、开展对外科技文化交流与合作权、人事权、财产的管理使用权。办学自主权在本质上是一种公共权力，即高校行使此种权力时，必须符合国家和社会的公共利

---

① ［美］罗纳德·杜斯卡、布伦达·杜斯卡：《会计伦理学》，范宁、李朝霞译，北京大学出版社 2005 年版，第 75—76 页。

② ［美］莱昂纳多·J. 布鲁克斯：《商务伦理和会计职业道德》，刘霄仑、叶陈刚译，中信出版社 2004 年版，第 223 页。

益，必须贯彻国家的教育方针，遵守法律和国家主管部门的规制条件与程序，不得以主观性任意行使，也不得放弃和转让。① 因此，高等院校的利益冲突情况多发生于具有办学自主权的领域，其形式也多种多样。本书根据高等院校的行业特点，依据前面对利益冲突类型的分析，将高等院校利益冲突的表现大致分为两大类别。

一　一般性的利益冲突

一般性利益冲突主要围绕高校行政机关的各项行政审批权、管理权等职责产生，利益冲突的主体多为高等院校的党政管理机构领导干部和工作人员。一般性利益冲突性质与社会上一般公职人员的利益冲突性质一样，不具有高等院校本身的特点。这些一般性利益冲突多发生在以下领域。

（一）基本工程建设领域的利益冲突

随着我国经济的发展和不断扩招，高等院校办学规模越来越大，发展新校区、扩建大学教学楼和宿舍楼成为大多数高校的重要任务。因此，基本工程建设成为很多高等院校经费支出最大的领域。由于基本工程建设工作技术性、专业性强，高等院校需要与社会上各类建筑工程企业密切合作才能完成，而且合作内容涉及基建工程的勘探、设计、招投标、监理、验收等诸多环节。因此，在这些岗位工作的领导干部和工作人员，经常面临交易型利益冲突和影响型利益冲突情况。比如某工程企业想要承包高等院校的一些工程建设项目，就可能采用贿赂、送礼等方式影响和干扰领导干部或工作人员的决策和行为，而领导干部或工作人员一旦不能很好地处理这一利益冲突情况，屈从于诱惑，以个人利益最大化为目的，就会产生实际的干扰和侵害公共利益的事实，严重的就导致腐败发生。如原武汉理工大学副校长李海婴，因为涉嫌在开发教师和学生公寓等建筑工程中受贿被立案查处，李海婴最终被认定的受贿金额高达 214.5 万元，被判无期徒刑。分析官方公开报道的高等院校腐败案件就可以发现，其中大部分腐败

---

① 高云华、叶宏开：《高等学校纪检监察工作研究（三）》，北京师范大学出版社 2000 年版，第 163 页。

都是和基本工程建设领域相关，"基建部门已成为干部违纪的多发点和纪检监察工作最棘手最艰难的监督范围"。① 值得说明的是，高校基本工程建设领域的利益冲突和工程伦理中的利益冲突不一样，高校基本工程建设利益冲突主体是高校内管理基本工程建设的管理人员，主要是管理工程建设中的利益冲突，而工程伦理领域的利益冲突主体是工程师，主要是在工程设计与具体建设管理中的利益冲突。

（二）物资采购领域的利益冲突

高等院校为了保证其教育、科研、社会服务功能的正常运行，会投入大量资金进行物资采购活动，包括大型实验仪器设备、各种图书出版资料、各学科专业教材、教学设施与设备维修材料、供暖用煤、学生食堂的膳食材料、校医院所需药品药材等的采购活动。由于物资采购与社会上市场联系紧密，进货渠道丰富多样，产品质量良莠不齐，加上商家竞争促销手段不断翻新，使该领域成为高等院校利益冲突比较严重的领域。主管采购事宜的领导干部和工作人员面临大量利益冲突情况，比如有的供货商可能会采用抬高采购价、压低产品质量等行为，用给领导干部回扣形式换取供货资格，形成交易型利益冲突；也有个别领导干部利用职权影响正常采购，将供货资格交给自己的亲属或朋友等，形成影响型利益冲突；也可能有个别领导干部或工作人员自己在社会上开办相应的商业服务公司，将供货资格揽在自己手里，形成"复合型"利益冲突。比如原华中科技大学同济医学院教材服务中心科长王某、副科长黄某、保管员刘某、会计陈某4 人，在为华科大同济医学院购买教学、科研图书时，先后 30 次共同非法收受武汉市新华书店、武汉医药卫生书店等 10 家供书商给予的图书回扣款 56 万余元，结果 4 人因受贿罪被硚口区法院一审判处 5 年有期徒刑等刑期。② 这样的腐败窝案也使高校内部门利益显现出来，里面也存在集体型利益冲突。

---

① 《高校腐败问题及其控制对策》，北京纪检监察网，2006 年 3 月 31 日。
② 《华科大教材中心 4 名工作人员 2 年吃回扣 56 万元》，《楚天都市报》2007 年 6 月 27 日。

（三）自筹办学经费领域的利益冲突

高等院校的办学经费随着高等院校教育体制改革的深入推行，从单一国家财政拨款向多渠道筹集经费转变，其资金管理也呈现出多样性和复杂性。在高校自筹办学经费领域，领导干部和工作人员也面临着集体型利益冲突情况。已发生的腐败案例显示，个别领导干部和工作人员在进行筹资办学、办班创收、引入科研经费时，通过私设"小金库"，集体截留私分、私订合同逃避财务监督等手段干扰和侵害高等院校财务与资产。

二　具有教育行业特点的利益冲突

教育行业的最大特点是产品的特殊性，高校的主要功能是教学、科研和社会服务，其产品体现在高等人才培养、高新科技创新和文化传承与道德教化上，和这些功能密切相关的是招生领域和教学科研领域，这些领域的利益冲突也成为具有教育行业特点的利益冲突。

（一）招生录取领域的利益冲突

国家为了创新人才培养模式，满足社会发展的需要，给予高等院校较大的招生自主权，尤其在保送生、文艺体育特长生等的录取问题上，基本上是拥有了完全决定权。这对于提高高等院校的办学积极性和办学水平十分有利，但这种自主权也使招生考试的领导干部和工作人员面临着利益冲突的情况，尤其是交易型利益冲突情况更是突出。招生领导干部和工作人员会面临家长送现金或礼品的诱惑，可能接受妨害招生公正性和规范性的宴请或金钱利益等；典型的案例是2013年11月28日被爆出的人民大学招生就业处原处长蔡某的违纪违法案件。据知情人士透露，蔡某被抓的原因是在自主招生中出现腐败，"帮学生花钱进人大，而且涉案金额较大，其已交代招生等问题涉案金额达数亿元"。"蔡荣生涉腐案表明，在某些高校，自主招生居然变成了'腐败通道'，变成了权力寻租的工具，变成了一些有钱、有权、有关系者子女上名牌大学的捷径。当'拼爹'游戏肆意上演，当招生名额异化为商品，教育公平被踩在脚下，大学精神被无情玷污，这怎不让人痛心疾首。招生腐败并不是新鲜事，但蔡荣生涉腐案尤其让人震惊和痛心，不仅因为涉案金额可能很大，更因为问题出在堂堂名牌高校，出在自主招生环节。"[①] 此外，招生录取领域也可能发生影响型利益冲突，比如个别招生人员利用职务上的便利为亲属加分，提前泄露考题等行为；最后，还会有"复合型"利益冲突，比如在艺术特长生、体育特长生招生工作中，个别打分的评委在校外办有自己的考试培训辅导班。我们有理由怀疑这个评委给考生打分的公正性。比如河北体院原副院长王某、原团委书记兼学生处副处长李某、原学生处副处长王某等人就利用河北体院承担全省普通高校招生体育专业测试工作的职务便利，累计受贿金额 130 余万元，违规为 229 名考生改动提高测试成绩，并依此上报作为高考录取依据。案发后，涉案人员受到开除党籍、行政撤职处分，并移送司法机关追究刑事责任。[②]

（二）教育收费领域的利益冲突

国家为了缓解高校办学经费短缺，维持正常功能运行，允许高等院校收取一定的学费和住宿费用。但是，在我国教育经费存在巨大缺口的情况下，少数高等院校出现了高收费、乱收费、"双轨"收费现象。乱收费名目包括高额学费、补考费、退选课费、扩招费、转专业费、毕业生就业指导费、旁听费等。这些为了学校小集团利益的乱收费行为就是典型的集体型利益冲突。这种利益冲突发生在招生、教学培养、对外合作办学等各个环节。据新华网消息，2006 年 2 月 19 日，国家发展和改革委员会曝光了八所教育乱收费学校，乱收费金额总计 2270 万元。西安美术学院违反国家有关教育收费政策，在 2005 年招生中，提高标准收取学费。绘画和设计专业学费标准应收每生每年 9000 元，实收 15000 元，超标准多收学费559 万元。南京审计学院在 2004—2005 年共招收 209 名专升本学生，每生每年应收 4600 元，实收 8500 元。在 2004 年招生中，以每生 3 万—5 万

① 晏扬：《人民大学招生腐败的警钟为谁而鸣》，新浪专栏·观察家，2013 年 11 月 29 日，http://news.sina.com.cn/zl/zatan/2013-11-29/0845686.shtml。

② 《河北体院原副院长王长青私改高考体育成绩被查处》，新华网，2004 年 12 月 8 日。

元标准直接收取 19 名学生赞助款。两项共计 164 万元。[①] 这些违规收来的费用加上内部财务管理的不善，给这个领域带来大量的集体型利益冲突情况，甚至会演变为腐败行为。

（三）教学管理领域的利益冲突

高校在教学管理领域也存在着很多利益冲突情况。在用反腐败的视角观察这个领域时，人们对此领域的重视程度还不够。因为在高校已有的腐败案例中，很少有领导干部和教管人员因为教学管理问题"落马"，更没有动辄数千万元的受贿和行贿金额，但是该领域中也会大量存在利益冲突和责任冲突现象。比如在教学管理领域，极少数主管领导及其职能部门工作人员、任课教师，在考试阅卷、推荐免试读研究生、评奖学金及各种奖励或表彰等活动中因为人情关系和金钱利益损害公平公正原则，影响高等院校的学风和声誉等公共利益，这属于交易型利益冲突。个别高校为了创收不惜降低教学标准和课程要求，发放"真的假文凭"，这时利益冲突主体不是个人，而是作为利益集团的学校，这属于集体型利益冲突。还有的教师在外面进行兼职咨询或者其他的学术活动，而这种活动又影响了他在学校内的教师职责，与其教书育人的责任产生冲突。这种利益冲突和责任冲突情况虽然不能导致个别的腐败大案，却严重影响高等院校声誉和学生质量，对社会的负面影响也非常严重。

（四）学术科研领域的利益冲突

学术科研领域的利益冲突情况通常比较隐蔽，由此引发的负面后果具有智能性、隐蔽性和蔓延性等特点，利益冲突主体也不仅限于掌握行政权力的管理人员，而是具有多样化特征。从身份特征上说，不但涉及教授、副教授和讲师等教师群体，也涉及硕士、博士等研究生群体；不但涉及专职教师，也涉及具有行政职务的院长、校长等领导干部。同时，学术科研领域涉及的利益冲突类型也比较多样。高等院校的各类群体围绕科研项目立项、申请、鉴定而进行的送礼、回扣和宴请等行为，围绕学报及各类学

---

① 刘铮：《国家发改委：西安美术学院等八所学校乱收费 2270 万元》，新华网，2006 年 2 月 19 日。

术期刊发表文章而提供的版面费、赞助费用等行为属于交易型利益冲突。在学术评审或科研立项、职称评审过程中相互关照、投人情票等行为属于影响型利益冲突。复合型利益冲突表现在一些博士生、硕士生导师在校外开办自己的私人商业公司，却利用高校的名气为自己的公司招揽生意，用自己带的博士、硕士研究生为公司低价或无偿打工等。集体型利益冲突表现为一些高校研究所为了得到某种企业的赞助，在研究成果上不尊重科学事实研究，为企业做伪证，生产伪科学成果。

在高校，学术科研伦理中的利益冲突是最具行业特点的利益冲突，是科研人员在科学活动中因受次要利益的不当影响而不能客观、准确、公正地进行专业判断的行为和情景。典型案例是美国的"干眼病"眼药膏事件。Scheffer C. G. Tseng（以下简称 ST）是来自中国台湾的博士，在哈佛大学附属眼科医院进修的眼科医生。ST 以兔子为试验对象研究维生素 A 眼膏对美国"干眼病"（dry-eye disorder）的治疗作用，他似乎取得了成功，并着手进行人体试验。1985 年 6 月，他在眼科杂志上发表了自己的研究成果，两个月后美国食品和药物管理局 FDA（Food and Drug Administration）批准了这种眼药膏可以作为医药使用，并授予 ST 为期 7 年的市场专有权。随后一家眼药公司 Spectra 用 31 万美元购买了 ST 的这种权利。ST 和他的导师在 Spectra 公司拥有大量的股票，是该公司的大股东。但随后的研究表明此眼药膏并没有如当初设想的那样有效，ST 便在公众知情前抛售了手中的全部股票。哈佛大学及其附属的眼科医院随后对 ST 的研究进行了调查，发现 ST 在研究中违反了知情同意的原则，擅自扩大了研究范围，他用这种眼药膏治疗病人的例数至少超过了 FDA 批准数目的 4 倍；他还多次修改试验方案，使人们很难辨别眼药膏究竟是否有效。1988 年其他研究者发表的研究结果表明，除了对极其严重的"干眼"病症，这种眼药膏的治疗效果并不比安慰剂强。此事被新闻媒体曝光后，引起了公众的极大愤慨。另一个案例是在美国西雅图的 Fred Hutchinson 癌症研究中心的"126 方案"，研究者将 T 细胞从受试者的骨髓中分离出去以治疗移植物抗宿主疾病（graft-versus-host disease，GVHD），治疗中要使用八种抗体，其中有三种是 Genetic Systems 公司生产的。问题在于，进行该试验的许多研究者都拥有该公司的股票。研究中心在抗体的商业权利上还与这家公司有着其他的经济关系。结果在长达 12 年的试验中，82 名受试者中有 20 人死亡。据称受试者的死亡与试验有直接的关系。①

这些案例说明，"在利益冲突的影响下，科学研究者可能会违反相关的法律规定和伦理要求，在知情同意中隐瞒重要信息，欺骗受试者及其家属，将病人不适合地纳入研究，对受试者的安全和健康造成严重危害"。②因此，学术科研领域的利益冲突后果可能影响更深远。

第三节　高等院校利益冲突发生的主要原因

利益冲突实质是一个伦理困境。高校全体教职工是发生利益冲突的核心，在面临利益冲突情境时，主体可以选择以公共利益为主，也可能会选择私人利益居上。影响利益冲突主体行为选择的因素就是导致利益冲突发生的原因，这些因素可以分为客观因素和主观因素两个方面。

一　客观因素的影响

（一）市场经济中拜金主义对高等院校主体的负面影响

随着社会主义市场经济体制的转型和高等教育体制的改革，高校办学自主权增强和招生规模不断扩大，其经济活动日益增多，与社会的交往也越来越频繁、越来越密切，市场经济对高等院校影响也越来越大。而且随着高校推倒"围墙"、开放办学的力度加大，市场经济中拜金主义也越过"象牙塔"的围墙，对高等院校广大师生产生了影响。特别是高校的基本工程建设领域与物资采购领域，受社会上的拜金主义影响最厉害。在已有的高校腐败案例中，大多数领导干部及工作人员都是在基建、物资采购领域发生贪污、受贿等腐败行为。试想，即使这些领导干部和工作人员最初并没想要损害公共利益，在这些行业"潜规则"下，当那些诱人的回扣、

① 转引自谢广宽《医学研究者的经济利益冲突对临床试验的影响——美国的经验与启示》，《医学与哲学》2005 年第 10 期。

② 谢广宽：《医学研究者的经济利益冲突对临床试验的影响——美国的经验与启示》，《医学与哲学》2005 年第 10 期。

特殊的红包甚至是特殊的服务像洪水一样将这些公职人员包围，在这样强烈的利益冲突情况下，能靠公共利益信念抵挡住诱惑的有多少人呢？这大概也是高校领域中基建、采购领域一直都是腐败重灾区的主要原因。

同时，政府对高等教育投入不足也是促使高等院校寻求"创收"导致集体型利益冲突的主要原因。虽然自1993年起，政府不再是高校投资的唯一主体，高校可以多渠道融资，但政府仍是高教投资的主要承担者，财政性教育经费总量投入不足给高等教育办学造成了较大困难，影响深远。衡量一个国家财政性教育经费投入是否足够的重要指标就是"国家公共教育经费占国内生产总值的比值"，即国家公共教育经费占GDP的比值。在我国，此项指标多年来一直在2.4%—3.3%的低水平间徘徊，见表2-2。2002年的这一比值虽然回升为3.32%，但仍然没有达到1993年《中国教育改革和发展纲要》所规定的4%的目标，这个指标甚至还不及同期世界其他发展中国家的水平（见表2-3）。据联合国教科文组织的统计，发展中国家教育投资占国内生产总值的平均水平，1960年为2.3%，1970年为3.3%，1985年为4.0%。[1] 这说明，中国教育投入的水平不仅远远低于发达国家，不仅大大低于发展中国家的平均水平，而且低于许多经济发展状况远不如中国的发展中国家。

表2-2   1991—2004 年国家财政性教育经费占 GDP 的比例（%）

年份	1991	1992	1993	1994	1995	1996	1997
比值	2.86	2.74	2.51	2.51	2.41	2.44	2.49
年份	1998	1999	2000	2001	2002	2003	2004
比值	2.55	2.79	2.87	3.19	3.32	3.28	2.79

资料来源：中国教育与人民资源问题报告课题组：《从人口大国迈向人力资源强国》，高等教育出版社2003年版，第563页。

---

① 第39届国际教育大会材料及联合国教科文组织《统计年鉴》（1985），转自《中国教育通史》（第6卷），山东教育出版社1989年版，第393页。

表 2 - 3　　　　　　公共教育经费占 GDP 比例的国际比较（％）

年份 ＼ 国别	中国	印度	泰国	马来西亚	韩国	英国	南非
1990	2.3	3.7	3.6	5.1	5.1	4.8	5.9
1995	3.1	3.1	4.1	4.4	4.4	5.2	5.9
2000	2.9	4.1	5.4	6.2	6.2	4.5	5.5

资料来源：《国际统计年鉴 2003》，转引自杨东平《中国教育公平的理想与现实》，北京大学出版社 2007 年版。

当然，不可否认的是，最近几年随着我国经济发展和财力增强，国家对教育投入规模不断加大，从 2004 年到 2008 年，我国公共教育支出从 4000 多亿元增加到了 9700 多亿元，财政教育支出占总支出的比重从 14.9％ 提高到了 16.3％，教育支出成为国家财政支出的第一大项。[①] 但由于历史形成的教育欠账，我国教育基础薄弱，巨大教育体系对资金的需求仍然有很大缺口，这种现实导致许多高校经费短缺，运营困难，教师待遇低下。同时，这也促使各个高校开始自己想办法"创造收入"来提高教师的福利待遇，甚至一些教师自己也想办法提高"收入"，在这样的背景下，高等院校的利益冲突情况就不难解释了。

（二）高等院校相关制度建设不足提供了发生利益冲突的可能

中央纪委驻农业部纪检组组长朱保成指出："现阶段利益冲突的根本原因是制度建设滞后，权力缺乏有效约束和监督。防止利益冲突的核心在于从制度层面规范和监督公共权力的运行过程，避免公职人员所代表的公共利益与其自身所具有的个人利益之间发生冲突，进而减少公职人员以权谋私的机会和空间。"[②] 制度提供了人类行为的规范，如果有完善的制度，即使是坏人也不能做坏事，如果没有完善的制度，即使是好人也可能做坏事。我国高等院校在获得较大办学自主权力的同时，相关制度建设却存在

---

① 杨东平：《中国教育公平的理想与现实》，北京大学出版社 2007 年版。

② 农业部种植业管理司：《朱保成强调：以完善防止利益冲突制度为重点，加强制度建设，进一步贯彻落实〈廉政准则〉》，中华人民共和国农业部网站，2011 年 6 月 16 日。

不足之处，为利益冲突发生提供了可能机会。

首先是高校的招生制度存在的问题。随着招生制度的改革，我国高校在招生考试中获得较大的自主权。2010 年《国家中长期教育改革和发展规划纲要》中提出："推进考试招生制度改革，以考试招生制度改革为突破口，克服'一考定终身'的弊端，推进素质教育实施和创新人才培养。按照有利于科学选拔人才、促进学生健康发展、维护社会公平的原则，探索招生与考试相对分离的办法，政府宏观管理，专业机构组织实施，学校依法自主招生，学生多次选择，逐步形成分类考试、综合评价、多元录取的考试招生制度。"由于高校的招生考试是选拔性考试，不但竞争性大，而且与考生的利害关系密切，这对招生录取领域工作的公职人员形成很大挑战，难免面临利益冲突情况。比如在考试环节，一些工作人员受私人利益的驱动，不惜铤而走险，泄露或窃取属于国家绝密的试卷内容，从而对社会的公平与安全造成危害。尽管有关部门采取了各种各样的安全防范措施，包括对相关人员进行保密教育、签署保密协议等，每年还有考题泄密事件或改卷舞弊案件发生。一个好的制度应当符合实质合理和程序正义双重标准，中国目前招生制度的很多改革都单方面强调实质合理，却忽视了程序正义。[①] 这些制度存在的问题成为推动高校利益冲突发生的直接原因。

其次是学校内部管理中存在的问题。随着国家教育体制改革的推进，高校在管理中也获得了更多的人权、事权和财权。特别是近年来国家对教育投入力度加大、高校多渠道融资筹措经费机制形成以来，高校拥有了更多资金和自主权。但是高校相应的内部管理制度建设却相对滞后，存在行政权力高于学术权力等弊端，因此在人事管理和财务管理领域存在大量的利益冲突情况。比如，在高校校长的任用制度上仍然沿用委任制，这客观上造成了校长对上级领导重视，对校内教师、学生忽视的情况。也造成校长在校内"一手遮天"，在本单位内无人能监督也无人敢监督的局面。同时，也正是这种行政权力大于学术权力的事实，使很多高校内中青年骨干教师流失海外，也使很多没有真本事但会投机钻营的不学无术之人混入高校端"闲饭碗"，使行政人员数量高度膨胀。再比如，高校在财务管理中

---

① 朱永新主编：《中国教育蓝皮书》(2004)，高等教育出版社 2005 年版，第 115 页。

也存在财务预算编制质量不高、资产管理不规范、财务监督不力等问题。①

（三）高校问责制度还存在缺陷

问责制度是高等院校实现功能正常运行的保障。问责是相对于权力和责任而言的。无问责则无效果。基于《高等教育法》和《教师法》赋予的权力，高校应当担负相应的责任，如学术责任、社会责任、教学事故责任、教学质量责任等。高校问责制能在一定程度上监督高等院校领导干部的行政行为，使领导干部在行政决策和行政执行时避免利益冲突和责任冲突，从公共利益出发，为高等院校学生和教师服务。目前，我国高校问责制度存在立法层次不高、操作性不强等问题。具体来说，高校问责制主要存在以下不足：

首先，存在同体问责问题。所谓同体问责，是指同一组织系统内部上级对下级的问责。我国《教育法》及相关规范性文件规定，如果高校违反国家规定招收学员乱收学费、伪造账目等，由教育行政部门对其问责。教育行政部门和高校是同一系统的上下级关系，是典型的同体问责②。同体问责容易使问责流于形式，缺乏实效性，不利于问责目的的实现。

其次，存在问责客体范围不明确的问题。《教育法》虽然明确规定：对于高校克扣教育经费、乱收费用、违法办学、违规招生等行为，对直接负责的主管人员和其他直接责任人员，依法给予行政处分。然而我国法律并没有明确细化直接主管人员和直接责任人的范围。这样问责的客体就容易发生偏差，很可能间接责任人对决策和决定的执行起着举足轻重的作用，法律却忽视了要追究间接责任人的法律责任。在高等院校行政权力占据主导地位的情况下，直接主管人员或许并不是学校的重要领导干部。除了直接主管人员要承担行政责任外，学校重要领导干部恐怕也难辞其咎。但是我国高校问责制相关法律未规定这种情况下学校重要领导干部是否应当承担责任。

---

① 刘志红：《浅谈高校财务管理中存在的问题及改进措施》，《经济师》2011 年第 2 期。

② 余莉：《试论我国高校问责制的完善》，硕士学位论文，湖南师范大学，2010 年，第18—20 页。

再次，问责程序不具体、操作性不强的问题。问责程序是规制高校自由裁量权的一种重要手段，有利于保障高校利益相关者的合法权益，保证问责制沿着法制的轨道健康持续发展。[①] 虽然我国的《教育法》和《高等教育法》规定了问责启动、调查、行政申诉、行政复议、行政诉讼等程序，便于利益相关者和其他监督主体进行问责，然而这些程序的规定比较抽象、简单，缺乏具体规定，操作性不强。比如在问责程序中，对于问责主体如何调查，调查的方式、范围，作出决定后的告知期限，问责过程中是否应该实行听证，以及问责后的公开制度等都规定得不详细，有的甚至没有提及。程序的完整性和公平性的缺损，使高校问责的预期目的难以实现，也使高校公共职责难以得到保障。

最后，存在问责范围狭窄的问题。问责范围指问责主体应在什么情况下对问责客体进行责任追究。《教育法》问责范围主要是针对高校的行政作为行为，那么高校的行政不作为行为是不是都合法呢？而且问责范围主要针对的是高校的执行行为，那么决策失误是否应该被问责也不清楚。一般情况下，没有决策行为就没有后续的执行行为，既然执行行为应追究责任，那么决策行为也应该相应地纳入问责范围。同时，问责范围重视过错问责，当发生重大事故、造成严重影响或重大损失时，才追究行政责任。有过错当然要承担责任，那么在利益冲突情况下，没有过错却损害了利益相关者的合法权益，是否应该承担责任呢？从公平的角度来看，高校的上述行为都需要问责，然而法律却未提及。由此可见，高校问责的范围相当狭窄，不利于保护学生、教师的合法权益。[②] 以上高校问责制的缺陷，使高校在发生利益冲突情况下，公共利益难以维护，公共职责难以有效实现。

二 主观因素的影响

高等院校利益冲突表现为高校领导干部和教师等的私人利益与其代表

---

① 周亚越：《行政问责制比较研究》，中国检查出版社 2008 年版，第 238 页。

② 余莉：《试论我国高校问责制的完善》，硕士学位论文，湖南师范大学，2010 年，第21—23 页。

和谋求的公共利益之间的冲突，从逻辑上说是公共角色与私人角色之间的冲突，从本质上说是这些人员行使公权时权衡"利他"和"利己"两种道德倾向的伦理困境。因此，利益冲突的核心原因仍然是利益冲突主体人员自身的主要因素的影响。

高等院校作为神圣的知识殿堂，肩负传承文化、教化育人的重任，在人们的思想认识当中，无论是高等院校中的领导干部还是普通教师和工作人员，都有着很高的道德素质修养，能够在私人利益和公共利益发生矛盾和冲突时，自觉选择以公共利益为主，哪怕会牺牲个人利益。同时，人们赋予教师的职业道德也不允许教师以私人利益侵害公共利益。"教师是太阳底下最光辉的职业"，教师是"燃烧自己照亮世人"的蜡烛，是"吐丝到死"的春蚕，这些人们耳熟能详的句子是教师光辉形象的代表。然而，人们忽视了这样一个客观事实，即在现实生活中，高校领导干部和教师与普通人在本质上没有什么分别，他们也拥有自身私人利益，这些私人利益，有时与公共利益相一致，但是有些情况下也可能与公共利益发生冲突。他们在生活中也有多元角色，除了高等院校的领导干部或教师这个公共角色以外，他们的私人角色是多元的，可能是家庭里的丈夫、父亲和儿子，生活中的同学、朋友和战友，某个社会团体的成员、某个专业协会的会员，等等。这些私人角色可能影响他们履行公共角色时的公正性。

更重要的是利益冲突本质上就是公职人员在行使公共权力时"利他"或"利己"两种道德倾向的伦理困境，当"利己"倾向大于"利他"倾向时，就会发生利益冲突。在现实生活中，虽然有可能存在时时刻刻完全"利他"的"伟人"和不惜践踏他人利益而完全"利己"的"恶人"，但必须承认，大多数人在特定的空间和时间下处理具体问题时，会在完全的"利己"和完全的"利他"、绝对的"私"与绝对的"公"之间变动，即人性所表现出的是利己与利他的一个结合点①。这个结合点是和人的本性联系的。在管理学中，关于"人"的本性假设共有四种，分别是："经济人"假设、"社会人"假设、"自我实现人"假设和"复杂人"假设。由这四种不同的假设可以推出人的行为动机是多元的和复杂的。

比如，在"经济人"假设中，人是以追求个人利益最大化为目的，

---

① 肖俊奇：《公职人员利益冲突及其管理策略》，《中国行政管理》2011 年第 2 期。

并积极从事经济活动的主体。"经济人"具有利己本性，在经济活动中会导致人们完全追求个人利益而不会顾及他人利益。而"社会人"假设认为，人们最重视的是在工作中与周围的人友好相处，物质利益是相对较次要的因素。

在"自我实现人"假设中，马斯洛认为，人类需要的最高层次就是自我实现，每个人都想成为自己所希望的那种人，具有这种强烈的自我实现需要的人，就叫"自我实现人"。

"复杂人"的含义主要有以下两个方面：其一，就个体而言，其需要和潜力会随着年龄的增加、知识的增长、地位的变化、环境的变化以及人与人之间关系的变化而各不相同。其二，就群体而言，人与人是有差异的。根据"复杂人"假设所产生的"超 Y 理论"则认为，加入工作组织的动机和目的虽然各不相同，但是最主要的需要仍然是实现自己的胜任感，这种胜任感会因为不同的人而采取不同的方法实现。从这些不同的人性假设可知，人的行为动机一定是多元、复杂、动态的，既有利己的成分，又有利他的成分；既追求私人利益，也追求公共利益。

高等院校的领导干部和教师也不例外，当其在领导干部或教师工作岗位上时，其公共角色要求他发扬"利他"的精神谋求公共利益，而私人角色则会在"利己"意识的驱使下追求私人利益。当两者相冲突时，如果没有合理的制度设计，"利己"倾向就会制约"利他"倾向，发生利用公共权力谋取私人利益的利益冲突行为。尤其是在我国社会转型时期，在市场经济的负面影响下，"拜金主义"盛行，一切皆可为商品，社会伦理道德滑坡。这时单独要求高等院校领导干部和教师保持"象牙塔"中的纯洁既不现实也不可能，高等院校中发生利益冲突也在所难免。而我们迫在眉睫的任务是，怎样设计一套制度和机制来规范、管理高等院校中发生的利益冲突行为，将利益冲突风险后果降到最低程度。

第三章

高等院校利益冲突风险评估规划

　　西方管理学界有句名言：没有评估就无法管理。[1] 对高等院校利益冲突进行管理必须建立在利益冲突风险评估的基础上。因为并非所有的利益冲突都会导致腐败。西方高校对利益冲突管理的政策文本往往强调其政策是帮助教职人员辨识实际的利益冲突并遵守政府法律法规，目的不是为了消除所有的利益冲突，而是建立可以容忍的利益冲突的边界和阈值，对超出容忍边界的利益冲突进行披露、剥离和祛除。而边界或阈值的设置需要根据实际情况进行风险评估才能确定。只有在科学系统的利益冲突风险评估结果基础上，我们才能制定出科学合理的防止利益冲突的有关规则和政策。

第一节　高等院校利益冲突信息披露

一　信息披露是利益冲突风险评估与管理的基础

　　如果说没有评估就无法管理，那么没有信息披露，就无法评估。因为利益冲突涉及权力的委托与代理关系，一切代理人不能破坏委托人对其所有的信任，不能利用委托权力谋取私利。信任是维系委托代理关系的核心。利益冲突会损害建立在信任基础上的委托代理关系。而公平、客观的

---

① 转引自肖俊奇《公职人员利益冲突及其管理策略》，《中国行政管理》2011 年第 2 期。

信息披露会增强信息透明度，增加委托代理之间的信任程度。高等院校利益冲突信息披露，目的是为利益冲突风险评估和管理提供客观依据，为合理处理实际的利益冲突情境和行为提供判断基础。因此，高等院校利益冲突信息披露是高等院校利益冲突风险评估与管理的基础。

披露本意是揭示其隐蔽或隐私、表露和公布，可引申扩展为陈述、宣布和暴露。如唐顺之《答王遵岩书》："此意更不敢露于人，以兄念我太厚，忧我太深，故特披露之。"茅盾《无题》三："报馆里消息也真灵通，我刚刚脱稿，他们就给披露了。"信息披露是指消息或隐私的显露和公布。信息在人类生活中具有重要作用和地位，获得某种信息可以减少未来的不确定性。利益冲突信息披露是指对实际的、潜在的和表面的利益冲突信息向利益相关方进行表露或公布。利益冲突信息披露的一个重要原因是存在信息不对称。而信息不对称条件下容易发生逆向选择和道德风险。逆向选择是指委托人和代理人因为信息的不对称，委托人掌握的信息没有代理人多而依赖代理人的判断。道德风险就是代理人有可能利用信息不对称为自己谋求私人利益。每个公民拥有隐私权，没有义务公布个人利益信息。但是，高等院校教职人员因为涉及高校的职责功能，科学研究的客观性和公正性及对社会各方面的影响，其不当的个人利益有可能与高校的公共利益和职责产生冲突，因为谋求个人利益而干扰或侵害公众的利益或大学的职能。

二　高等院校的利益冲突信息披露原则

高等院校的利益冲突信息披露应遵循以下原则。

第一，从内容上来说，要遵循真实、准确、完整原则。真实性是利益冲突信息披露的首要原则，要求高校教职人员披露的利益信息必须是客观真实的，而且披露的信息必须与客观发生的事实相一致；完整性原则是利益冲突信息披露的充分性原则，要求所披露的利益信息必须完整，不能选择性披露或挂一漏万；准确性原则要求教职人员披露利益信息必须准确表达其含义，所披露的经济利益或校外活动的数据准确，有依据，不能造假。

第二，从时效上来说，要遵循及时原则。任何信息都存在时效性问题，不同的信息披露遵循不同的时间规则。高校利益冲突信息披露的时效性包括两个方面：一是定期利益冲突信息披露的法定期限不能超越；二是重要事实要及时报告。当原有利益冲突信息发生实质性变化时，教职人员应及时更改和补充，使利益冲突管理办公室获得当前真实有效的信息。

第三，保护个人隐私原则。高校教职人员利益冲突信息披露必然会涉及教职人员的个人生活，甚至会涉及其隐私。高等院校选择在何种程度上干涉教职人员的个人生活是一项重要的政策，这一政策必须有相关的法律支持。因为隐私权是由法律来界定的。而个人在学校规定范围以外的利益信息属于个人隐私，应当受到保护。利益冲突信息披露不等于完全把利益冲突信息向社会公开，只是向利益相关者或利益冲突管理机构公开，由管理机构审查信息，进行风险评估并进行处理。

三　高等院校利益冲突信息披露的机制和程序

根据利益冲突信息披露的原则，一般高校应要求全体教职人员每年都要填写个人利益冲突信息披露表格，并对实际利益冲突信息进行及时更新披露，以确保信息的真实性、客观性、整体性和时效性。为了保护教职人员个人隐私及办公方便，一般采用网络信息系统采集的方法，由高校利益冲突管理办公室根据相应的法律法规和政策，设计利益冲突信息披露调查问卷，并对教职人员个人利益信息进行保密。

利益冲突信息披露问卷一般应由三部分组成，第一部分由教师和研究人员及行政管理人员完成，要求教职工对问卷中的问题进行回答。要求教职人员确认所有填写的信息都是建立在真实和客观基础之上的。第二部分由单位部门主管和院系领导、校级领导填写，要求单位部门主管对本部门教职人员披露的利益冲突信息进行初步的审查并进行初步利益冲突风险的辨识、评估，并提出初步处理意见。这些处理意见由院系领导审查并提交校级领导。第三部分，如果教职人员对利益冲突处理意见有不同看法，可以向高校利益冲突管理委员会提出申诉，所有的申诉应该在 15 个工作日内给予答复。

第二节 高等院校利益冲突风险
评估原则与程序确定

高等院校利益冲突风险评估与管理不能定位于一个原则之上，也不能基于某个风险来源去选择，而是要建立在一个整体性的前提假设上。整体性是系统论中的基本原理，整体性原理主要指系统是由若干相互关联的要素以一定结构形成的具有某种功能的有机整体，这个整体具有各组成要素本身所没有的新的性质和功能，即整体不等于部分之和的原理。整体性原理说明系统与各要素的关系不是简单的线性关系，而是非线性关系。利益冲突风险评估与管理必须以整体性为前提，因为利益冲突风险来源可能存在于公共事务中的任何领域，而且利益冲突主体也是在社会生活大系统中，除了工作活动，他还会参与其他的各种社会活动，而这些活动理论上都可能是潜在的利益冲突风险来源。整体性提供了一个全面的视野，不但能够全面辨识利益冲突风险来源，还可以将利益冲突风险评估与管理纳入全面管理的过程中，根据风险评估的结果制定科学合理的相应措施。

风险评估与管理是一个过程，在风险评估中，分析者应试着回答以下三个问题：

- 什么会出错？
- 出错的可能性有多大？
- 结果会是什么？

回答这些问题有助于风险分析者确认、衡量和估计风险以及它们所引起的结果和影响。风险管理是建立在风险评估过程上的，需要回答基于风险评估基础上的三个问题：

- 能做什么？有什么可行的选择？
- 根据所有成本、利益和风险，如何权衡它们？
- 目前的管理决策对未来的选择有什么影响？①

---

① 〔美〕雅科夫·Y.海姆斯：《风险建模、评估和管理》，胡平等译，西安交通大学出版社 2007 年第 2 版，第 20 页。

在高等院校利益冲突风险评估与管理中，同样需要回答这样几个问题，即：

- 高等院校哪些领域会发生利益冲突？
- 这些领域发生利益冲突的可能性有多大？
- 发生利益冲突风险的后果会是什么？危害性有多大？
- 高等院校对利益冲突能做些什么？有什么可行的选择？
- 根据所有成本、利益和风险，如何权衡这些利益冲突风险？
- 目前的利益冲突管理决策对未来的选择有什么影响？

回答这几个问题，并用相应办法解答问题的过程就是利益冲突评估与管理的过程。

在这个过程中，我们还要注意在高等院校风险评估过程中，有几个关键的问题需要考虑。

第一，我们要确定高等院校利益冲突中保护的公共利益是什么？它的直接和间接价值如何？

第二，公共利益面临哪些潜在（或实际）私人利益冲突威胁？威胁发生的可能性有多大？

第三，现有利益冲突管理中存在哪些弱点可能会被威胁所利用？利用的容易程度又如何？

第四，一旦利益冲突行为发生，组织会遭受怎样的损失或者面临怎样的负面影响？

第五，高等院校应该采取怎样的控制措施才能将利益冲突风险带来的损失降到最低程度？

解决以上问题的过程，就是风险评估的过程（如图 3 - 1、图 3 - 2 所示）。

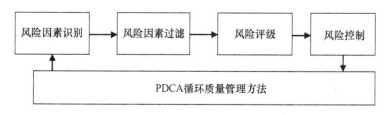

图 3 - 1　风险评估与管理的一般过程

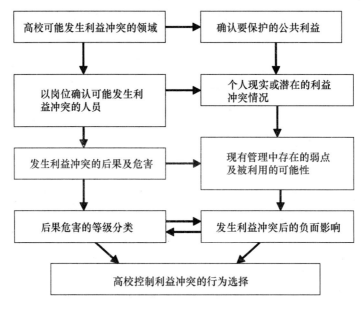

图 3 - 2　高等院校利益冲突风险评估过程

这个过程大概可以分为三大过程。第一，高等院校利益冲突风险的辨识过程。这个过程中主要运用等级全息建模方法，对高等院校可能存在利益冲突的风险点进行全面分辨和识别；第二，对高等院校利益冲突风险的过滤、评级过程，通过 RFRM 管理模型对所有利益冲突风险点进行过滤和评级；第三，根据前两个过程的结果，对高等院校利益冲突风险进行PDCA 循环管理。

第三节　高等院校利益冲突风险评估
方法与工具的选择

一　德菲尔法

德尔菲法是一种匿名的专家问卷调查法。它主要采用匿名通信方式征询专家小组成员的预测意见。首先将提出的问题和必要的背景材料，用通信的方式向有经验的专家提出，然后把他们答复的意见进行综合，整理相同意见部分，将不同意见部分再反馈给他们，如此反复多次，直到认为合适为止。这种方式的优点是吸取外部力量，邀请专家参与预测，充分利用专家的经验和学识，最终结论具有可靠性；采用匿名方式，团队成员之间不互相讨论，不发生横向联系，只与调查人员发生关系，可以避免会议讨论时产生的害怕权威随声附和，或固执己见，或因顾虑情面不愿与他人意见冲突等弊病；简便易行，具有一定科学性和实用性，以集结问卷填写人的共识及收集各方意见，可用来构造团队沟通流程，应对复杂任务难题的管理技术。

具体步骤包括：第一，组成高校利益冲突评估专家小组，人数一般不超过 20 人；第二，向所有专家提出所要预测的利益冲突问题及有关要求，由专家作书面答复；第三，各专家提出自己的预测意见，说明理由并提出预测值；第四，将专家小组的第一次判断意见汇总，列成图表，进行对比，将相同意见部分整理出来，将不同意见部分再分发给各专家修改自己的意见和判断；第五，将所有专家的修改意见收集汇总后，再次将不同意见分别发给专家做第二次修改。逐轮收集意见并为专家反馈信息。收集意见和信息反馈一般要经过三四轮。这一过程重复进行，直到每一个专家不再改变自己的意见为止，然后对专家的意见进行综合处理，并确定最后的解决方案。这种方法可以适用到高等院校利益冲突评估的风险因素识别、风险因素分析及控制等全过程之中。

二　风险矩阵分析法

风险矩阵分析法出现于 20 世纪 90 年代中后期，由美国空军电子系统中心最先提出，并在美国军方武器系统研制项目风险管理中得到广泛的推广应用。主要思想是通过定性分析和定量分析，综合考虑风险影响和风险概率两方面的因素，对风险因素对项目的影响进行评估的方法。具体的分析步骤如下。

（1）原始风险矩阵

项目需求	所用技术	风险	风险影响	风险概率（%）	风险等级	风险管理

（2）风险影响等级的确定

风险影响等级	定义或说明
关键（critical）	一旦利益冲突风险事件发生，将导致项目失败
严重（serious）	一旦利益冲突风险事件发生，会导致经费大幅增加，项目周期延长，可能无法满足项目的二级需求
一般（moderate）	一旦利益冲突风险事件发生，会导致经费一般程度的增加，项目周期一般性延长，但仍能满足项目一些重要的要求
微小（minor）	一旦利益冲突风险事件发生，经费只有小幅增加，项目周期延长不大，项目需求的各项指标仍能保证
可忽略（negligible）	一旦利益冲突风险事件发生，对项目没有影响

（3）风险概率的确定

风险概率范围（%）	解释说明
0—10	非常不可能发生
11—40	不可能发生
41—60	可能在项目中期发生
61—90	可能发生
91—100	极可能发生

（4）确定风险等级

风险概率范围（%）	可忽略	微小	一般	严重	关键
0—10	低	低	低	中	中
11—40	低	低	中	中	高
41—60	低	中	中	中	高
61—90	中	中	中	中	高
91—100	中	高	高	高	高

　　风险矩阵分析法是一种简单、易用的结构性风险管理方法，它可识别哪一种风险是对项目影响最为关键的风险，也是在项目全周期过程中评估和管理风险的直接方法，可以为项目风险和风险管理提供详细的可供进一步研究的历史记录。

三　等级全息建模（HHM）

　　等级全息建模（Hierarchical Holographic Modeling，HHM）是一种全面的思想和方法论，它的目的在于捕捉和展现一个系统（在其众多的方面、视角、观点、维度和层级中）内在不同特征和本质。从理论上讲，一个数学模型只能刻画真实系统的一面图像。单一模型是不可能分析和解释所有风险来源的，因为风险不仅同一个系统的多种元素、目标和规则有关，而且同社会各方面（功能性的、暂时性的、地理性的、经济的、法律的、环境的等）变化有关，而等级全息建模则提供了一个全面的理论框架。

　　术语"全息的"指的是当确定系统中的风险点时，希望有一个系统的多视角图像（相反是从单一视角观察系统，或者是系统的平面图）。不同视角的风险包括（但不限于）经济的、政治的、社会的和技术的。此外，风险之间也可以与地理和时间相关。术语"等级的"指的是希望了解在系统的不同层面出问题的是什么。等级全息建模指出，为了完成风险评估，人们必须认识到一个组织的高层管理者所了解的宏观风险非常不同于较低管理层所观察到的微观风险。[①] 比如在本课题组的问卷调查中，针对"高等院校是否存在严重的腐败现象"问题的回答，副处级干部以上领导和普通教师及学生的回答就截然不同，受访者中80%的副处级干部以上领导认为不存在严重腐败现象，而67%的普通教师和学生却认为存在严重的腐败现象。因此，等级全息建模提供了一个全面的辨识利益冲突风险的方法。

等级全息建模方法的核心是一个特殊的图表形式，图表中不同的行列代表整个系统的不同视角。如表3－1所示（此表仅为展现HHM框架，其内容与下面要分析的因素没有直接联系）。

表3－1　　　　　　　　　　　风险辨识的HHM框架

视角因素	政治	经济	社会、文化	技术	时间	自由……
因素1	稳定性	市场完善度	伦理	技术装备	长期	信息
因素2	权力体制	经济周期	教育	可行性	中期	宗教
因素3	腐败程度	市场需求	传统	成熟度	短期	言论
因素4	法治性	市场预期	生活水平	专家可用性		集会
因素5	相关政策		正义观	可转移性		
……	……	……	……	……	……	……

利益冲突风险辨识是高等院校利益冲突风险评估与管理的第一阶段，也是利益冲突管理政策的基础，如果不能准确识别高等院校利益冲突中所面临的潜在风险，就会失去处理这些风险的最佳时机，并且会无意识地被动保留这些风险。由于高等院校是一个较大规模的系统，其运行涉及大规模的人员与技术，并且高校在社会文化中的影响较大，所以引进等级全息建模（HHM）对高等院校的利益冲突风险进行分析及辨识比较合适。

---

① ［美］雅科夫·Y. 海姆斯：《风险建模、评估和管理》，胡平等译，西安交通大学出版社2007年第2版，第83—86页。

四　RFRM 方法框架

RFRM 方法框架主要应用在风险过滤、评级和管理的过程中。RFRM 方法框架主要依据可能性和后果的严重性来区别对待这些风险来源，并以规范的标准和可靠的前提为基础。这些前提主要包括以下方面：第一，当由于时间和资源限制，定量分析不能应用于大量的风险来源分析时，可以考虑用定性风险分析满足特定条件下的决策目标；第二，在过滤和评级过程中，所有的证据来源都要被用到，以评价风险来源的重要性，这些证据包括职业经验、专业知识、统计数据和常识；第三，RFRM 方法框架的指导工具是表示风险评估与管理的六个基本问题，即"什么会出错？出错的可能性有多大？结果会是什么？能做什么？有什么可行的选择？根据所有成本、利益和风险，如何权衡它们？目前的管理决策对未来的选择有什么影响？"①

为了有效使用 RFRM 方法框架，还必须考虑风险来源的多样性，将经验的和概念化的、描述的和标准化的、定量的和定性的方法与步骤综合起来。同时，RFRM 方法框架只是为风险情景提供优先次序，这并不意味着要忽视早期过滤掉的风险情景，只是首先分析更为迫切和重要的风险情景。

RFRM 方法主要由八个阶段构成（见表 3 - 2）②，即：第一阶段：情景辨识。开发一个等级全息建模（HHM）来全面描述系统中"按计划的"情景或"成功"情景。此阶段主要全方位扫描风险来源。

第二阶段：情景过滤。在第一阶段情景辨识中被识别的风险情景，根据当前系统使用者或所有者的职责和利益进行过滤。

第三阶段：双重标准过滤与评级。除了定量分析，还可以利用定性分析将剩余的风险情景和结果进一步过滤。

第四阶段：多重标准评估。根据风险情景破坏系统防御的能力，提出

---

① ［美］雅科夫·Y. 海姆斯：《风险建模、评估和管理》，胡平等译，西安交通大学出版社 2007 年第 2 版，第 268 页。

② 同上书，第 268—269 页。

11 项标准进行评估（见表 3 - 3）。

第五阶段：定量评级。基于定量和定性的后果等级矩阵和可能性，继续对风险情景进行过滤和评级。

第六阶段：风险管理。辨识对已过滤风险情景的管理方案，并对管理方案的成本、性能收益和风险消减量进行评估。

第七阶段：针对缺失的关键项目进行保护。对比之前在第二和第四阶段过滤出来的风险场景，对第六阶段选择的方案绩效进行评估。

第八阶段：运作反馈。在应用过程中，利用在实践中获取的经验和信息，来重新审视和改善前几个阶段的场景过滤过程以及决策过程。

表 3 - 2 风险过滤、排序以及管理阶段

阶段	内容
情景识别	开发一个等级全息建模（HHM）来全面描述系统中"按计划的"情景或"成功"情景
情景过滤	在第一阶段情景辨识中被识别的风险情景，根据当前系统使用者或所有者的职责和利益进行过滤
双重标准过滤与评级	除了定量分析，还可以利用定性分析将剩余的风险情景和结果进一步过滤
多重标准评估	根据风险情景破坏系统防御的能力，提出 11 项标准进行评估
定量评级	基于概率和后果的定量以及定性矩阵，继续对风险场景进行过滤和排序
风险管理	辨识对已过滤风险情景的管理方案，并对管理方案的成本、性能收益和风险消减量进行评估
针对缺失的关键项进行保护	依照之前第二和第四阶段过滤出来的场景，对第六阶段选择的选项的绩效进行评估
运作反馈	在应用过程中，利用在实践中获取的经验和信息，来重新审视和改善前几个阶段的场景过滤过程以及决策过程

表 3 - 3　　　　　关于风险情景破坏系统防御能力的 11 项标准

名称	解释
不可察觉性	指在损害发生前无法发现一个情景的初始事件的特征
不可控性	指没有方法来通过采取行动或作出调整以阻止可能的损害
多种故障方式	指有很多的、有时甚至是未知损害系统情景的事物
不可逆转性	指不利条件无法回复到原始的、可使用的条件
影响持续时间	表示不利结果存在时间的长短
级联影响	指不利条件很容易传播到其他组织或系统，有不可遏止性
运作环境	表示外部压力产生的情景
损耗	由使用产生的情景，它会导致性能降低
硬件、软件、人和组织界面	指不利后果通过多样子系统之间的交界面得到放大
复杂性 / 紧急性行为	指存在系统水平的行为潜能，这些行为具有复杂性和不可预见性
设计不成熟	指不利后果与系统设计的新颖或缺乏其他已证明的概念有关

第四章

高等院校利益冲突风险因素辨识

风险因素辨识是指识别风险的存在并确定其性质的过程。高等院校利益冲突风险因素辨识就是识别利益冲突风险中可能受到损失的公共利益、与公共利益发生冲突的私人利益形式以及发生利益冲突的领域和个人以及集体。高等院校利益冲突风险因素辨识过程是利益冲突风险评估过程的开始。

第一节　高等院校利益冲突中要保护的公共利益

高等院校在利益冲突中要保护的公共利益主要有以下四种。

一　高等院校的财务与资产

财务通常是指一个单位在物质资料再生产过程中客观存在的资金运动及资金运动过程中所体现的经济关系，是一个单位财产物质的货币表现，它包括货币本身。资金的存在形式和运动，构成了企业、事业、机关单位财务的基础。因此，财务是一种客观存在的范畴。在教育领域内，资金是教育活动的基础和条件，资金运动渗透到教育活动的每一个层次中。资产一般可以认为是某一组织拥有和控制的能够用货币计量，并能够给组织带来经济利益的经济资源。资产通常分为流动资产和固定资产两大类。前者如货币资产、存货、应收账款等，后者如长期投资、房屋设备等。

根据财政部、教育部 2012 年 12 月 19 日印发的《高等学校财务制度》，高等院校的财务与资产，是指"高等学校占有或者使用的能以货币计量的经济资源，包括各种财产、债权和其他权利。高等学校的资产包括流动资产、固定资产、在建工程、无形资产和对外投资等。流动资产是指可以在一年以内变现或者耗用的资产，包括现金、各种存款、零余额账户用款额度、应收及预付款项、存货等；高等学校的固定资产一般分为六类：房屋及构筑物；专用设备；通用设备；文物和陈列品；图书、档案；家具、用具、装具及动植物。高等学校的固定资产明细目录由教育部制定，报财政部备案；在建工程是指已经发生必要支出，但尚未达到交付使用状态的建设工程；无形资产是指不具有实物形态而能为使用者提供某种权利的资产，包括专利权、商标权、著作权、土地使用权、非专利技术以及其他财产权利"。①

高校收入是指"高等学校开展教学、科研及其他活动依法取得的非偿还性资金。主要包括：（1）财政补助收入，即高等学校从同级财政部门取得的各类财政拨款，如财政教育、科研和其他拨款等；（2）事业收入，即高等学校开展教学、科研及其辅助活动取得的收入。包括：①教育事业收入，指高等学校开展教学及其辅助活动所取得的收入，包括：通过学历和非学历教育向学生个人或者单位收取的学费、住宿费、委托培养费、考试考务费、培训费和其他教育事业收入。②科研事业收入，指高等学校开展科研及其辅助活动所取得的收入，包括：通过承接科研项目、开展科研协作、转化科技成果、进行科技咨询等取得的收入；（3）上级补助收入，即高等学校从主管部门和上级单位取得的非财政补助收入；（4）附属单位上缴收入，即高等学校附属独立核算单位按照有关规定上缴的收入；（5）经营收入，即高等学校在教学、科研及其辅助活动之外，开展非独立核算经营活动取得的收入；（6）其他收入，即本条上述规定范围以外的各项收入，包括投资收益、利息收入、捐赠收入等"。②《中华人民共和国高等教育法》第三十八条规定："高等学校对举办者提

---

① 关于印发《高等学校财务制度》的通知，中华人民共和国财政部网教科文司，2012 - 12 - 19，http://jkw. mof. gov. cn/zhengwuxinxi/zhengcefabu/201212/t20121226_ 721866. html。

② 同上。

供的财产、国家财政性资助、受捐赠财产依法自主管理和使用。"①

高等院校的财务与资产是我国教育资源的重要组成部分，也是高等院校赖以生存与发展的基本条件。高等院校担负着为国家培养高级专业人才、发展科学技术文化和服务社会的重要任务，为了开展教学科研活动，完成规定的目标，必须拥有一定数量的资金和财产物资。

高等院校各项资金使用的好坏，直接关系到党和国家有关方针、政策的贯彻执行，关系到学校各项工作的顺利开展和功能的正常运行。如果高校财务和资产在利益冲突中损失或遭到侵害，就会造成国有资产流失、教学科研活动难以进行、社会服务功能受损的情况。

二 高等院校的功能

功能就是事物或方法所发挥的有利作用。高等院校的功能就是高等院校所发挥的有利作用。高等院校的功能在历史上是不断演进的。早期的高等院校只有单一的教育功能，19 世纪德国柏林大学确立了科研在大学中的地位，19 世纪中后期美国大学产生了服务社会的功能，现在的高等院校集教育、科研、社会服务三大功能于一体。

高等院校的教育功能就是教学与育人。在现代社会中，高等院校被誉为人类社会发展的"动力站"。人类"知识保存、传授、传播、应用和创新，文明的传承和进步，人才的发掘和培育，科学的发现与技术的更新，社会的文明与理智，不同文化间的交流与沟通，无不依赖大学作为基础"。② 高等院校的最基本功能就是教授知识，探索追求科学真理，同时进行文化传承与道德教化。当高等教育从精英走向大众化时，这种功能尤其得到了彰显。美国著名高等教育学者布鲁贝克谈到这些现象时，认为当时美国的"青年人开始认识到，高等学校这一过去一直是选择少数学术精英的机构，现在还在起分配职业阶梯上的等级和社会结构中位置的作用。随着青年人对这种作用的认识，他们越来越希望

---

① 《中华人民共和国高等教育法》，中国法制出版社 1998 年版，第 8 页。
② ［美］约翰·布鲁贝克：《高等教育哲学》，郑继伟等选译，浙江教育出版社 2001 年版，序第 1 页。

获得高等教育,以使自己的社会地位得以提高。高等学校的这一作用是如此重要,以致无数的青年人逐渐觉得上大学是一种责任。这一发展倾向与20世纪高等教育从社会边缘向社会中心发展的趋势是相一致的"。①

高等院校的科研功能就是进行科学研究。教育部定义:"科学研究是指为了增进知识包括关于人类文化和社会的知识以及利用这些知识去发明新的技术而进行的系统的创造性工作。"② 美国资源委员会对科学研究的定义是:"科学研究工作是科学领域中的检索和应用包括对已有知识的整理、统计以及对数据的搜集、编辑和分析研究工作。"③

1810年,德国著名教育学家洪堡创办了弗里德希·威廉大学,提出了"教育和科研相统一"的办学原则。柏林大学相继提出,大学在传授知识的同时还要创造新知识,科研要在教学的基础之上以发展科学为目的。布鲁贝克将"高深学问"作为高等教育的逻辑起点,认为,"每一个较大规模的现代社会,无论它的政治、经济或宗教制度是什么类型的,都需要建立一个机构来传递深奥的知识,分析、批判现存的知识,并探索新的学问领域。换言之,凡是需要人们进行理智分析、鉴别、阐述或关注的地方,那里就会有大学(普西,1963)。并非是每个人都适合于这种训练的,而那些胜任这种训练的人必然能够发现这种训练,否则,社会所赖以取得的新的发现和明智判断的'涓细的智慧溪流'将会干涸(阿什比,1971)。"④ 高等院校具有学科和人才方面的优势,积聚着科学技术的巨大潜力,是发展科学技术的重要基地。它不仅提供了大量的科研成果,还直接影响着科研与开发的质量,对国家的政治、经济、文化和教育各个方面起着保证和平衡的作用,在各国的科学研究事业中占有极为重要的地位。

---

① [美]约翰·布鲁贝克:《高等教育哲学》,郑继伟等选译,浙江教育出版社2001年版,第66页。

② 转引自罗长坤、张东旭、黄建军《医学科研选题及其创新》,《中华医学科研管理杂志》2001年第3期。

③ 转引自彭春龙、庞玉文、付卓、付好娟、牛艳梅、刘欢中、杜晓明、李燕《中医基础研究中的计算机方法应用》,《中国中医基础医学杂志》1995年第4期。

④ [美]约翰·布鲁贝克:《高等教育哲学》,郑继伟等选译,浙江教育出版社2001年版,第13页。

布鲁贝克指出，大学中的科学研究，不仅出于闲逸与好奇，而且还对国家有着深远的影响，能帮助人们解决当今社会中的复杂问题，从而为提出高校服务社会理念打下了基础。

高等院校社会服务功能在观念和时间上都是在美国最早出现的。威斯康星大学校长范·海斯在 1904 年的就职典礼上指出，"教学、科研和服务都是大学的主要职能。更为重要的是大学必须考虑每一项社会职能的实际价值。换言之，它的教学、科研、服务都应当考虑到州的实际需要。大学要为社会，州立大学要为州的经济发展服务"。① 而后，创办于 1868 年的康奈尔大学，即宣称直接服务于农业和其他生产行业。高校社会服务的概念是个动态发展的概念，它的内涵是随着社会、经济、科技的发展而不断丰富的，根据现代社会的特点和我国的实际情况，可将高等院校的社会服务功能分为广义和狭义两种。广义的社会服务，包含了培养人才、发展科学技术以及直接为社会服务等功能。狭义的社会服务，是指高校在保证教学、科研任务的基础上，"充分利用高校的图书资料、仪器设备、实验室等良好条件，有组织有目的地开展的旨在促进企业、行业、地区等经济、科技、社会发展的一系列活动"。② 本书所论及的社会服务属狭义范围的社会服务功能。高校的社会服务有众多形式，总结归类起来主要有五种：教学服务，科技服务，校办企业服务，劳动服务，以学生为主体的社会服务。

高等院校功能的演化并不是此消彼长，科研功能的凸显不是教育功能的消失，服务社会功能的张扬不是科研功能的弱化，而是教育、科研和服务社会这三大功能的辩证统一。三大功能之间相互联系、相互渗透，共同构成了现代高等院校的功能体系。教育功能与科研功能，是高等院校履行社会服务功能的基础；社会服务功能的有效发挥，又促进了人才培养质量的提高，推动了科研的发展。可以说，高等院校三大功能统一于服务社会。

---

① 邬大光：《范·海斯的高教思想》，《高教文摘》1990 年第 6 期。
② 李廉水：《高校社会服务的性质、内涵与功能研究》，《高等工程教育研究》1990 年第 4 期。

高等院校的利益冲突有可能会干扰这三大功能的实现，从而间接造成社会的损失，因此在利益冲突风险中属于要保护的公共利益。

三　高等院校的学风

学风是高等学校办学思想、教育质量和管理水平的重要标志，也是学生思想品质、学习精神和综合素质的重要体现。学风的状况如何，直接影响和决定着人才培养的质量，而人才培养的质量关系着学校的发展大计。因此，"一个学校的学风，关系着学校的形象，关系着社会对学校的评价，最终关系到学校的生死存亡"[①]。学风问题是当前高等教育教学改革过程中一个亟待解决的热点问题。但学界对什么是学风并未达成一致共识。刘以争等人认为："所谓学风，是指人们在学习和做学问方面一贯的态度和行为。对于大学生来说学风是在学习过程中表现出来的习惯、态度和意志力等。"[②] 也有学者认为："从广义上讲，学生的学习风气、教师的治学风气、学校的学习氛围都属学风的范畴；从狭义上讲，学风主要指学生学习目的、学习态度、学习行为的综合表现。"[③]

本书比较认同这种观点，认为学风分为广义和狭义两种，从狭义上讲，学风特指学生的学习风气；从广义上讲，学风包括学习风气、治学风气和学术风气，是"指高等学校全体师生在长期教育实践过程中形成的一种较为稳定的治学目的、治学精神、治学态度和治学方法，是全校师生群体心理和行为在治学上的表现"[④]。

学风是一所大学的灵魂，良好的学风是学校的宝贵财富和重大教育资源，是一种巨大的精神力量。胡锦涛总书记在北京大学考察时曾提出：要积极培育优良校风，教师要带头营造良好的学术风气。[⑤]

---

① 袁贵仁：《做好新形势下的高校稳定工作》，《中国高等教育》2002 年第 2 期。
② 刘以争：《浅议大学生优良学风建设的内容和标准》，《石油教育》2004 年第 2 期。
③ 郑家茂、潘晓卉：《关于加强大学生学风建设的思考》，《清华大学教育研究》2004 年第 4 期。
④ 蔡红梅、李郴生：《高校学风建设的思考》，《湖南社会科学》2004 年第 3 期。
⑤ 胡锦涛：《在北京大学师生代表座谈会上的讲话》，《光明日报》2008 年 5 月 4 日 A1 版。

如果高校学风在利益冲突中受到侵害，出现问题，不仅直接影响高校自身的发展，而且严重损害教育的社会道德教化功能及引领作用，影响青年学生的健康成长。因而，高校学风是利益冲突风险中要保护的公共利益，也是衡量利益冲突风险等级的重要指标。

四　高等院校的声誉

声誉，即声望名誉，指一个人或团体在社会公众心中的印象。如《史记·三王世家》："'臣不作福'者，勿使行财币，厚赏赐，以立声誉，为四方所归也。"声誉是一种看不见却又能时时感受得到的无形资源。目前学界对大学声誉研究不多，文献较少。对大学的声誉含义界定有：大学的"社会声望是社会各界对大学以往的教育水平和质量的认可程度"[1]，"一所大学的社会声誉是社会公众对该大学的主观判断，表现为社会公众对大学的整体感觉、印象和认知"。[2] 一般学界借鉴著名学者 Charles Fombrun 在 1996 年对"企业（公司）声誉"的定义，"与其他领先的竞争对手相比，一个公司凭借过去的行为和未来的前景对所有的关键利益相关者产生的吸引力在认知层面的表达"。[3] 因此，大学声誉可以界定为："与其他大学相比，一所大学凭借其过去、现在和可以预见的未来的大学精神、大学行为、办学条件、社会贡献等大学身份识别要素对社会公众的吸引力在认知层面的表达"。[4] 它有主观性、多元性、综合性和易损性等特征。主观性是指社会公众对大学评价的态度是主观感觉、情感倾向的认知；多元性是指对大学声誉评价的主体来自社会各界，如企事业单位、学生及家长、兄弟院校、学术界、政府、新闻界等；综合性是指良好声誉的形成受

---

① 林荣日：《中国研究型大学综合实力评价指标体系设计》，《中国高等教育评估》2002 年第 2 期。

② 吴剑平、陈星博、孙茂断：《一流大学评价的基本问题探讨》，《教育发展研究》2002 年第 12 期。

③ Charles Fombrun. *Reputation: Realizing value from the corporate image.* Boston: Harvard Business School Prees. 1996.

④ 何亚明：《高校声誉管理：内涵、意义与策略》，《黑龙江教育（高校教育与评估）》2007 年第 Z2 期。

多方面工作综合因素影响和作用；易损性是指大学的良好声誉形成需要一个长期的积累和努力，但是一旦受损，无形资产就会迅速贬值。

可以说，高等院校声誉是一种特殊的无形资产，是高等院校长期保证其财务与资产管理正常、功能运行良好、学风优秀的综合结果。而声誉是公众对高等院校长期行为认可度的一个重要标志。

因此，高等院校声誉是社会各界对高等院校长期办学结果的综合评价。高等院校的声誉建立在高校日常社会活动的基础之上，是对高等院校各方面行为、能力的综合反映，其内涵包括"对高校的学术水平、办学特色、毕业生就业率、学生毕业后的社会影响、员工素质、生源情况、社会责任、管理水平等的评价，其外延包括高校经过多年努力而形成的良好社会影响，由高级专业人才、先进的仪器设备、较强的科研能力、良好的人文精神、科学的教育模式构成的整体能力"（如图4-1所示）。①

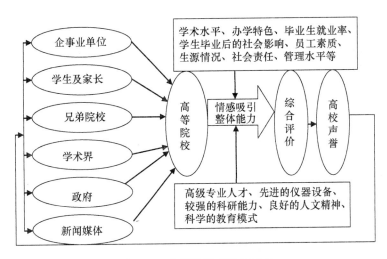

图4-1　高等院校声誉的形成

高等院校声誉主要体现在社会声誉、学术声誉和国家声誉三个方面。"社会声誉"是社会各界对高校的态度，反映在一些情境中：高考学生填

---

①　段婕：《新时期高校的声誉管理》，《山西财经大学学报》（高等教育版）2006年第3期。

报大学志愿时，填报志愿的顺序；用人单位在招聘人员时，优先选用的学校；新闻媒体进行各种正面报道时，优先选用典型材料的学校，以及有关高等教育的综合报道时，安排出场学校的顺序，等等。① "学术声誉"是学术界对一个学校学术水平的综合评价。学术水平从高校学术论文及专著的发表和引用、国家重大项目的承担、科技专利、学术成果的拥有等方面表现出来。"国家声誉"是指一个学校在国家层面被信任的程度，主要体现在高等院校在国家发展战略计划中的排名顺序和给予拨款经费数的多少。

当然，影响高等院校声誉的因素是多方面的，除了学术水平、办学特色、毕业生就业率、学生毕业后的社会影响、员工素质、生源情况、社会责任、管理水平等因素外，其他的因素，如学校成立的时间、校长的知名度、拥有或培养出来的知名人士、学校的校名、所处的地域等，甚至学校领导的一句不当言论、学生发生的某个特殊事件等，都会影响高校的声誉。

良好的声誉是高等院校的独特资源，能有效增强高等院校的竞争力和师生员工的凝聚力和归属感，对高等院校发展乃至整个高等教育的发展具有十分重要的意义。

我国当前高等教育随着社会经济发展，发挥着人才培养、科学研究和服务社会等重要作用。高等教育大众化时代的来临，使高等院校之间在国家财政拨款、科研基金、学费、校友捐赠、学生来源、师资力量、毕业生就业等办学资源上的竞争日趋激烈，高等院校声誉已成为竞争取胜的主要条件之一。高等院校良好的声誉是一种无形资产，是高校的长久资本，能促进高校自身的良性发展。对于高校学生而言，选择声誉良好的高校，意味着在未来的人才市场竞争中处于相对优势，并将高等院校的良好声誉价值附着于个人价值，一定程度上实现了个人的价值增值；对高校教师而言，良好的声誉意味着较好的教学科研条件、比较丰厚的薪酬、较高的社会声望以及良好的发展机遇；对高等教育投资者而言，则意味着较低的投资风险和较高的投资回报率。因此，良好的声誉对高等院校来说是必须维

---

① 何亚明：《高校声誉管理：内涵、意义与策略》，《黑龙江教育（高校教育与评估）》2007 年第 Z2 期。

护的公共利益。

第二节　高等院校利益冲突风险来源影响因素分析

一　利益冲突的逻辑构成要件

　　廉政意义上的利益冲突，特指利益主体的内部冲突，并将利益主体范围限定为公共机构和"公职"人员，即"利益冲突"是指公共机构或公职人员所代表的公共利益与其自身具有的部门利益或私人利益发生抵触、矛盾和干扰。从一定意义上说，利益冲突是一种伦理困境，这种困境的形成需要一定的条件，同时满足各种条件才能形成实际的利益冲突。笔者认为，利益冲突逻辑具有四个基本构成要件，即主体性要件是公职人员、影响性要件是私人利益、客体性要件是公共责任、伦理性要件是行为选择。如图4-2所示。

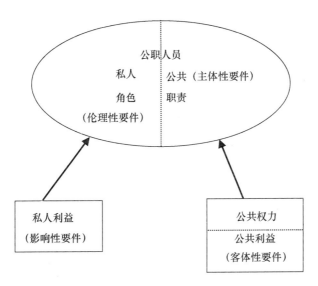

图 4-2　利益冲突逻辑构成要件

（一）主体性要件

利益冲突的主体性要件是公职人员或公共机构。一般说来，只要具有一定公职、掌握公共权力的人，都是公职人员。我国 2006 年实施的《公务员法》规定，中国公职人员的主体是公务员，"指依法履行公职、纳入国家行政编制、由国家财政负担工资福利的工作人员"。[①] 根据这个规定，我国符合公务员条件的有下列人员：中国共产党机关的工作人员；人大机关的工作人员；行政机关的工作人员；政协机关的工作人员；审判机关的工作人员；检察机关的工作人员；民主党派机关的工作人员；部分社会团体的工作人员。除此之外，还包括国有企业事业单位的工作人员及相关委派人员。把公职人员和公共机构作为利益冲突主体的一个重要原因在于公职人员拥有公职，代表社会公众掌握和行使公共权力，他们的最高责任在于实现公共利益，也只有他们才是具有"利益冲突"可能的主体。

公职人员的角色和责任不同于一般工作人员，因为他们身兼两种角色，一种是私人角色，另一种是公共角色，是"公共人"。公共职责要求他们应当实现权力的公共性和廉洁性，以政府公共性为准则来要求自己。但实际上，只要是占据一定的公共职位和掌握一定公共权力的公职人员，就有利益冲突的可能。因此，我们应将利益冲突主体界定在拥有公共权力占据公共职位的人或组织上。

（二）影响性要件

利益冲突发生的主要原因是因为公职人员的私人利益对所代表的公共利益产生干扰或侵害。公职人员的私人利益形式多样，内涵丰富。在一定意义上，所有对私人有价值的事物都可以成为私人利益，这些私人利益可以根据不同标准分为不同类型，如根据利益的正当性可分为正当的私人利益和不正当的私人利益，其中正当的私人利益包括公职人员的薪金、投资理财收益、继承的遗产收益等，不正当的私人利益包括受贿、小金库等；根据利益的形式可分为物质上的利益和精神上的利益，其中物质利益包括现金、股票、基金、房产等资金产权，精神利益包括提拔、荣誉、人情关

---

① 《中华人民共和国公务员法》，中国法制出版社 2005 年版，第 3 页。

系和某种快感等。从私人利益的结构来看，主要由三个层次组成：最核心的是公职人员个人的利益，包括经济利益和精神利益；第二层是公职人员家庭成员的经济利益和精神利益；第三层是公职人员亲近关系成员的经济利益和精神利益。这三个层面利益都可以对公职人员的公务行为产生影响，尤其是注重人情文化的国家，家庭亲近关系成员的利益要求对公职人员的影响更是严重。在本质上，"私人利益是一种内向性的特殊利益，它所要满足的对象是公职人员个人及亲属的需要，正因为此，当私人利益进入公职人员的公职领域特别是与公共权力的行使相结合时，就会发生利益冲突，私人利益成为干扰公职的一个负面因素"。①

在现实生活中，每个人都有自己的私人利益，也有义务帮助亲属实现他们的利益，而且并不是所有私人利益（如公职人员的薪金等正当个人收益）都会干扰公职人员所承担的公职职责，甚至与之发生抵触、矛盾和冲突。同时，由于追求个人利益是"理性经济人"的天性，任何公共组织都无法下令禁止个人追求正当利益，也不应当禁止。但关键在于，公职人员一旦进入政府领域，掌握一定的公共权力，他们就具有相应的公共责任，他们的私人利益需求和行为就不能与政府公职的公共性要求相违背。这是由公职人员的公共角色所决定的，他们的行为选择和价值判断要受到公共伦理规范的约束，应优先实现公共利益的价值目标。公共伦理规范要求公职人员有义务在私人利益和公共利益发生冲突时，以公共利益为重。如果私人利益妨碍了公共职责的实现，就必须对之进行正确处理。

（三）客体性要素

公共权力和公共责任是利益冲突逻辑的客体性要件。公共权力和公共责任都是为了实现公共利益而设置的。公共职位、公共权力、公共责任和公共利益是密切联系的，其中，公共权力、公共责任统一于公共职位，职权责只是实现公共利益的手段，公共利益才是职权责存在的目的。公共权力形成的基础在于人们的利益。公共利益是指不特定的社会成员所共同享有的利益。虽然各国立法基本上都没有对公共利益进行精确的定义，只是

---

① 庄德水：《利益冲突：一个廉政问题的分析框架》，《上海行政学院学报》2010 年第 5 期。

采取抽象概括的方式来规定，但公共利益却客观存在。就公共利益与私人利益的关系来看，主要有两种观点，一种观点是公共利益优于私人利益。西塞罗曾提出了"公益优先于私益"的主张。在18世纪甚至将公益视为最高的"法"，认为公益与私益相对立。另一种相反的观点则认为，公益不过是私益的总和与抽象，私益才是最终目的。如英国功利主义学派代表边沁就宣称"个人利益是唯一现实的利益"，"社会公共利益只是一种抽象，它不过是个人利益的总和"。① 国内学者刘军宁认为，公共利益的最高境界就是为实现个人利益提供最有益的环境，只有追求这种公共利益的政府才可能有广泛的民众基础。

公职人员作为社会权力的受托人，他们必须以公共利益为最高使命，不能以牺牲公共利益为代价来谋取私人利益。"公共责任与公共利益的统一为判断公职人员是否已陷入现实或潜在的利益冲突提供了依据，也为公职人员选择怎样的利益妥协来解决利益冲突提供了价值标准。这使得公职人员在决策中不得不问，是否应该把所有的相关利益考虑进来，是否应该多考虑社会公众的利益，而少考虑自我、家庭、宗族的利益和福利等问题。"②

（四）伦理性要件

利益冲突作为公职人员的一种伦理困境，说明有私人利益存在也并不一定会发生利益冲突，只有当这种私人利益被纳入公职人员伦理判断过程中，并对他们的决策和行为产生影响时，才会发生实际的利益冲突。伦理性要件相当于转换器，把公共责任及其代表的公共利益和公职人员的私人利益都纳入同一主体（如图4-2所示），一边是私人角色，另一边是公共职责，两者在公职人员中存在矛盾性。公职人员不能依据公共伦理正确处理两者之间的关系，选择自己的行为，就会丧失其公共性，公职人员也就不能称其拥有"公"职了。因为"公"不但意味着"公共"，还意味着"公平、公正"，即公职人员在进行伦理选择时不能受个人偏见影响，要依客观事实的本来面貌作出判断。同时，公职人员不能受其私人利益因

---

① ［英］边沁：《道德与立法原理导论》，时殷弘译，商务印书馆2009年版，第59页。

② ［美］特里·L. 库珀：《行政伦理学：实现行政责任的途径》，张秀琴译，中国人民大学出版社2001年版，第72页。

素的影响，不能基于个人的情感、经济利益等因素作出选择。只有当公职人员没有偏见时，公职人员的行政行为与政策主张才是客观的。① 因此，伦理性要件是利益冲突逻辑构成的必要条件，当公职人员面临利益冲突时，公职人员的伦理判断取决于公职人员的公共伦理水平。防止利益冲突制度的建设，就是要保证公职人员在行使公共权力过程中作出符合公共伦理规范的选择。

二　高等院校利益冲突逻辑构成要件

我国高等院校作为服务社会的公益事业单位，可能会发生利益冲突。根据以上对利益冲突逻辑构成要件的分析，可以确定高等院校利益冲突风险来源的影响因素有以下四个方面。

（一）主体性要件：高等院校领导干部和教师

高等院校中人员可根据工作性质大致分为行政人员、领导干部和专职教师。行政人员指除专职教师以外的所有高校在职在编管理人员，包括教务处、学生处、校团委、财务处、保卫处、后勤管理处、科技处、海外交流处，以及所有的组织部、宣传部、工会等党群部门的人员等。这些行政人员和专职教师因为自身行政级别、职称不同，拥有的影响能力也不同。如表 4－1 所示。

表 4－1　　　　　　　　高等院校行政人员与专职教师分类表

教师职称	助教、讲师、副教授、教授
行政人员级别	办事员、科员、副主任科员、主任科员
学术称号	硕导、博导、长江学者、院士
领导级别	副科长、科长、副处长、处长、副厅长、厅长、副部长、人大代表与政协委员（行使国家权力）

① David B. Resnik, *The Price of Truth*：*How Money Affects the Norms of Science*，MA：Oxford University Press，2007，p. 54. 转引自庄德水《利益冲突：一个廉政问题的分析框架》，《上海行政学院学报》2010 年第 5 期。

（二）影响性要件：高等院校公职人员私人利益情况

私人利益可以分为狭义和广义两种理解。"狭义的私人利益，也称纯私人利益，就是由社会成员分别独立占有、享用和支配的利益。广义的私人利益，是指纯私人利益和共同利益的总和。"① 高等院校公职人员的私人利益从狭义的私人利益角度理解，就是由高等院校公职人员分别独立占有、享用和支配的利益。这种私人利益情况表现在三个层面，第一个层面是公职人员个人的利益，包括经济利益和精神利益。比如高等院校的领导干部或教师的有形资产、荣誉声誉等无形资产、个人偏好、价值观念、仇恨等，都构成其可能影响高等院校公共利益的私人利益情况。第二个层面是公职人员家庭成员的经济利益和精神利益，即家庭中直系亲属成员的对其能产生影响的私人利益。第三个层面是公职人员亲近关系成员的经济利益和精神利益。能对高等院校领导干部或教师产生影响的亲近成员，其实并不限于有血缘关系的亲戚，还有老乡、同学等特殊亲密关系。

（三）客体性要件：高等院校工作岗位的职权和责任

高等院校工作岗位根据其性质可分为行政岗位和学术岗位，其行使的权力可以分为学术性权力和行政性权力。学术性权力（Academic Power）是指在大学对学术活动的管理与统治权力，它涉及学术组织的层次、学术权力机构的模式结构及其对学术管理的影响力。权力的主体是指大学从事教学、科研的人员，权力的客体是指学术活动和学术事务。② 学术性权力是高校功能正常发挥的根本要求。布鲁贝克指出："无论学院还是大学都不是一个政治团体，它的职责不是行政管理，而是发现、发表和讲授高深学问，它的管理不是根据人数或少数服从多数的原则，而是以知识为基础。"③ 伯顿·克拉克也认为，高等教育组织之所以不同于企业组织、政府组织和许多非营利组织，是由知识作为特殊的操作材料所决定的。正是

---

① 樊怀洪：《私人利益和公共利益的含义及其辩证关系》，《学习论坛》2011 年第 2 期。

② 谭志合：《当代中国高等学校学术权力与行政权力的关系》，《理工高教研究》2002 年第 8 期。

③ ［美］约翰·S. 布鲁贝克：《高等教育哲学》，王承绪等译，浙江教育出版社 2002 年版，第 42 页。

由于以知识为操作材料，使高等教育组织与其他组织区别开来，知识尤其是高深的知识材料，处于任何高等教育系统的目的和实质的核心。[①]

　　行政性权力（Administrative Power）是指大学依靠包括国家法律、政府意志、社会要求、学校规章制度等制定的强制性手段，是影响及支配大学内部成员和机构的一种权力形式。[②] 权力的主体是指大学行政人员，客体是指大学内部成员和机构。行政性权力在高校正常运行中发挥着不可替代的作用。因为随着高校的发展壮大，逐渐繁重的内部事务也需要有专门的人员和机构去管理，才能使高校教学科研活动有序运行。同时，高等院校作为新思想、新知识的发源地，对国家的经济社会发展，甚至是政治稳定都有重要的影响。如布鲁贝克所言，"高等教育越卷入社会的事务中就越有必要用政治观点来看待它。就像战争意义太重大而不能完全交给将军们决定一样，高等教育也相当重要，不能完全留给教授们决定"。[③]

　　高等院校的学术性权力与行政性权力问题一直是我国学界争论的问题。我国高校里普遍存在行政权力压倒学术权力的现象，在很大程度上制约了高校学术的发展和整体教育教学质量的提高。[④] 学术权力与行政权力的矛盾与冲突在一定程度上影响了行政权力的实施和学术权力的运用，客观上必将阻碍高等院校的健康发展和学术层次的提高。我国的高等教育一直是行政权力主导的。"行政性权力是国家公权力行使的延续，从政治论哲学定位，是为国家培养人才的。在这样的背景下高校的学术权力必须在行政权力主导下（主导并非替代）发挥作用，使学校的学术组织在有序状态下发展。学术权力的存在是由大学的学术属性决定的，它通过必要的行政规范来促进学术发展，相反，学术的发展也会不断地丰富学术权力的内涵。承认我国行政权力主导模式并不是说行政权力在高校具有绝对的强制性，这里的行政权力主导指的是行政主导学术事务，用行政权力保障与

---

　　① ［美］伯顿·克拉克：《高等教育系统——学术组织的跨国研究》，王承绪等译，杭州大学出版社 1994 年版，第 11—17 页。

　　② 姚锡远：《关于高校学术权力问题的思考》，《黑龙江高教研究》2003 年第 6 期。

　　③ ［美］约翰·S. 布鲁贝克：《高等教育哲学》，王承绪等译，浙江教育出版社 2002 年版，第 32 页。

　　④ 杜桂平：《高校学术权力与行政权力的关系》，《中国现代教育装备》2006 年第 5 期。

庇护学术权力。"①

学术性领域：学科发展规划，招生录取（一部分），职称评定，专业调整，教学，教研经费使用。

行政性领域：基建，物资采购，招生录取，资产与财务管理，干部聘任，职称评定，教学管理，后勤管理，人事管理，经费管理与使用，档案管理，学生管理，科研项目的审批。

实际上，高校的正常运行和功能的发挥是在两者的紧密配合下完成的，有些高校管理者身兼两职，同时拥有行政性权力和学术性权力。

（四）伦理性要件：高校公职人员的思想道德情况

高等院校公职人员在日常教学及管理活动中应遵循相应的行为规范和职业道德。我国为贯彻落实党的十七届六中全会精神，全面提高高校师德水平，教育部、中国教科文卫体工会全国委员会研究制定了《高等学校教师职业道德规范》（2011）。《规范》分爱国守法、敬业爱生、教书育人、严谨治学、服务社会、为人师表六个部分。具体如下：

高等学校教师职业道德规范

第一条　爱国守法。热爱祖国，热爱人民，拥护中国共产党领导，拥护中国特色社会主义制度。遵守宪法和法律法规，贯彻党和国家教育方针，依法履行教师职责，维护社会稳定和校园和谐。不得有损害国家利益和不利于学生健康成长的言行。

第二条　敬业爱生。忠诚人民教育事业，树立崇高职业理想，以人才培养、科学研究、社会服务和文化传承创新为己任。恪尽职守，甘于奉献。终身学习，刻苦钻研。真心关爱学生，严格要求学生，公正对待学生，做学生良师益友。不得损害学生和学校的合法权益。

第三条　教书育人。坚持育人为本，立德树人。遵循教育规律，实施素质教育。注重学思结合，知行合一，因材施教，不断提高教育

---

① 张昊、张德良：《高校行政权力与学术权力的张力与耦合——以高校教师发展为例》，《长春工业大学学报》（高教研究版）2009 年第 3 期。

质量。严慈相济，教学相长，诲人不倦。尊重学生个性，促进学生全面发展。不拒绝学生的合理要求。不得从事影响教育教学工作的兼职。

第四条　严谨治学。弘扬科学精神，勇于探索，追求真理，修正错误，精益求精。实事求是，发扬民主，团结合作，协同创新。秉持学术良知，恪守学术规范。尊重他人劳动和学术成果，维护学术自由和学术尊严。诚实守信，力戒浮躁。坚决抵制学术失范和学术不端行为。

第五条　服务社会。勇担社会责任，为国家富强、民族振兴和人类进步服务。传播优秀文化，普及科学知识。热心公益，服务大众。主动参与社会实践，自觉承担社会义务，积极提供专业服务。坚决反对滥用学术资源和学术影响。

第六条　为人师表。学为人师，行为世范。淡泊名利，志存高远。树立优良学风教风，以高尚师德、人格魅力和学识风范教育感染学生。模范遵守社会公德，维护社会正义，引领社会风尚。言行雅正，举止文明。自尊自律，清廉从教，以身作则。自觉抵制有损教师职业声誉的行为。

以上规范是高等院校教师和管理人员都应遵守的行为规范。对于高等院校而言，教师不仅是学校的主要构成因素和管理主体，也是教育教学的主要承担者和执行者。同时，对于学生而言，教师不仅是知识的传授者，更是学生做人的榜样，是学生的道德模范、人生导师。教师，尤其是教师的道德，对高等院校、青年学生乃至整个高等教育的健康发展具有举足轻重的作用力和影响力。

但是，目前中国的高等院校教师中普遍存在职业道德问题，个别教师荣誉感下降，将自己混同于一般社会人员，做出一些有悖师德的事情，以致有些网民调侃高校教师白天是"教授"，晚上是"叫兽"；个别教师则将追求经济利益作为自己的行为准则，不但在外兼职办培训班收费，在课堂上也大谈权钱谋求之道，因而有些博士生导师都被学生称为"老板"，越来越像商人；个别教师学术道德低下，抄袭剽窃事件时有发生，其中不乏一些名校教授；个别教师与学生关系紧张，不愿意关心指导学生，使师道尊严不复存在，等等。这些问题会导致高等院校的教师和管理人员在面临利益冲突时，作出不利于公共利益的行为选择。

第三节　高等院校利益冲突风险识别方法与程序

在以上对高等院校利益冲突逻辑要件分析基础上，可以进入利益冲突风险识别环节。利益冲突风险辨识是高等院校利益冲突风险评估与管理的第一阶段，也是利益冲突管理政策的基础，如果不能准确识别高等院校利益冲突中所面临的潜在风险，就会失去处理这些风险的最佳时机，并且会无意识地被动保留这些风险。由于高等院校是一个较大规模的系统，其运行涉及大规模的人员与技术，同时由于高校在社会文化中的影响较大，所以引进等级全息建模（HHM）对高等院校的利益冲突风险进行辨识。

一　高等院校的利益冲突风险辨识

高等院校的利益冲突风险可能涉及高等院校各个领域和环节。在进行风险辨识时，首先应全方位扫描各领域，主要包括学术领域、行政领域和两者相交叉的领域。这些领域主要包括：招生录取、学生管理、学科发展规划与专业调整、教学及管理、科研项目的审批、学术、图书采购、物资采购、干部任用、人事聘任、基础建设、经费使用、财务管理等。这些领域有典型的学术领域，有典型的行政领域，也有交叉领域。表 4－2 中的列可以根据具体情况进行调整，行代表高校利益冲突风险影响因素。依据利益冲突逻辑构成的四个要件，可将高等院校利益冲突风险影响因素确定为岗位、个人职务、职称、兼职情况、个人资产、社会关系、道德状况、制度漏洞八个指标。个人职务和职称属于主体性要件，职务和职称不同，其影响能力也有所不同；兼职情况、个人资产和社会关系属于影响性要件，会干扰主体的选择与判断；岗位与制度漏洞属于客体性要件，岗位为实现责任提供了基础，而制度漏洞为利益冲突提供了可能性；道德状况属于伦理性要件，决定了利益冲突主体在制度漏洞面前是否选择公共利益。

表 4 - 2　　　　　　　　高等院校利益冲突风险辨识的 HHM 框架

	招生录取	学生管理	专业调整	教学领域	项目审批	学术领域	图书采购	物资采购	干部任用	人事聘用	基础建设	经费使用	财务管理
岗位	J_i	J_i	J_i	J_i	J_i	J_i	J_i	J_i	J_i	J_i	J_i	J_i	J_i
职务	P_i	P_i	P_i	P_i	P_i	P_i	P_i	P_i	P_i	P_i	P_i	P_i	P_i
职称	T_i	T_i	T_i	T_i	T_i	T_i	T_i	T_i	T_i	T_i	T_i	T_i	T_i
兼职情况	PT_i	PT_i	PT_i	PT_i	PT_i	PT_i	PT_i	PT_i	PT_i	PT_i	PT_i	PT_i	PT_i
个人资产	A_i	A_i	A_i	A_i	A_i	A_i	A_i	A_i	A_i	A_i	A_i	A_i	A_i
社会关系	SR_i	SR_i	SR_i	SR_i	SR_i	SR_i	SR_i	SR_i	SR_i	SR_i	SR_i	SR_i	SR_i
道德状况	M_i	M_i	M_i	M_i	M_i	M_i	M_i	M_i	M_i	M_i	M_i	M_i	M_i
制度缺陷	S_i	S_i	S_i	S_i	S_i	S_i	S_i	S_i	S_i	S_i	S_i	S_i	S_i

　　此表可以根据实际情况分拆为单独表格进行细分，这是一个从整体上可以扫描利益冲突风险点的框架。如用 J 代表岗位，岗位的重要程度表示为 J_i；P 代表个人职务，个人职务影响力为 P_i；T 表示职称，职称的影响力为 T_i；PT 表示兼职情况；A 代表个人资产，个人资产冲突可能性为 A_i；SR 代表社会关系，可能导致利益冲突的社会关系影响力为 SR_i；M 代表利益冲突主体道德，道德状况影响力为 M_i。其中 i 代表从 1 到 10 区间的自然数，表示量值。我们可以用式 4 - 1 表示各领域的利益冲突风险程度：

$$R_n = \frac{J_i + P_i + T_i}{S_i + PT_i + SR_i + A_i + M_i} + \beta + e \qquad （式 4 - 1）$$

其中，R 代表风险，n 表示程度，β 为各因素影响力之间的叠加因子，e 为误差，$\beta \neq 0$。

　　其中，$J_i + P_i + T_i$ 表示利益冲突主体身份及岗位重要程度，也是公共利益的象征，数值和越大，代表一旦受到损失，公共利益损失也将越大。

$S_i + PT_i + SR_i + A_i + M_i$表示利益冲突主体私人利益数值，其数值越大，说明利益冲突的可能性也越大。因此，R = 1 时，风险值最大，R > 1 或 R < 1 时，则代表风险值趋小。

二 辨识利益冲突风险因素的具体方法

（一）权力运行流程分析法

对高等院校各个领域的不同性质权力运行流程进行全面考察，分析并找出各个环节潜在的利益冲突风险因素。权力运行流程分析法可分为利益冲突风险列举法和流程图法。风险列举法指根据本领域的业务流程，列举出各个环节的所有潜在利益冲突风险。流程图法指将整个权力运行流程的各个环节归入一个系统，按业务顺序制成流程图，从而便于发现高等院校中的潜在利益冲突风险（如图 4 - 3）。

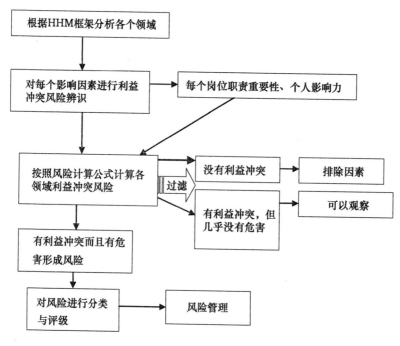

图 4 - 3 高等院校利益冲突风险因素识别流程图

（二）调查法

调查法是用当面、书面或电话的方式，向被调查者提出有关利益冲突情况的询问，以获得所需要的资料。通常是事先设计好询问程序及调查表或问卷，以便有步骤地提问或发放调查问卷。目前，调查法是进行利益冲突风险识别的主要方法之一，被调查的对象应该是有可能发生利益冲突的公职人员，也可以是普通的群众，也可请专家学者或者新闻媒体参与，以便从第三方角度观察利益冲突情况。调查法的主要方式包括面谈调查法、邮寄调查法、电话调查法和以上方式结合的混合调查法。高等院校利益冲突风险因素识别调查表在利益冲突信息披露基础上可设计如表 4 – 3 所示。

表 4 – 3　　　　　　××部门个人利益冲突风险情况调查表

序号	岗位名称	权力与责任	岗位人员	是否有冲突的兼职情况	是否有冲突的个人资产	是否有冲突的社会关系	思想道德状况	风险等级	备注
1									
2									
3									
…									

（三）追溯法

审查与利益冲突相关的以往历史资料，如信访材料、已发腐败案例、各领域中的典型利益冲突事件等，通过历史资料的整理和分析，也可提炼各个领域中的容易出现利益冲突的风险点。

（四）审计法

运用会计记录和其他信息，对已经发生的实际利益冲突情况及后果进行分析性复核，识别出舞弊行为及其隐瞒方法。这种针对舞弊行为所进行的审计，除了在舞弊发生之后进行调查，还可以针对舞弊正在或将要发生的各个领域进行防范和监督，因为这些舞弊背后的根本原因就是存在利益冲突。

第五章

高等院校利益冲突风险程度分析与等级评价

对高等院校利益冲突风险因素识别后，就要进入风险程度分析与等级评价过程。用等级全息建模（HHM）对高等院校利益冲突风险进行全方位扫描，可以设想高等院校各领域利益冲突的风险情景（见表4-2）。但要是根据表4-2进行风险管理，由于风险量多且没有分级和过滤，难免使管理者无从下手。因此，应用 RFRM 方法框架对高等院校利益冲突风险情景进行分析、过滤和等级评价，分别从高等院校现有防止利益冲突制度的缺陷、行为主体能力及对制度缺陷利用的可能性等方面，根据利益冲突评估的八个指标、发生的可能性和对公共利益损害程度，对利益冲突风险进行过滤和评级。

第一节 对高等院校现有防止利益
冲突制度与措施的考察

我国的高等院校是事业单位，2005 年 4 月 15 日，中央机构编制委员会办公室关于批转《事业单位登记管理暂行条例实施细则》的通知中第四条明确指出："本细则所称事业单位，是指国家为了社会公益目的，由国家机关举办或者其他组织利用国有资产举办的，从事教育、科研、文化、卫生、体育、新闻出版、广播电视、社会福利、救助减灾、统计调查、技术推广与实验、公用设施管理、物资仓储、监测、勘探与勘察、测绘、检验检测与鉴定、法律服务、资源管理事务、质量技术监督事务、经济监督事务、知识产权事务、公证与认证、信息与咨询、人才交流、就业服务、机关后勤服务等活动的社会服务组织。"① 我国高校实行中央和地方两级行政管理体制，高等院校接受同级或上级组织、教育部门的行政领导，实行党委领导下的校长负责制。因为我国高等学校绝大部分是公办的，学校的领导人都有一定的行政级别，内部机构设置与政府的事业单位一样，有统一的要求，人员编制是由主管部门下达的。

高等院校的行政级别加强了政府对高等院校的行政管理。"可别小看了这个级别的高低，在很多搞高等教育的人来看，在很多大学校长的眼中，这不仅有关个人荣辱以及学术甚至政治生命，与学校的各方面发展都息息相关。有时候，行政级别甚至成了一个学校实力和校领导权威的一个标杆。"② 朱永新说："中国的干部制度一直是序列化的。一般都是科、副处、正处、副厅、正厅这样一级级升上去的，很难从破格的程序提升。所以如果要想和政府间人员能流动，高校就必须有一个参考的级别。一直以来，中国公立高校的校领导都是有行政级别的。原来本科院校的党委书记与校长是正局（厅）级，近 10 年来，位列'985 高校'的大学成了'副部级大学'，其党委书记和校长成为中央直接管理的副部级干部。1999年，进入'985 工程'第一期的高校只有 9 所，而到 2007 年，'985 高校'已经有 43 所。某种程度上，副部级大学的出现，也增强了高校领导的官员定位与官员意识，大学校长又基本是上面任命的，这也强化了政府对高校的行政管理。"③ 比如江苏省更是对省属高校领导班子集中考察，同步换届，加强了高等院校的党建工作。"江苏省委组织部对 66 所省属高校中的 63 所省属高校实施党政领导班子集中考察、同步换届，这在江苏高校史无前例，也开了全国的先河。这次集中换届，打通了高校与高校、高校与地方间的交流渠道，从高校选派到厅局和地方的挂职干部 4名，还将 9 名优秀的高校管理干部输送到党政机关任职。"④

① 《事业单位登记管理暂行条例实施细则》，中国机构编制网，http://www.scopsr.gov.cn/bbyw/fzgz/fzck/201203/t20120323_34579.html。

② 李隼：《官本位侵蚀象牙塔　教育部理应有作为》，《羊城晚报》2007 年 9 月 14 日。

③ 杨军：《高等教育亟待新一轮改革——访全国人大常委、民进中央副主席朱永新》，《南风窗》2008 年 8 月 23 日。

④ 郑晋鸣：《江苏对省属高校领导班子集中考察、同步换届》，《光明日报》2009 年 1 月 9日。

因此，我国虽然没有专门针对高等院校领导干部的防止利益冲突法律法规，但是《中国共产党党员领导干部廉洁从政若干准则》、《关于领导干部报告个人有关事项的规定》、《关于对配偶子女均已移居国（境）外的国家工作人员加强管理的暂行规定》和《党政主要领导干部和国有企业领导人员经济责任审计规定》中有关防止利益冲突的相关做法都可以适用于高等院校领导干部。

一 高等院校防止利益冲突制度和措施及其确立过程

中共中央纪律检查委员会在 2000 年 1 月 12 日召开的第四次全体会议上第一次从与公共利益相冲突的视角提出领导干部规范。大会工作报告《坚定信心，加大力度，深入推进党风廉政建设和反腐败斗争》中明确指出，"省（部）、地（厅）级领导干部的配偶、子女，不准在该领导干部管辖的业务范围内从事与公共利益发生冲突的经商办企业活动"。[①]

中共中央纪律检查委员会在 2004 年 12 月 12 日，第一次针对"利益冲突"进行明确、系统的规范。当时由中纪委、中组部、监察部、国务院国资委联合印发了《国有企业领导人员廉洁从业若干规定（试行）》。其中第六条规定："国有企业领导人员应当以国家和企业利益为重，正确行使经营管理权，对本人及亲属有可能损害企业利益的行为，应当主动回避，防止可能出现的利益冲突。不得有下列行为：（1）本人的配偶、子女及其配偶违反规定，在与本企业有关联、依托关系的私营和外资企业投资入股；（2）将国有资产委托、租赁、承包给自己的配偶、子女及其他有利益关系的人经营；（3）利用职权为配偶、子女及其他有利益关系的人从事营利性经营活动提供各种便利条件；（4）本人的配偶、子女及其他有利益关系的人投资经营的企业与国有企业领导人员所在企业发生非

---

① 尉健行：《坚定信心，加大力度，深入推进党风廉政建设和反腐败斗争——中共中央纪律检查委员会第四次全体会议上的工作报告》，载《党的十四大以来中共中央纪律检查委员会历次全会工作报告汇编》，中国方正出版社 2011 年版，第 204 页。

正常经济业务往来；（5）按规定应当实行任职和公务回避而没有回避；
（6）离职或者退休后三年内，在与原任职企业有业务关系的私营、外
资企业和中介机构担任职务、投资入股，或者在上述企业或单位从事、
代理与原任职企业经营业务相关的经营活动；（7）其他可能损害企业
利益的行为。"①

党中央文件中第一次正式出现"利益冲突"概念是在 2009 年 9 月党
的十七届四中全会上。会议通过的《中共中央关于加强和改进新形势下
党的建设若干重大问题的决定》明确提出"建立健全防止利益冲突制
度"。2010 年 1 月 12 日，胡锦涛总书记在中纪委全会上的重要讲话中，
强调"要一步加强预防制度建设，推进廉政风险防控机制建设，建立健
全预防腐败信息系统，建立健全防止利益冲突制度，形成有效预防腐败的
长效机制"。②

以此为指导，2010 年 2 月中纪委修改出台了《中国共产党党员领导
干部廉洁从政若干准则》（以下简称《准则》），突出了防止利益冲突的精
神，其中"廉洁从政行为规范"一章详细规定了领导干部从政行为八大
方面的"禁止"，并详细列出 52 种"不准"的行为。与 1997 年实行的
《中国共产党党员领导干部廉洁从政若干准则（试行）》相比，2010 年
的《准则》更加突出和体现了防止利益冲突的要求："第二条中增加了
不准'违反规定拥有非上市公司（企业）的股份或者证券'等内容，
使防止领导干部个人的经济活动可能与公共利益发生冲突的规定更加全
面；第五条中增加了不准利用职务之便为他人谋取利益，其特定关系人
收受对方财物等内容，使防止领导干部的特定关系人的行为与公共利益
发生冲突方面的规定更加全面；第七条规定了不准领导干部违反规定干
预和插手市场经济活动，有利于防范公权力与市场经济活动发生不正常
联系。"③

高等院校第一次提出防止利益冲突是在 2011 年《人民日报》刊登的

---

① 《国有企业领导人员廉洁从业若干规定》编写组：《国有企业领导人员廉洁从业若干规
定（试行）》，中国方正出版社 2009 年版，第 7—8 页。

② 《胡锦涛在中央纪委第五次全体会议上发表重要讲话》，中华人民共和国中央人民政府
网，http://www.gov.cn/ldhd/2010 - 01/12/content_ 1508167. htm。

③ 黎平：《高等院校防止利益冲突制度初论》，《上饶师范学院学报》2011 年第 2 期。

《中央纪委：深化高校反腐倡廉　建立防止利益冲突制度》一文之中。该文章提出："完善反腐倡廉监督制度，深化高校管理体制改革，创新监督机制，加强权力运行监控，保证权力正确行使。完善反腐倡廉预防制度，全面推行廉政风险防控管理及行政权力、公共服务公开透明运行，建立健全防止利益冲突制度，减少领导干部以权谋私的机会和空间。"[①]

　　虽然明确提出高校防止利益冲突是在 2011 年，但教育部在此之前出台的部分规范文件中已经存在防止利益冲突的若干规定。例如，2004 年 9 月 30 日教育部党组发出《关于部直属高等院校党员领导干部廉洁自律的"六不准"规定的通知》，要求"高校领导干部不准利用职权违规干预和插手建设工程、大宗物资设备采购招投标；不准接受与其行使职权有关系的单位、个人的现金、有价证券和支付凭证；不准配偶、子女、亲属以及身边工作人员利用领导干部职务的影响谋取私利；不准利用职务和工作便利越权干预招生录取、职称评聘、科研项目评审等工作正常开展；主要领导不准担任社会上经营性实体的独立董事；不准擅自决定学校对外融资或进行股票和风险性债券投资"。[②]

　　2010 年 3 月 8 日，教育部印发《教育部关于严禁领导干部违反规定插手干预基本建设工程项目管理行为的若干规定》，提出十五项措施，严禁领导干部以各种形式违规插手干预基本建设工程项目，损害公共利益谋取个人利益。

　　2010 年 5 月 12 日，中共教育部党组印发《直属高校党员领导干部廉洁自律"十不准"》的通知，以贯彻落实《中国共产党党员领导干部廉洁从政若干准则》，促进高校领导干部廉洁自律。

　　综合以上各种规定可知，目前我国高等院校现有防止利益冲突的制度与措施主要涉及四个方面：利益冲突信息公开制度、利益冲突回避制度、外部行为限制制度及离职后行为限制制度。

---

　　① 王立英：《中央纪委：深化高校反腐倡廉　建防止利益冲突制度》，《人民日报》2011 年 1 月 10 日。

　　② 《关于部直属高等院校党员领导干部廉洁自律的"六不准"规定的通知》，《中华人民共和国教育部公报》2004 年第 12 期。

二 利益冲突信息披露制度

利益信息披露是防止利益冲突的首要工作，也是防止利益冲突制度建设的基础。我国高等院校并没有专门的利益冲突信息披露制度，其管理以中共中央办公厅、国务院办公厅 2010 年 5 月 26 日印发的《关于领导干部报告个人有关事项的规定》（以下简称《规定》）为准则。这个规定是在整合 1995 年《关于党政机关县（处）级以上领导干部收入申报的规定》和 2006 年《关于党员领导干部报告个人有关事项的规定》的基础上出台的，在申报范围、申报主体、处置力度和申报材料运用等方面都进行了调整、细化和升级，申报主体、申报内容、申报类别、申报材料的受理和审查机构、申报材料的公开度及申报人的违规责任等逐渐明确。

第一，在申报主体上，2010 年的《规定》将申报主体定位于："各级党的机关、人大机关、行政机关、政协机关、审判机关、检察机关、民主党派机关中县处级副职以上（含县处级副职，下同）的干部；人民团体、事业单位中相当于县处级副职以上的干部；大型、特大型国有独资企业、国有控股企业（含国有独资金融企业和国有控股金融企业）的中层以上领导人员和中型国有独资企业、国有控股企业（含国有独资金融企业和国有控股金融企业）的领导班子成员；副调研员以上非领导职务的干部和已退出现职、但尚未办理退（离）休手续的干部。"[1] 《规定》将事业单位申报主体修改为相当于县处级副职以上的干部，并将非党员领导干部纳入了申报主体，扩展了申报主体的范围。

第二，在申报的内容上，2010 年的《规定》中第四条规定：领导干部应当报告下列收入、房产、投资等事项：本人的工资及各类奖金、津贴、补贴；本人从事讲学、写作、咨询、审稿、书画等劳务所得；本人、配偶、共同生活的子女的房产情况；本人、配偶、共同生活的子女投资或者以其他方式持有有价证券、股票（包括股权激励）、期货、基金、投资型保险以及其他金融理财产品的情况；配偶、共同生活的子女投资非上市公司、企业的情况；配偶、共同生活的子女注册个体工商户、个人独资企

---

[1] 《关于领导干部报告个人有关事项的规定》（2010）。

业或者合伙企业的情况。申报者不但要申报自己的财产，还要申报其配偶和由其抚养的子女的个人财产和共有财产。申报的项目也扩展到债权、债务、股票、私有房产等。

第三，在申报的类别上，2010年的《规定》则较为全面，基本形成了初任申报、日常申报、财产重大变化项申报、离职申报等较为完整的申报类别。

第四，在申报材料的公开度方面，《规定》中第十二条明确：组织（人事）部门在干部监督工作和干部选拔任用工作中，按照干部管理权限，经本机关、本单位主要负责人批准，可以查阅有关领导干部报告个人有关事项的材料；纪检监察机关（机构）在履行职责时，按照干部管理权限，经本机关主要负责人批准，可以查阅有关领导干部报告个人有关事项的材料；检察机关在查办职务犯罪案件时，经本机关、本单位主要负责人批准，可以查阅案件涉及的领导干部报告个人有关事项的材料。这使申报内容成为干部选拔、监督的重要依据和办案过程的重要证据。

第五，健全了责任追究机制。2010年的《规定》对于违规责任则作了较为严厉的规定：对于无正当理由不按时报告的、不如实报告的、隐瞒不报的、不按照组织答复意见办理的情形，根据情节轻重，给予批评教育、限期改正、责令作出检查、诫勉谈话、通报批评或者调整工作岗位、免职等处理；构成违纪的，依照有关规定给予纪律处分。此项规定强化了申报环节在预防腐败中的作用。

三　利益冲突回避制度

我国现代意义上的回避制度始于20世纪80年代，进入90年代后，伴随着公务员制度的建设迅速发展。如今，我国已形成囊括事业单位、党政部门多领域的回避制度，高等院校的回避制度就是在此基础之上形成的。

现行的高等院校利益冲突回避制度主要由任职回避和公务回避两部分组成。任职回避通过要求具有一定关系的人员不得在同一单位任职或者担任具有密切关系的职务以达到防止利益冲突的目的。公务回避是通过限制与某项公务有利害关系的公职人员参与和干涉正常公务活动，防止其利用职权为自己或亲属谋求利益。

目前，针对我国高等院校任职回避制度的规定有：2006 年的《党政领导干部任职回避暂行规定》，该规定是在《中华人民共和国公务员法》、《党政领导干部选拔任用工作条例》（2002 年）基础上制定的。其中"第三条规定，有夫妻关系、直系血亲关系、三代以内旁系血亲关系以及近姻亲关系的，不得在同一机关担任双方直接隶属于同一领导人员的职务或者有直接上下级领导关系的职务，也不得在其中一方担任领导职务的机关从事组织（人事）、纪检（监察）、审计、财务等工作。第四条规定，领导干部的配偶、子女及其配偶以独资、合伙或者较大份额参股的方式，经营企业或者举办经营性民办非企业单位的，该领导干部不得在上述企业或者单位的行业监管或者业务主管部门担任领导成员"。①

2005 年人事部颁布的《事业单位公开招聘人员暂行规定》第二十七条规定："事业单位公开招聘人员实行回避制度。凡与聘用单位负责人员有夫妻关系、直系血亲关系、三代以内旁系血亲或者近姻亲关系的应聘人员，不得应聘该单位负责人员的秘书或者人事、财务、纪律检查岗位，以及有直接上下级领导关系的岗位。"②

针对高等院校的公务回避制度规定有：《党政领导干部选拔任用工作条例》（2002）第五十四条规定："实行党政领导干部选拔任用工作回避制度。党委（党组）及其组织（人事）部门讨论干部任免，涉及与会人员本人及其亲属的，本人必须回避；干部考察组成员在干部考察工作中涉及其亲属的，本人必须回避。"③　《事业单位公开招聘人员暂行规定》（2005）第二十七条规定："事业单位公开招聘人员实行回避制度。凡与聘用单位负责人员有夫妻关系、直系血亲关系、三代以内旁系血亲或者近姻亲关系的应聘人员，不得应聘该单位负责人员的秘书或者人事、财务、纪律检查岗位，以及有直接上下级领导关系的岗位。聘用单位负责人员和招聘工作人员在办理人员聘用事项时，涉及与本人有上述亲属关系或者其

———————

① 《党政领导干部任职回避暂行规定》，中国法制出版社 2006 年版，第 4 页。

② 《事业单位公开招聘人员暂行规定》，中华人民共和国人事部令（2005）。

③ 中共中央：《党政领导干部选拔任用工作条例》，见《〈中国共产党党员领导干部廉洁从政若干准则〉及相关法规》，中国方正出版社 2010 年版，第 164—180 页。

他可能影响招聘公正的，也应当回避。"①

　　2010 年出台《教育部关于严禁领导干部违反规定插手干预基本建设工程项目管理行为的若干规定》，该规定是根据《中共中央办公厅　国务院办公厅印发〈关于开展工程建设领域突出问题专项治理工作的意见〉的通知》(2009)、《中共中央纪委　教育部　监察部关于加强高等学校反腐倡廉建设的意见》(2008) 和《中华人民共和国招标投标法》等国家法律法规的有关精神，结合教育系统实际情况制定的，其对于领导干部违规插手基建项目的多种违规行为作了明确禁止，"并要求各教育部直属高等学校、教育部直属单位建立并严格执行回避制度"。②

　　2010 年 4 月教育部出台《教育部关于进一步推进直属高校贯彻落实"三重一大"决策制度的意见》，其中在保障机制中规定要"建立'三重一大'决策回避制度。如有涉及本人或亲属利害关系，或其他可能影响公正决策的情形，参与决策或列席人员应当回避"。③

四　外部行为限制制度

　　目前，我国对于公职人员外部行为限制的文件较多，主要针对越权、经商、兼职、收受礼品、接受馈赠等行为进行限制。除了党中央、国务院针对领导干部在公务活动中赠送和接受礼品的行为规定的一系列的文件外，教育部党组根据高等院校的特殊情况，也制定了相应的限制性文件。

　　2004 年，教育部党组针对高校领导干部廉洁自律方面存在的突出问题制定了《关于部直属高校党员领导干部廉洁自律的"六不准"规定》。2004 年 12 月 12 日《国有企业领导人员廉洁从业若干规定（试行）》出台，为高等院校中校办企业及后勤管理提供了可以参照的依据。2008 年出台的《中共中央纪委　教育部　监察部关于加强高等学校反腐倡廉建设的意见》，严格规定"学校党政领导班子成员应集中精力做好本职工

---

① 《事业单位公开招聘人员暂行规定》，中华人民共和国人事部令（2005）。

② 《教育部关于严禁领导干部违反规定插手干预基本建设工程项目管理行为的若干规定》，中国教育新闻网，http://www.jyb.cn/info/jyzck/201003/t20100317_347241.html。

③ 《教育部关于进一步推进直属高校贯彻落实"三重一大"决策制度的意见》(2011)，中华人民共和国中央人民政府网，http://www.gov.cn/gzdt/2011-04/27/content_1853006.htm。

作，除因工作需要、经批准在学校设立的高等院校资产管理公司兼职外，一律不得在校内外其他经济实体中兼职；学校党政领导班子成员不得在院系等所属单位违规领取奖金、津贴等；除作为技术完成人，不得通过奖励性渠道持有高等院校企业的股份。任何人不得违规干预招投标活动；严禁在采购活动中违规收受各种名义的回扣、手续费，防止商业贿赂。"①

2010年3月针对高等院校中利益冲突频发的重点领域，教育部出台了《教育部关于严禁领导干部违反规定插手干预基本建设工程项目管理行为的若干规定》，严格禁止利用职权违规干预基本建设工程项目管理的行为，对于违反本规定的，按照干部管理权限，视情节轻重依法依规给予批评教育、党纪政纪处分直至移送司法机关追究法律责任。②

2010年5月在修订《中国共产党党员领导干部廉洁从政若干准则（试行）》（1997）的基础上，中共中央出台了《中国共产党党员领导干部廉洁从政若干准则》（以下简称2010年《准则》）。相比1997年的《准则（试行）》，2010年《准则》内容更为全面详细，由以前的六条廉洁从政行为规范增加到八条，增添了两条规定：禁止违反规定干预和插手市场经济活动、谋取私利；禁止脱离实际，弄虚作假，损害群众利益和党群干群关系。同时，每条规定又增加了对于新的行为内容与行为方式的限制。如廉洁从政规范第二条规定："禁止私自从事营利性活动。不准有下列行为：①个人或者借他人名义经商、办企业；②违反规定拥有非上市公司（企业）的股份或者证券；③违反规定买卖股票或者进行其他证券投资；④个人在国（境）外注册公司或者投资入股；⑤违反规定在经济实体、社会团体等单位中兼职或者兼职取酬，以及从事有偿中介活动；⑥离职或者退休后三年内，接受原任职务管辖的地区和业务范围内的民营企业、外商投资企业和中介机构的聘任，或者个人从事与原任职务管辖业务相关的营利性活动。"③不仅增加了对于离职退休后的行为限制，而且在违规的方式上也考虑得更为全面具体，对于变相的违规行为起到一定的限制

① 《中共中央纪委 教育部 监察部关于加强高等学校反腐倡廉建设的意见》，2008年。
② 《教育部关于严禁领导干部违反规定插手干预基本建设工程项目管理行为的若干规定》，中国教育新闻网，http://www.jyb.cn/info/jyzck/201003/t20100317_347241.html。
③ 《中国共产党党员领导干部廉洁从政若干准则》，中国法制出版社2010年版，第5页。

作用。

2010 年 5 月教育部根据 2010 年的《中国共产党党员领导干部廉洁从政若干准则》将《直属高校党员领导干部廉洁自律"六不准"》（2004）修订为《直属高校党员领导干部廉洁自律"十不准"》，"十不准"包括："不准违反决策程序擅自决定重要干部任免、重要事项安排和大额度资金使用等事关学校改革发展全局的重大事项；不准在干部选拔任用（聘用）中拉选票、打招呼，封官许愿，任人唯亲，营私舞弊，或采取不正当手段为本人或他人谋取职位；不准违反规定干预和插手学校基建（修缮）工程项目、物资设备采购、资金借贷、重大项目投资等经济活动，以及校办产业、后勤服务等经营管理活动；不准违反规定干预和插手招生、录取、专业技术职务评聘、科研项目评审等工作；不准违反规定在校内外经济实体中兼职或兼职取酬，以及从事有偿中介活动；不准以本人或者借他人名义经商、办企业；不准收受学校所属单位及个人的礼金、有价证券、支付凭证等财物；不准违反规定在学校所属单位领取津贴、补贴、奖金，或违反规定买卖经济适用住房等保障性住房；不准以不正当手段为本人或他人获取荣誉、职称、学历、学位等利益，或者从事有悖学术道德、职业道德的活动；不准利用职权和职务上的影响为本人或领导干部之间利用职权相互为对方配偶、子女及其配偶、其他亲属以及身边的工作人员在考试、入学、就业、专业技术职务评聘、职务晋升以及经商、办企业等方面提供便利条件"。[①] 可以看出，"十不准"增加了对于现实中频频发生而未被列入规定的多种违规行为的限制，涉及学校基建（修缮）工程项目、物资设备采购、资金借贷、重大项目投资、招生录取、职称评定、科研项目评审、在校内外经济实体中兼职或兼职取酬、收受礼金和有价证券及支付凭证等财物多个领域，并对违规行为的方式进行了解释及细化，具有更强的操作性。

2011 年 7 月 28 日，为了进一步规范高校党员领导干部从业行为，加强对直属高校党员领导干部兼职行为管理，教育部党组又出台了《中共教育部党组关于进一步加强直属高校党员领导干部兼职管理的通知》，该通知制定了详细的规定，要求直属高等院校党员领导干部及校级非党员领

---

① 《直属高校党员领导干部廉洁自律"十不准"》，新华网，http://news.xinhuanet.com/edu/2010 - 06/14/c_ 12221796.htm。

导干部不准违反规定在经济实体、社会团体等单位中兼职或者兼职取酬。

综合以上文件来看，我国对高等院校的行为限制规范是随着改革的深入、社会主义市场经济的发展而不断完善的，并且针对新出现的违规行为方式制定了专项治理措施。在限制性内容方面，逐步涵盖了容易引起利益冲突的重点领域，如基建、招生、采购、财务、兼职、人事等；对于违规行为方式的限制，不仅包括一些较为明显的违规方式，如收受礼金、礼品、证券等，还包括近年来在实践中反映出来的多种具有复杂性、隐蔽性的违规方式，如赠与、转借、赌博、低于市价的交易、党政领导干部由直接经商转由子女及配偶经商办企业、持有有价证券，等等；在限制制度的执行方式上，实行责任制，党政与纪检同时发挥作用。

五　离职后行为限制制度

我国对于离职后行为限制的规定是随着改革开放的深入而出现的，针对高等院校领导干部并没有专门的文件进行详细规定，这些规定散见于党政领导干部的相关规定之中，主要有《党政领导干部辞职暂行规定》（2004）、《中国共产党党员领导干部廉洁从政若干准则》（2010）等文件。具体包括就业限制和期限限制两方面。

在就业限制方面，《党政领导干部辞职暂行规定》（2004）第十三条规定：“党政领导干部辞去公职后三年内，不得到原任职务管辖的地区和业务范围内的企业、经营性事业单位和社会中介组织任职；不得从事或者代理与原工作业务直接相关的经商办企业活动。”[①] 但该规定并没有直接将高等院校等事业单位领导干部划入范围。高等院校一般参照这个规定进行管理。2010 年的《中国共产党党员领导干部廉洁从政若干准则》中则规定，禁止党员领导干部在离职或者退休后，接受原任职务管辖的地区和业务范围内的民营企业、外商投资企业和中介机构的聘任，或者个人从事与原任职务管辖业务相关的营利性活动。离职限制的重点是限制公职人员去营利性企业的就业行为。

---

① http：//news. enorth. com. cn/system/2006/08/31/001398579. shtml.

在期限限制方面，《党政领导干部辞职暂行规定》（2004）和 2010 年的《中国共产党党员领导干部廉洁从政若干准则》，对于辞去公职的党政领导干部的就业限制期间都规定为三年时间。

在对离职公务员违反限定政策的违规责任的认定与追究方面，《党政领导干部辞职暂行规定》（2004）并未作出说明。2010 年的《中国共产党党员领导干部廉洁从政若干准则》第十三条规定："党员领导干部违反本准则的，依照有关规定给予批评教育、组织处理或者纪律处分，涉嫌违法犯罪的，依法追究其法律责任。"[①]

第二节　高等院校利益冲突主体的行为能力分析

客观上讲，凡是在高等院校拥有一定权力、占有一定工作岗位，符合利益冲突逻辑的人员都是高等院校利益冲突的主体。根据其工作性质大致分为一般行政人员、领导干部和教师及科研人员（一般高校的教师和科研人员都是双重身份）。一般行政人员指除专职教师以外不是领导干部（县处级以上）的管理人员，包括教务处、学生处、校团委、财务处、保卫处、后勤管理处、科技处、海外交流处，以及所有的组织部、宣传部、工会等党群部门的工作人员等。领导干部指在高等院校中拥有相当于县处级以上行政级别的管理人员。教师是指拥有教师资格证，受过专门教育和训练，高等院校中担任某专业教学的人员。这些利益冲突主体因为其自身的岗位、级别或职称不同，利益冲突行为中的能力也不同。

一　高等院校利益冲突不同领域分类

根据高等院校的具体情况，可以将可能发生利益冲突的领域进行分类：

学术性领域：学科发展规划，招生录取（一部分），职称评定，专业

---

① 《中国共产党党员领导干部廉洁从政若干准则》，中国法制出版社 2010 年版，第 10 页。

调整，教学，教研经费使用，科研项目，图书采购。

　　行政性领域：基建，物资及设备采购，招生录取，资产与财务管理，干部聘任，职称评定，教学管理，后勤管理，人事管理，经费管理与使用，档案管理，学生管理，科研项目的审批。

　　两者交叉领域：图书采购，物资及设备采购，招生录取，财产财务管理，干部聘任，职称评定，学科和专业调整，教学，后勤，人事，经费使用，科研项目的审批。（如图 5 - 1 所示）

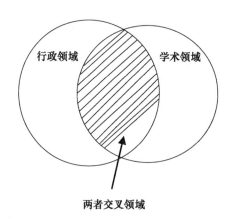

图 5 - 1　学术领域与行政领域

　　高等院校可能发生利益冲突的领域中，既有学术领域也有行政领域，尤其是两者交叉重叠的部分，往往有领导兼任情况，其发生利益冲突的可能性就会更大。

二　高等院校利益冲突主体的能级量表

　　假设能力量级用 A^i（ability）来表示，i 表示从 1 到 10 的不同级别，N 表示为不同级别、职称和学术头衔间量级的倍数。A 为正值，i 所代表的数越大，表示能量级越大，发生实际利益冲突风险后果的严重性也越高，破坏性也越大。高等院校不同利益冲突主体能力量表可以用表 5 - 1、5 - 2、5 - 3、5 - 4、5 - 5 表示。

表5－1　　　　　　　高等院校行政岗位、职务及学术职称分类表

级别名称	低级	中级	高级			
一般行政人员	办事员	科员	副主任科员		主任科员	调研员、巡视员
领导干部	副科长	科长	副处长	处长、副厅长	厅长、副部长	人大代表政协委员
学术职称	助教	讲师	副教授		教授	
学术头衔			硕导		博导、长江学者、院士	

表5－2　　　　　　　　　　一般行政人员能力影响级

职务	办事员	科员	副主任科员	主任科员	调研员	巡视员
量级	A	A_1	A_2	A_3	A_4	A_5

表5－3　　　　　　　　　　领导干部能力影响级

职务	科长		处长		厅长		副部长	政协委员	人大代表
	副	正	副	正	副	正			
量级	A_2	A_3	A_4	A_5	A_6	A_7	A_8	NA_9	NA_{10}

表5－4　　　　　　　　　　教师的学术职称及头衔影响力

职称头衔	助教	讲师	副教授	教授	硕导	博导	长江学者	院士
量级	A	A_2	A_3	A_5	A_4	A_6	A_8	A_9

表5－5　　　　　　　　　　行政与学术交叉任职者能力影响级

	副处长	处长	副厅长	厅长	副部长	政协委员	人大代表
副教授	A_3	A_5					
教授	A_5	A_6	A_6	A_7			
硕导	NA_3	NA_4					
博导			A_6	A_7	A_8	NA_9	NA_{10}
长江学者			A_8	A_9	N^1A_9	N^1A_{10}	
院士			A_9	A_{10}	N^2A_9	N^2A_{10}	

以上能力影响级的分析说明，行政职务、职称和头衔级别越高，其对高等院校的公共利益影响就越大，尤其是当行政领域与学术领域交叉时，其交叉任职者的影响呈几何倍数增长，意味着这些公职人员一旦发生利益冲突，其后果影响也就越大，破坏性也更大一些。而且利益冲突主体的行为能力量级越高，就越会利用高等院校防止利益冲突制度的缺陷，因此，高等院校应着重关注这些交叉任职者的利益冲突情况，以避免发生严重的后果。

第三节　高等院校防止利益冲突制度的缺陷及被利用的可能性

制度安排是获取集体行动收益的重要手段。制度使人的行为具有可预期性，因此，当防止利益冲突制度设计存在缺陷时，就可能被行动能力影响级较高的人员无意或有意地利用，从而合法地发生利益冲突，对高等院校公共利益造成干扰或侵害。我国高等院校目前的防止利益冲突制度还存在以下方面的缺陷。

一　利益冲突信息披露制度的缺陷

我国高等院校并没有专门的利益冲突信息披露制度，其管理以中共中央办公厅、国务院办公厅 2010 年 5 月 26 日印发的《关于领导干部报告个人有关事项的规定》（以下简称《规定》）为准则。这本身就是一种缺陷，因为普遍性的规定无法适应高等院校特殊的利益冲突情况。同时，虽然这个规定是在整合 1995 年《关于党政机关县（处）级以上领导干部收入申报的规定》和 2006 年《关于党员领导干部报告个人有关事项的规定》的基础上出台的，内容做了诸多调整，但仍然还存在一些需要改进的地方。

（一）利益冲突信息披露的主体范围设置还不够科学

2010 年印发的《规定》中关于申报人员范围设置为：包括事业单位中相当于县处级副职以上的干部。参照这一规定，高等院校中相当于县处级副职以上的行政干部以及副调研员以上非领导职务的干部和已退出现职、但尚未办理退（离）休手续的干部需要报告个人有关信息。但是，从反腐斗争的实践经验来看，申报主体不应仅仅限于县处级以上行政级别的领导干部，还必须考虑在实际工作中没有达到县处级行政级别，却拥有各种管理和采购等实权的科级干部和行政人员。在高等院校的实际工作中，很多掌握着管理和采购等实权的部门负责人或者工作人员在行政级别上并未达到处级，处于申报人范围之外。从已经查处的腐败案例来看，这部分人在工作中也可能会发生利益冲突甚至腐败问题，例如原华中科技大学同济医学院教材服务中心 4 名工作人员两年间就以回扣形式受贿 56 万余元。[①] 这些工作人员级别最高的是科长，其他是副科长及工作人员。这些人都在申报主体范围之外。另外，高校普通教师与主要科研人员没有被纳入申报范围，而这部分人员却是教学和科研领域利益冲突的主体。

（二）利益冲突信息披露的内容不尽详细

虽然我国 2010 年《规定》要求申报者不但要申报自己的财产，还要申报其配偶和子女的个人财产和共有财产，申报的项目也扩展到债权、债务、股票、私有房产等，但与社会发展形势与反腐斗争的需要相比还有一定差距。当前我国社会生活中，个人及家庭财产形式逐渐多样化，而我国所规定的申报内容还不够详尽，如汽车、船舶、航空器等交通工具；一定数额以上的现金、存款；一定价值以上的家庭贵重装饰品、珠宝、首饰、古玩、艺术品、收藏品、贵重设备、信托资产等财产形式未列入申报内容之中。同时，我国 2010 年《规定》中也没有制定详细的各种财产价值的核算方法和表示方法。这为某些具有价值争议的财产，如古玩、艺术品、收藏品等在价值估算上留下了争议，也为利益冲突留下了可利用的空间。

（三）缺乏独立和专业的受理机构

目前，我国 2010 年《关于领导干部报告个人有关事项的规定》中规定的受理机构是按照干部管理权限由相应的组织（人事）部门负责受理：

---

① 《华科大教材中心 4 名工作人员 2 年吃回扣 56 万元》，《楚天都市报》2007 年 6 月 27 日第 12 版。

"中央管理的领导干部向中共中央组织部报告，报告材料由该领导干部所在单位主要负责人审签后，交所在党委（党组）的组织（人事）部门转交。属于本单位管理的领导干部，向本单位的组织（人事）部门报告；不属于本单位管理的领导干部，向上一级党委（党组）的组织（人事）部门报告，报告材料由该领导干部所在单位主要负责人审签后，交所在党委（党组）的组织（人事）部门转交；领导干部因发生职务变动而导致受理机构发生变化的，原受理机构应当及时将该领导干部的报告材料按照干部管理权限转交新的受理机构"。① 我国组织部门的主要工作是干部的考核与推荐，领导干部个人事项申报的受理工作只是其工作的一部分。这样的设定很难满足利益冲突信息申报受理工作的需要。因为利益冲突信息受理和审核是一个非常复杂的专业性工作，它不但需要具有较强独立性的专门机构，同时还需要大量经过专业技术训练的工作人员。而只有实现了申报受理机构的专业性，才能对申报材料进行专业处理，及时发现潜在的利益冲突信息，并作出相应的处理。同时，《规定》对于上报的材料，除了组织部、纪委、检察机关可以查阅相关材料，受理机构只是进行"妥善保管"，并没有后续的资料甄别处理环节的具体规定，这也给一些领导干部发生利益冲突风险提供了便利。

（四）利益冲突信息缺乏公开度

信息公开是有效监督的前提。我国 2010 年《关于领导干部报告个人有关事项的规定》中仅相关的组织部门、纪检监察部门和检察机关在工作需要时可以对申报材料进行查阅和核实。按照这一规定，党员领导干部在把个人重大事项报告给组织后，只有少数领导知情，可以说"保密有余，公开不足"，致使有些官员申报信息与其实际财产状况有巨大出入，从而削弱了申报的公正性和监督的有效性。"申报资料的公开可以算作申报制度的核心。只有积极公开申报资料，才能充分调动社会监督的无穷力量。利用社会舆论无处不在、无时不在的优势，可以让贪腐势力陷入人民战争的汪洋大海。相反，把申报资料视为高度机密，只为当权者掌握，就

---

① http：//www.gov.cn/jrzg/2010-07/11/content_1651255.htm。

会把广大人民排斥在反腐斗争之外，显然不利于社会的长治久安。"①

二　利益回避制度的缺陷

利益回避是处理利益冲突风险的有效方法，如果利益回避制度存在缺陷，就会使利益冲突风险大大增加。目前，我国高等院校的利益回避制度还存在一定的问题。

（一）对回避类型的规定较为简单

目前在高等院校适用的回避规定有《党政领导干部选拔任用工作条例》（2002）、《事业单位公开招聘人员暂行规定》（2006）以及《党政领导干部任职回避规定》（2006），这些规定对利益冲突回避类型规定较为简单，更多是偏重任职回避，缺乏有关地域回避及公务回避方面的规定，而在高等院校所发生的腐败事件中，职务犯罪占有很大比重，这与我国缺少有关高等院校公务回避方面的规定有很大关系。虽然我国有些高等院校针对自身情况制定了一些类似于《领导干部回避制度》的文件，对回避项目制定了较为详细的规定，但不具有普遍适用性与强制力，法律效力也较弱，不能有效规范相关利益冲突行为。

（二）对回避范围的界定不够全面

根据以上相关规定，高等院校领导干部回避的范围是"夫妻关系、直系血亲关系、三代以内旁系血亲或者近姻亲关系"，对于现实中广泛存在并对领导干部有着较强影响的师生关系、同学关系、战友关系甚至"情人"关系等涉及的人员缺少相应的规定。

（三）对回避程序缺乏相关规定

科学合理的程序是制度有效运行的支柱和保障。回避程序应该包括回避的提出（包括提出的主体、方式和时限）、对回避的审查与举证、回避

---

① 周攀、王蓉：《论公职人员财产申报制度的完善》，《四川行政学院学报》2008 年第 5 期。

的决定、回避的实施、回避的法律后果、违反回避规定的法律责任、回避的法律救济等内容。程序的不完善会大大降低回避制度的可操作性和实效性。

我国高等院校领导干部相关利益回避规定中还缺乏相关的程序规定。目前实施的《党政领导干部选拔任用工作条例》（2002）、《事业单位公开招聘人员暂行规定》（2006）以及《党政领导干部任职回避规定》（2006）中缺少回避的具体方式、回避的时限、回避的审查标准等内容规定，对回避实施的具体环节也缺少规范，对回避的法律后果缺少明确规定。无论是哪种回避方式，回避一经提出或实施，就不可避免地产生一系列的法律后果。比如，在回避决定作出前，所涉及的高等院校领导干部能否继续完成工作？依照决定回避后，其回避前已经完成的行政行为的法律效力如何认定？违反回避规定作出的行政决定有无法律效力？对于已作出的决定在何种情况下可以撤销或维持不变？回避的法律救济如何具体实施？对这些问题，回避制度应有进一步的明确规定。

（四）对违反回避制度的法律责任界定过轻

《党政领导干部任职回避暂行规定》（2010）第十三条和第十四条规定："领导干部有需要回避的情况不及时报告或者有意隐瞒的，应当予以批评，情节严重的进行组织处理；领导干部必须服从回避决定。无正当理由拒不服从的，就地免职或者降职使用。"[①] 在现实生活中，批评教育、组织处理这些追究责任方式常常流于形式，既不能弥补违规行为带来的损失，也不足以达到威慑作用。而且所谓的"无正当理由拒不服从"更加难以认定，因为没有哪个领导干部会傻到无理由地不服从，往往是编造很多冠冕堂皇的理由来不服从、回避规定。因此，这些制度缺陷使很多领导干部轻易地处在利益冲突情境中。

三 行为限制规定的缺陷

利益冲突行为限制是对利益冲突情况进行处理的直接手段。虽然我国

---

① 《党政领导干部任职回避暂行规定》，中国法制出版社 2006 年版，第 18 页。

对于公职人员外部行为限制的文件很多，内容也比较全面，但仍然存在一些需要改进的方面。

（一）对行为限制的主体范围设定不够全面

我国高等院校利益冲突规范对象主要以党员领导干部为主，且一般是相当于县处级行政级别以上的领导干部，对非党员的高等院校领导干部和科级干部或有实权工作人员的违规违法行为则缺乏相关管理规定。同时，对部门集团的违规违法行为也缺乏相应规定。因为在高等院校的实际腐败案例中，腐败主体除了有个人，还存在集体腐败的现象，涉案人员既有处级以上领导干部，也有科级干部。例如某高校医学院教材服务中心科长王某、副科长黄某、保管员刘某、会计陈某4人因受贿罪，被硚口区法院一审判处5年有期徒刑等刑期。法院查明：2004年4月至2006年1月期间，王某等4人负责为医学院购买教学、科研图书，先后30次共同非法收受某市新华书店、某医药卫生书店等10家供书商给予的图书回扣款，在两年内瓜分赃款56万余元。① 从这一案例可以发现，目前我国高等院校内存在一批行政级别在科级上下，手中握有基建、采购、财务、招生、人事等多方面的实际权力的人员，个别人的违规行为足以影响相关工作的合法开展，而这部分人员一直游离于行为限制制度之外，这无疑是行为限制制度的一大漏洞，增大了发生利益冲突行为的风险。

（二）对限制行为的内容规定较为笼统

目前实行的《直属高等院校党员领导干部廉洁自律"十不准"》（2010），大多为"不准违反规定干预某某领域正常工作"的形式，但对于违反规定的形式并未作出详细解释，而且没有违规如何处罚的规定，因此规范的内容较为笼统。《关于严禁领导干部违反规定插手干预基本建设工程项目管理行为的若干规定》（2010）中则较为详细地制定了十五条限制规定，要求高等院校的领导干部不得以打招呼、说情、暗示等方式，干预直属单位和高等院校基建工程项目的招标、建设等各环节。这是目前高

---

① 《华科大教材中心4名工作人员2年吃回扣56万元》，《楚天都市报》2007年6月27日第12版。

等院校易发利益冲突领域中规定较为具体详细的，而其他领域如物资采购、招生考试、人事任用等领域还未作出相应的详细规定。

（三）对于兼职行为的限制规定不够科学

《中共教育部党组关于进一步加强直属高校党员领导干部兼职管理的通知》（2011）是我国针对高等院校党政领导干部兼职行为的限制文件。文件规定直属高等院校校级党员领导干部原则上不得在经济实体及社会团体等单位中兼职，因工作需要确需兼职的，须经学校党委（常委）会批准，并报相关部门备案。"经批准在经济实体、社会团体等单位中兼职的直属高校党员领导干部，不得在兼职单位领取任何报酬。直属高校党员领导干部在兼职活动中，要严格遵守有关法律法规，维护学校的利益。"[①]这一规定以不取酬作为兼职的限定条件是不严谨的，因为这些规范文件"对兼职的时间、精力、业务与公务的时间、精力之间是否会发生冲突、兼职的管理方法是什么、限制兼职的领域是哪些等问题都没有作出更为详细的规定，在现实中，这种兼职限制难免流于形式。值得注意的是，我国仍允许不取酬的兼职行为的存在，而这会给利益冲突留下空间。虽然以不取酬的名义进行兼职，公职人员暂时不能得到实在的经济利益，但他们的公务可能会受到兼职单位的利益影响，这也会造成利益冲突。兼职合法不合法并不在于取酬与否，而在于兼职本身的性质和后果"。[②]

（四）对违规责任界定较轻

《关于加强高等学校反腐倡廉建设的意见》（2008）中对违规行为的处罚规定为"综合运用纪律、行政和经济处罚、组织处理等方式和手段"。[③]《中国共产党党员领导干部廉洁从政若干准则》（2010）中的处罚规定为"党员领导干部违反本准则的，依照有关规定给予批评教育、组

---

① http://www.moe.edu.cn/publicfiles/business/htmlfiles/moe/s3143/201108/xxgk_ 123066. html。

② 庄德水：《中国公职人员利益冲突政策的现状及发展对策》，见《"中国特色社会主义行政管理体制"研讨会暨中国行政管理学会第20届年会论文集》，第1178页。

③ 《中共中央纪委　教育部　监察部关于加强高等学校反腐倡廉建设的意见》（2008）。

织处理或者纪律处分，涉嫌违法犯罪的，依法追究其法律责任"。① 根据两种规定来看，对于违规行为的处罚是以党纪政纪、经济惩处及组织处理形式为主，处理的严肃程度视违规情节严重程度予以确定。而在现实中对于"情节严重程度"的确定存在很大的自由度，如果违规人与处理人员存在一定的人情关系则易出现定性较轻的情况。处罚内容上，比较注重"批评教育、做深刻检讨"等重个人的思想反省、轻组织制度约束的方式，严重削弱了利益冲突政策本身的权威性和有效性。而且经济处罚也大多以收缴违规行为所获得的经济利益为主，但现实中违规行为不仅为个人谋取利益，有时还为他人谋取利益，而且违规所得利益不仅仅包括经济利益，还会有声誉、人情等利益形式，简单的收缴违规行为所得经济利益不能弥补违规所造成的损失。这些规定使违规责任界定较轻，违规成本较小，严重制约了外部行为限制规范实施的效果。

四　离职后行为限制规定的缺陷

我国目前还没有专门针对高等院校领导干部离职后行为限制的文件，其规定散见于《党政领导干部辞职暂行规定》（2004）和《中国共产党党员领导干部廉洁从政若干准则》等相关规定中，因此还存在以下问题。

（一）限制内容比较简单

上述文件只规定了对离职后就业方面的限制，但对于离职后的活动限制几乎没有相关规定。在现实生活中，一些高等院校领导干部虽然已经因退休等原因离职，但他们在原单位仍具有较强的影响力，他们可能会通过自己的学生或者被自己"提拔"上来的人员来影响学校的相关事务，甚至通过充当"中间人"的角色，为他人拉关系，谋取私利。对于这些人离职后的行为缺乏限制，已成为我国防止高等院校利益冲突制度中的一大漏洞。

---

① 《中国共产党党员领导干部廉洁从政若干准则》，中国法制出版社 2010 年版，第 10 页。

（二）限制文件的操作性不强

比如对"与原工作业务直接相关"并没有明确界定，这样在对综合性的行业和企业适用该文件时就无法明确实施。再如对在"离职后三年"期间公职人员行为的监督上也没有明确规定相关主体或程序。"离职限制对离职的公职人员与在职的公职人员之间的交往行为方面不起作用，政策供应不足。从现实生活来看，一些离职的领导干部仍对其所提拔的公职人员具有政策影响力，如果不对这些离职人员的利益冲突行为加以限制，那么也会影响正常的政府工作。"[①] 在实际的工作中，一些地方政府对离职公职人员的行为放任自流。操作性不强的结果是法规的失效。

（三）违规责任界定过轻

《党政领导干部辞职暂行规定》（2004）中对违规责任的规定是按照有关规定给予党纪政纪处分。《中国共产党党员领导干部廉洁从政若干准则》（2010）中第十三条规定："党员领导干部违反本准则的，依照有关规定给予批评教育、组织处理或者纪律处分，涉嫌违法犯罪的，依法追究其法律责任。"[②] 这些规定要么笼统模糊，操作性不强，要么只是给予党纪政纪处分，现实生活中也往往因碍于同为"官僚"的面子而走过场，处理形式化。

第四节　高等院校利益冲突风险分析、过滤与等级确定

一　高等院校利益冲突风险过滤

根据前两章对高等院校利益冲突风险因素扫描与辨识，根据表

---

① 庄德水：《中国公职人员利益冲突政策的现状及发展对策》，见《"中国特色社会主义行政管理体制"研讨会暨中国行政管理学会第20届年会论文集》，第1179页。

② 《中国共产党党员领导干部廉洁从政若干准则》，中国法制出版社2010年版，第10页。

4－2和利益冲突风险计算公式4－1，可以将高等院校利益冲突风险进行过滤。

考虑高等院校权力设置领域，主要有行政性和学术性领域以及两者交叉领域，首先从可能性及后果严重性两个维度判断，可以将招生录取、学生管理、图书采购、物资采购、基础建设、干部任用、人事聘任、经费使用、财务管理、科研项目的审批等领域列入重点风险领域。然后，进入风险过滤阶段。根据过滤的11个标准（见表3－3"关于风险情景破坏系统防御能力的11项标准"），在各风险领域中将利益冲突逻辑构成要件的影响因素：岗位的重要程度（J_i）、制度的完善程度（S_i）、个人职务（P_i）、职称（T_i）影响力、兼职（PT_i）情况、冲突资产（A_i）、社会关系（SR_i）、个人道德观念（M_i）等分布到可能性矩阵图中，以进一步过滤风险情景。此时各领域可根据具体实际情况以及个人利益冲突调查情况分析表（4－3"××部门个人利益冲突风险情况调查表"）将表格拆分细化为表5－6。其中每项 i 值都要根据各领域实际调查的情况进行计算编写，细化计算后可形成表5－7。（此表中内容只作为表示使用，具体数值要在调研后根据实际情况填写）

表5－6　　　　　××领域利益冲突逻辑构成要件影响因素分析表

	很少的	可能的	很可能的	频繁的
岗位的重要程度（J_i）				
制度的完善程度（S_i）				
个人职务（P_i）影响				
职称（T_i）影响				
兼职（PT_i）情况				
冲突资产（A_i）				
社会关系（SR_i）				
个人道德观念（M_i）				

表 5—7 **高等院校利益冲突风险过滤以及排序矩阵**

领域 ＼ 可能性	很少的	可能的	很可能的	频繁的
招生录取	S_i；A_i	J_i T_i	P_i；PT_i；M_i	SR_i
学生管理	S_i	P_i PT_i	$T_i J_i$；SR_i M_i	
图书采购	T_i	S_i；SR_i	A_i；M_i；P_i；PT_i	J_i
物资采购	S_i	P_i	A_i；M_i；PT_i；J_i	SR_i
基础建设	S_i	P_i	A_i；M_i；PT_i	J_i；SR_i
干部任用	S_i；A_i	PT_i T_i	P_i；M_i SR_i	
人事聘任	T_i；PT_i	S_i；A_i	P_i；SR_i M_i	
经费使用	A_i	J_i；S_i；T_i	P_i；PT_i；M_i；SR_i	
财务管理	T_i	J_i；S_i	P_i；PT_i；M_i；SR_i	
科研项目审批	A_i	M_i；S_i	P_i；PT_i；T_i	SR_i

二 高等院校利益冲突风险评级

高等院校利益冲突风险的后果就是对高等院校的公共利益造成干扰和侵害，根据第四章高等院校利益冲突中要保护的公共利益分析，制定高等院校利益冲突风险后果评级表。其中，A 代表重大影响，B 代表严重影响，C 代表中度影响，D 代表轻度影响，E 代表无影响。

表 5-8 **高等院校利益冲突风险后果严重程度分级表**

指标	后果	分级
高等院校资产与财务损失	较小（或数量指标）	E
	轻微（或数量指标）	D
	中等（或数量指标）	C
	重大（或数量指标）	B
	极大（或数量指标）	A

续表

指标	后果	分级
高等院校功能运行	不受影响	E
	有较少影响，但问题能立刻被控制	D
	有较大影响，问题需要借助外部力量才能控制	C
	高等院校失去教学或科研能力，问题失去控制	B
	高等院校教学或科研出现重大失误，情况失控，造成致命影响	A
高等院校学风	不受影响	E
	对教师和学生有较小影响，但能够通过工作控制和改正	D
	对教师和学生有较大影响，需要借助学校各方力量才能控制	C
	高等院校教学秩序混乱，失去控制	B
	高等院校教学出现重大事故，造成极大负面影响	A
高等院校声誉	负面消息在高等院校内部流传，高等院校声誉未受影响	E
	负面消息在当地局部流传，对高等院校造成轻微影响	D
	负面消息在区域内流传，对高等院校声誉造成中等损害	C
	负面消息在教育行业内流传，对高等院校声誉造成重大损害	B
	负面消息在全国各地流传，对高等院校声誉造成极大影响	A

表 5 - 9　　　　　高等院校利益冲突风险等级划分

等级	名称	描述
H	高风险（High）	最高等级的风险，需要立即采取措施控制
S	严重风险（Significant）	需要高级管理层注意并处理
M	中等风险（Moderate）	必须规定管理责任
L	低风险（Low）	可通过例行程序来处理

表 5 – 10　　　　　　　　高等院校利益冲突风险矩阵

可能性后果	不太可能的	很少的	偶然的	很可能的	频繁的
A 重大影响	S	S	H	H	H
B 严重影响	M	S	S	H	H
C 中度影响	L	M	S	H	H
D 轻度影响	L	L	M	S	H
E 无影响	L	L	M	M	S

第六章

高等院校利益冲突风险的管理

根据以上对高等院校利益冲突风险过滤及评级的结果，就可以进入风险管理阶段，即针对高等院校对利益冲突能做些什么、有什么可行的选择。美国高等院校在利益冲突风险管理中已经有较为成熟的经验，他山之石可以攻玉，我国可以借鉴这些经验建立和完善高等院校的利益冲突风险管理工作，还可以根据具体国情进行管理方面的创新。

第一节　美国高等院校利益冲突风险管理经验与借鉴

美国大约有 3600 所高等院校，这些高等院校既是培养高等人才的摇篮，也是科学研究的场所。随着高等院校从精英教育转向大众教育，科研活动从个人兴趣转向职业研究，高等院校中的利益冲突日渐显露。美国高等院校在世界教育领域影响较大，其科学研究也在世界科技领域占有明显优势，这是经过长期发展完善的结果。因此，总结借鉴美国高等院校利益冲突风险管理的经验，有助于完善和提高我国高等院校防止利益冲突制度的建设水平。

一　美国高等院校利益冲突风险管理概况

美国高等院校利益冲突管理最早源于对科学研究中不规范行为的关注。1974 年，美国发生了萨默林科学欺骗案，也称作"斯隆—凯特林事件"，案中主角萨默林在强烈的虚荣心和发表论文的巨大压力下，谎称研究出了异体皮肤移植技术，并发表高层次论文引起社会关注，但因为同行研究者无法重复，其实验而最终被揭案。该案不但在科学研究领域引起了强烈震动，也使公众社会一片哗然。紧接着 1980 年又发生了阿尔萨巴提（E. Alsabti）案和索曼（V. Soman）案，1984 年发生了"摩尔细胞案"，这些不遵守科研规范的欺骗事件最终促使美国国会作出规定，即凡接受科研基金资助的研究机构，都必须建立科研伦理评价委员会。[①] 美国知名大学如哈佛大学、耶鲁大学、斯坦福大学纷纷制定了有关科研伦理的规定，这其中最核心的规定就是关于利益冲突的管理。

美国高等院校基本上都有关于教职人员责任冲突和利益冲突的政策规定，但由于没有强制性的法律根据，仍有部分高等院校和科研机构尚未制定相关的政策。在已制定利益冲突政策的高等院校中，其政策内容也有较大的差异性。梅尔德博士（Mildred K. Cho，PhD）的研究团队曾在 2000 年初，对美国高等院校有关利益冲突政策规定情况做过实证调查研究。他们选取 1998 年 8 月至 2000 年 2 月从美国国立卫生研究院（NIH）和美国科学基金会（NSF）获得资助的 100 所高等院校和研究机构为调查对象，对美国高等院校利益冲突政策的内容进行了分析，结果表明美国高等院校和科研机构间的利益冲突政策千差万别。根据梅尔德博士的统计分析可知，美国绝大部分高等院校（占调查样本中 92%）都已经具有成文的利益冲突风险管理政策规范，这符合联邦法律规定。其中 70% 的高等院校利益冲突政策都涵盖了联邦法规规定的冲突情境，这表明联邦法规的影响已经远远超过了资助研究的影响。另有 8 所机构没有对调查问卷作出回应，因此并不清楚到底它们有没有制定利益冲突政策。

根据调查发现，美国高等院校利益冲突政策在利益冲突信息披露主体上，有 55% 即 49 所（以下用 n = 49 形式表示）大学或机构要求所有教职人员披露利益冲突信息，而 45%（n = 40）只要求主持项目研究者披露利益信息，88%（n = 78）的大学政策都要求披露直系家庭成员的利益信息。19%（n = 17）的大学或机构的政策对教职人员与赞助商在研究中的经济利益进行了明确的限制，而 12%（n = 11）的大学或机构的政策则对

---

① 王蒲生：《科学活动中的行为规范》，内蒙古人民出版社 2006 年版，第 85 页。

允许延长公布作了明确规定，4%（n＝4）大学或机构政策明确禁止学生参加与导师有经济利益赞助公司的工作。[①]

在披露的具体内容上，70%（n＝62）的大学政策要求披露其成员在教学、研究和同行评议等学术活动中的利益冲突信息，27%（n＝24）的大学只要求披露在科学研究和工业赞助研究中的利益冲突信息，仅有2所机构政策要求成员披露全部经济利益。大部分美国高等院校政策都规定了教职人员应当向研究机构披露或公开学术活动和财务利益的范围，有19%（n＝17）的大学政策明确规定了教职人员应当被禁止或限制的学术活动或财务利益。这些被禁止的活动并不针对学术或教学活动，但和专业人员的外部活动（如咨询），或代表大学进行的非学术活动（如购买设备或谈判协议）有关。禁止的活动包括过度咨询、利用大学设施或名义咨询、在外部公司就业、为了个人利益使用机密信息、个人从与大学有业务的公司接受礼物、参加与个人有经济利益的公司和学校业务谈判等。梅尔德博士等人特地搜索了关于限制和禁止教学研究活动的政策，发现只有19%的大学有明确规定，而且通常是限制或禁止教员参加与他有经济利益公司赞助的研究。其他的限制或禁止活动包括学生在导师有经济利益的赞助公司工作和被公司聘为有偿顾问，教师成员接受公司董事会赞助研究和礼物。其余的81%的大学政策没有提出禁止此类活动。另外，有32所大学政策还指出了不属于利益冲突范围，明确允许的外部学术活动或财务利益形式，包括：在与专业责任无关的学术组织担任有偿或无偿领导职务或其他类似职务；接受版税、酬金和因学术活动所得的奖励；从私人组织和非营利组织所得的机构限制范围内的咨询服务费；在社会或专业同行评审组任职；为司法、立法机关提供专业证词。[②]

在信息披露、审查和管理的程序上，这些利益冲突管理政策各不相同，对利益冲突风险处理要求的严格程度也不同。常见的利益冲突信息披露、审查和管理的程序是：先向研究机构披露利益冲突信息，进而向公众

---

① Mildred K. Cho, PhD; Ryo Shohara; Anna Schissel, MBioethics; Drummond Rennie, *Policies on Faculty Conflicts of Interest at US Universities*, The Journal of American Medical Association, 2000; 284（17）: 2203 − 2208. http://jama.jamanetwork.com/article.aspx? articleid ＝ 193229 # Abstract.

② Ibid. .

公开利益冲突信息，由机构指定的办公室或第三方对涉及利益冲突的研究或学术活动进行审查，允许或剥夺经济利益或禁止相关的经济活动。如果涉嫌严重利益冲突情况，会委任其他研究者替换有利益冲突的原项目负责人，甚至要求有严重利益冲突的教职人员离开大学或机构等。在被调查的高等院校中，只有38%的高等院校建立了专门的利益冲突风险管理委员会，很多这样的委员会要求学校的院系层次教职人员参与其中，这表明很多研究机构都感到有必要发展更加精细的基层利益冲突管理规范。

在对利益冲突战略管理上，大多数美国高等院校利益冲突政策并没有限制或禁止特定类型的活动，但很多机构列出了需要披露和审查的学术活动类型和方法，以尽可能减少利益冲突活动。只有不到20%的高等院校在它们的书面政策中明确限制和禁止教职人员的某些学术活动，其他一些高等院校在实践中也有类似的限制行为，但没有明文规定。超过50%的高等院校政策都建议，通过向公众公开教职人员的财务信息来监督、监控科研活动，从而达到减少利益冲突或剥离利益冲突的目的。

在利益冲突处理方面，53%（n=47）的大学政策特意规定了教职人员如果对于利益冲突判决不服进行申诉的程序，70%（n=62）政策规定了对于不遵守利益冲突政策的惩罚机制。有38%（n=33）的大学和机构成立了专门的利益冲突风险评估委员会，职责是评估利益冲突的严重程度并进行相应管理。

另外，梅德尔博士注意到，尽管美国高等院校关于医学研究的利益冲突政策很少区分临床研究和非临床研究，考虑到临床研究的特殊性，他认为还是要制定详细的关于临床研究方面的特定利益冲突政策。因为有证据表明，财务利益可能会影响某些临床研究的质量和结果。我们有道德义务去保护人体实验者的健康和福祉。因此，对临床研究，高等院校利益冲突政策应鼓励向病人和公众披露利益信息并对研究人员财物利益进行更多限制是很有必要的。

以上表明，美国大部分高等院校都建立了利益冲突风险管理规范，有些高等院校建立了相对健全的披露、审查、处理和申诉机制，而且成立了专门的审查委员会来管理利益冲突，而有些高等院校虽然制定了利益冲突政策，却只停留在一般的规范层面上，没有制定详尽的管理层面上的操作程序，没有建立处理利益冲突的专门委员会。而且对于利益冲突的界定，即哪些经济利益和院外活动属于利益冲突范围，哪些不属于利益冲突范围，各个高等院校之间也有不同的规定。这些差异和变化可能导致潜在工业合作或竞争伙伴间的不必要混乱，企业赞助可能会侵蚀大学学术标准。因此，制定广泛协商、具体、明确和可操作的利益冲突政策是美国高等院校长远利益的要求。但是，对于一些基本的利益冲突，比如一定数额以上的经济利益冲突、院外活动冲突以及教师责任冲突等，所有美国高等院校规定基本都是一致的。

二　美国高等院校利益冲突管理的内容

尽管在具体管理细节上有诸多差异，但美国高等院校利益冲突政策在联邦法规的指导下还是有根本一致性的。本书以斯坦福大学、华盛顿大学和西北大学利益冲突政策文本为依据，梳理一下美国高等院校利益冲突管理的主要内容。

（一）政策出台时间

从利益冲突政策出台时间上看，斯坦福大学早在 1975 年就针对教职人员从事校外咨询可能产生的冲突制定了《关于学术性教职人员的责任冲突与利益冲突的政策》。此后，在利益冲突主体上又扩展到全体教职人员，于 1994 年 4 月批准运行《关于教职人员的责任冲突与利益冲突的政策》。[1] 现在斯坦福大学关于利益冲突政策更加细化为三大方面，即《关于斯坦福大学医学院与工业事物的指导政策》、《关于临床护理的利益冲突》和《包括教师概要及行业关系的学术团体概要（CAP）》。[2] 乔治·华盛顿大学则在 1998 年 2 月 13 日由华盛顿大学董事会批准运行《关于教职人员和研究者的责任冲突与利益冲突的政策》，2012 年 8 月 24 日进行了

---

[1]　彭熠：《美国大学教职人员责任冲突与利益冲突的政策分析》，《大学教育科学》2008 年第 4 期。

[2]　Stanford University. *Conflicts of Interest*. https：//doresearch. stanford. edu/research-scholarship/conflicts-interest 2014/6/27.

最新的修订工作，预计下次修订工作在 2015 年 3 月 31 日。[①] 西北大学则在 2012 年 8 月 24 日出台了《关于利益冲突和责任冲突的政策》。[②] 可以看出，不同的高等院校有关利益冲突政策出台时间存在很大差异。

（二）政策目的与原则

从利益冲突管理的目的与原则上看，无论是斯坦福大学、华盛顿大学，还是西北大学，都无一例外地强调该项政策目的是帮助教职人员了解并确定利益冲突和责任冲突发生的情况，并为大学和个人提供管理利益冲突的可能方式，以促进学生和其他教职人员的工作利益最大化。政策用较高的道德和法律标准要求教职人员，描述禁止行为的情况，以此来保护高等院校的公共利益、声誉和法律义务。可见，该项政策的目的主要是教育和告知教职人员关于利益冲突情形，并预防利益冲突实际发生及其产生的严重后果。因此，这些学校都要求教职人员要熟悉并遵守该项政策的所有条款，一旦出现任何可能导致责任冲突或利益冲突的情况，必须及时与单位主管或院系主任、院长或科研处长、副校长等进行沟通汇报。

华盛顿大学规定了利益冲突政策的基本原则，认为教职人员的基本义务是贡献他们的时间、思想和精力为大学服务，基本责任是发展自身能力及专业素质以达到专业学科目标要求。大学的义务是应该对教职人员的利益冲突保持敏感性，应保持教师和研究人员在研究课题和学术上的独立性，以使教师和研究人员能充分保证他们的学术时间和成果。

华盛顿大学的政策中表述了教职人员参与外部活动的优点和对外部活动时间的一般限制。该政策认为院外活动符合满足高等院校和工业及政府的需要和利益要求。因为工业及政府需要依赖高等院校提供的高新科技及建议，而这种参与实践的活动也给高等院校教职人员提供了应用知识和展

---

① The George Washington University . *Policy on Conflicts of Interest and Commitment for Faculty and Investigators*. http：//my. gwu. edu/files/policies/ConflictofInterestandcommitment. pdf 2014/6/27.

② Northwestern University. *Policy on Conflict of Interest and Conflict of Commitment.* http：//www. northwestern. edu/coi/policy/core_ coi_ policy. pdf 2014/6/27.

现才能的机会，他们通过更多的专业经历提高了自身的专业素质能力和高等院校的学术声誉，能更好地服务于社会公众。但院外活动时间要遵循"一周一日"制度，即教职人员花费在外面咨询或其他专业活动的时间相当于每个学年期间平均一周在外面活动一天。教职人员必须承诺遵守规定以不干扰其对大学应负有的责任和义务。

通常情况下，教职人员参与政府、工业和专业研究机构的交流活动，应与大学及教职人员的学术利益相一致。当教职人员的私人利益和专业服务与大学之间存在分歧时，就可能发生利益冲突。因为利益冲突在性质和程度上都有所不同，任何机构的目标都不可能消除所有的利益冲突，而是确立一个边界或阈值，在边界内或阈值内的利益冲突可以容忍存在，而超出边界或阈值的利益冲突则要建立适当的管理机制。但是，精确的边界或阈值往往难以界定，因此要建立基于公平和信任的、灵活的、非公式化的政策。公平是要有足够先进的政策为教职人员提供明确一致的指导，有足够的灵活性以适应学科的多样化和独特性。信任是适当的披露和讨论。因此，利益冲突政策有两个基本要素：（1）建立适当的教职人员利益冲突信息披露机制，披露那些实际的、潜在的和明显的利益冲突，来确保教职工个人利益和高等院校的利益。为公平起见，每个教职人员都需要进行报告。（2）每个学院都要遵循这个政策并依法管理教职人员的年度利益冲突信息披露、审查和争议处理程序。

（三）教职人员需要披露的利益冲突情况

从教职人员需要披露的利益冲突情况来看，三所大学都认为，当教职人员为了个人利益而对大学的职责与利益产生干扰和侵害时，就存在利益冲突情况，下列行为或活动的存在，可能会发生利益冲突：

（1）从大学基金或资源中不当获取个人利益。

（2）为了专业、慈善或社区活动（或非大学目的活动）而过度或未经授权使用大学时间或资源。

（3）利用学生谋取个人利益。

（4）由于个人财务方面的考虑而不顾及大学利益的优先性。

（5）不公正的参与大学以外的项目、服务、信息或技术活动。

（6）选择一个有亲属或个人经济利益的实体作为大学赞助商、供应商、承包商或分包商。①

（四）教职人员需要披露的利益范围

在以上可能引发利益冲突与责任冲突的情境中，有两个核心要素，其一是能影响公共职责的教职人员私人经济利益；其二是教职人员的院外活动。因此，美国高等院校对教职人员需要披露的利益范围主要界定在"重要经济利益"（Significant Financial Interests）和"外部学术活动"（Outside Professional Activities）两大方面。

华盛顿大学对"重要经济利益"作了明确界定：（1）教职人员或其直系亲属单独或共同持有外部实体的任何股票、股票期权或类似所有权，其价值达到 10000 美元或者外部实体总利益价值的 5%；（2）教职人员或其直系亲属单独或共同的补偿收入，无论其形式是费用、津贴、动产或个人房产、股息、来源于技术或其他产品程序的收入、资本所得、租金或其他形式的任何补偿及其组合，只要在过去或未来 12 个月内预计超过10000 美元的所有类型的收入；（3）教职人员或其直系亲属在为外部实体提供的服务中是首席研究者或拥有管理地位。需要说明的是，"重要经济利益"中不包括（1）工资、版税或其他从就职大学领取的报酬；（2）从公共或非营利机构获得的教学活动、讲座研讨所得；（3）从调查小组、公共的或非营利机构所得服务费。② 涉及以上三种情况，教职人员需要进行利益信息披露。其他两所大学也有类似规定，而且其阈值都规定为10000 美元或外部实体总利益的 5%。

"外部学术活动"是大学教职人员在其大学职责以外参与的有偿或无偿外部专业活动和志愿者活动。这里涉及责任冲突，也涉及利益冲突。责任冲突涉及时间分配问题，人的精力都是有限的，为了避免教职人员过多外部学术活动影响并削弱其在校内所担负的教学、科研责任，高等院校会

---

① Stanford University. *Policy and Guidelines for Interactions between the Stanford University School of Medicine, the Stanford Hospital and Clinics, and Lucile Packard Children's Hospital with the Pharmaceutical, Biotech, Medical Device, and Hospital and Research Equipment and Supplies Industries.* http://med. stanford. edu/coi/siip/policy. html.

② The George Washington University. *Policy on Conflicts of Interest and Commitment for Faculty and Investigators.* http://my. gwu. edu/files/policies/ConflictofInterestandcommitment. pdf 2014/6/27.

明确规定其外部学术活动的时间限制。华盛顿大学规定"一周一日"制度，斯坦福大学则是每学季不超过 13 天；西北大学没有确切时间，但其外部活动需要得到部门负责人同意，确认不影响其正常职责情况方能被批准。"外部学术活动"涉及的利益冲突，主要是外部实体赞助或在外部实体任职及取酬的情况。外部学术活动引发的利益冲突主要来源于高等院校服务社会的功能。提供咨询和促使科研成果产业化是实现服务社会的两大途径。教职人员通过提供这些商业性服务而获得咨询费和专利权是他们的正当权利，但如果将其在高等院校工作期间的活动完全作为个人经济获利的方式则是错误的。这样不当的行为会影响教师职业的公正性和诚信，也会影响大学的声誉及其诚信。因此，为了避免教职人员不当利用高等院校的资源、技术、名义或相关项目谋取个人利益，大学都会作出相应的规定：（1）不能将学校的资源，包括人力（包括导师指导的学生）、物资设备或机密资料（纯粹的偶发事件除外）用于校外咨询工作或服务于其他任何与校内教学、科研、学术和公共服务无关的工作目的；（2）不能将高等院校的规划、资源、信息或技术访问权授予外部实体用于与大学目标无关的活动；（3）对于所有在大学任职期间或非偶然性地多次使用大学资源所研发的专利项目和发明创造，必须及时向校方报告，无论其资金来源是什么，该专利或发明创造的所有权应归该高等院校，发明者可分享其专利权税；（4）当校外实体与高等院校之间涉及礼物、赞助项目、技术许可计划、特别采购等项目时，当教职人员接受校方安排从事与此相关的工作之前，必须告知学校其（或其直系亲属）是否与校外实体之间有咨询或聘用关系，是否有"重大经济利益"关系。如果有，必须得到高等院校或院系领导批准方可参与这些项目。需要说明的是，"礼物"中不包括谢礼，比如参与公共或非营利机构组织的研讨会、教学活动等收到的礼物，为公共或非营利机构评议小组提供顾问服务所得的礼物。另外，没有高等院校或院系领导批准，教职人员不得参与任何私人创收活动。

（五）高等院校管理利益冲突的程序和措施

美国高等院校利益冲突管理包括利益冲突信息披露、利益冲突审查与评估、利益冲突处理和申诉等环节，具体如下。

第一，利益冲突信息披露。

美国高等院校首先会要求教职人员按照本校的利益冲突规定披露相应的重大利益冲突信息和校外学术活动。为了帮助可能存在利益冲突的教职人员能够快速、准确地确定自己是否具有利益冲突事实，一些高等院校比如华盛顿大学制作了详细的问卷表格，教职人员只需要按照所提示的问题，对照自己的实际情况回答"Yes"或"No"，并在表格里留出来回答"Yes"时详细说明的空白表格。填写表格时要"就你所知"来填写，这里"就你所知"意味着在个人实际知识基础或基于合理预期的信息或个人财产之上，它不意味着个人有责任发现自己并不知道的事实或并不知道的信息或财产。这些问卷包含大约十几道问题，如"（1）你或直系亲属是否在当前赞助商、分包商、供应商或合作商（包括华盛顿大学赞助的项目）中有重要经济利益？（2）你是否与外部实体有实际的技术许可或商业化安排？而且这些安排可能相当影响你在华盛顿大学的职责使命？（3）你或直系亲属是否在商业实体中就任执行董事、长官或唯一所有者、合作者、雇员、顾问？……"

为了让教职人员放心并诚实回答问题，华盛顿大学在调查问卷的开头写道："利益冲突政策要求每位教职人员每年都要填写此表。该政策的目的是帮助教职人员和高等院校识别实际的、潜在的和明显的利益冲突，从而遵守联邦政府法规。因为华盛顿大学事务复杂，对教职人员来说肯定地回答每一个问题不是容易的事情。但无论如何，一个肯定的回答意味着利益冲突的存在，它不可能不被管理。请您放心回答这些问题，问卷将在保密的基础上提交并严格保密，如果需要进一步说明，请及时关注利益冲突管理办公室信息。"[①]

为了让教职人员明确辨识利益冲突情况，有些研究机构甚至组织案例式的教学方法，以定期召开讨论会的形式，选取典型的利益冲突案例陈述其过程和科学活动中的行为规范处理结果，并加以评论。可以说，美国高等院校在利益冲突信息披露环节做足了功课，也足以说明利益冲突信息披露在整个利益冲突管理流程中的基础地位与作用。

---

① The George Washington University. *Policy on Conflicts of Interest and Commitment for Faculty and Investigators.* http：//my. gwu. edu/files/policies/ConflictofInterestandcommitment. pdf 2014/6/27.

第二，利益冲突审查与评估。

在利益冲突信息披露基础上，管理进入利益冲突审查环节。华盛顿大学在其政策中特别对审查程序目的作了解释："审查的目的不是阻碍教职人员或者没有实际利益冲突的外部学术活动。相反，审查程序可以让教师不用担心日后的质疑，审查会给大学提供教职人员参与外部活动的准确信息，可以使教职人员公平参与到所有涉及的事务中。"① 西北大学成立了利益冲突委员会，由委员会负责审查教职人员提交的问卷，评估其利益冲突风险，进而作出进一步的处理。而有的大学没有成立专门审查委员会，而是由院系负责人或指定审查人员进行初步审查并提出处理建议，审查人员应至少包括 5 名教职人员代表。系主任将自己的年度报告和教职人员报告审查情况提交给院长。院长本人的年度利益冲突信息披露报告和证明其行为符合学校政策的证明信，以及教职人员报告审查情况，要一起提交给科研处处长进行审查处理，最终由大学的教务长和科研处长对利益冲突情况进行批准处理。各学院院长负责制订本政策的具体实施计划，科研处处长负责核准实施计划，受理教职人员对院长所作决定提出的申诉请求，并向委员会提交有关本政策实施情况的年度报告。

除了政策中规定的经济利益阈值，一些外部学术活动比较难以判断利益冲突对教职人员的影响。一般来说，西方对利益冲突风险评估有两种方法。其一，把所有可能的利益冲突情形硬性地归入不同轻重程度的类别中。在实际操作中，利益冲突严重性并无特别固定和精确的等级划分，也没有形成一致的标准，往往依赖于相关的伦理委员会成员的经验判断。一般将利益冲突划分为两到三个强弱等级，不同的等级有不同的处理方法。比如美国心脏学会（American Heart Association）将利益冲突分为两个等级。较强的利益冲突将会把项目申请转交给另外一个评议小组；如果利益冲突不算严重，那么发生利益冲突的同行评议组成员在评议该项目时离开房间即可。其二，遵循判例。对于每一宗利益冲突案件，委员会给出相应的处理方法，然后其档案就会被归档，以供后来者参考。以后再遇到类似的问题时，可以首先查阅从前类似的判例。判例对利益冲突的处理往往具

① The George Washington University . *Policy on Conflicts of Interest and Commitment for Faculty and Investigators*. http：//my. gwu. edu/files/policies/ConflictofInterestandcommitment. pdf 2014/6/27.

有决定力，这种方式也可以保证对于利益冲突处理的公正性和连贯性。比如加拿大自然科学与工程研究理事会（NSERC）的做法即是如此。NSERC 具有非常完备的判例数据库，而判例库也会随着时间推移而日趋完备和精密。[①] 但是华盛顿大学则在其政策文本中明确否定了"遵循判例"的方法，理由是不同的教职人员利益冲突需要不同的解决方式，以往的批准案例可能是基于当时独特环境做出来的。

第三，利益冲突处理。

对利益冲突的处理方式包括禁止、剥离、回避和限制，针对不同的利益冲突情况适用不同的措施。禁止主要是针对外部学术活动中由于教职人员受到礼品、优惠、金钱、服务、捐赠和私人交情等的影响而干扰其大学职责或客观的科学判断。比如斯坦福大学规定教职人员在每个学期都必须亲自到校积极有效履行其职责，禁止其他的专业活动减损其对斯坦福大学的职责。剥离就是把教职人员与其私人利益分离，使其无法直接控制自己的私人利益，这样他就不用关心自己原来那些私人利益了。一般有出售和秘密信托两种方式。回避是指教职人员履行高等院校职责时不得参与讨论、调查和处理与本人或其直系亲属有利益关系的事务。比如在同行评议时评议专家的回避。当项目管理机构认为同行评议专家的利益冲突将可能影响其公正判断时，会让同行评议专家回避该项目的评审。限制不是绝对禁止教职人员的利益行为，而是教职人员若要进行这些利益行为必须得到高等院校有关部门或领导的审查和批准。

NSF（National Science Foundation，美国国家科学基金会）要求高等院校报告他们无法管理的任何利益冲突，作为 NSF 资助计划过程的一部分，大学必须在资助之前证明其对实际的、潜在的和明显的利益冲突进行管理、减少直至消除。NSF 要求高等院校对利益冲突进行的具体管理如下：（1）公开披露重要经济利益；（2）由独立评审员监测研究；（3）修改研究计划；（4）取消参与全部或部分资助研究的资格；（5）剥离重要经济利益；（6）隔离、回避实际的、潜在的或明显的利益冲突关系。根据 NSF 要求，高等院校至少要保持三年的教职人员利益冲突披露信息和

---

① 王蒲生：《科学活动中的行为规范》，内蒙古人民出版社 2006 年版，第 100 页。

高等院校对利益冲突的处理记录。[①]

第四，申诉。

如果教职人员对院系主任或院长所作利益冲突处理决定不满意或认为有失公平，可以进行申诉。斯坦福大学、华盛顿大学和西北大学利益冲突政策中都详细描述了申诉的程序。斯坦福大学规定如果教职人员对院长或科研处处长所作的决定不满意，可以向副校长提出进一步申诉，而副校长则与顾问董事会进行协商讨论后再作决议。[②] 西北大学规定，如果教职人员不同意利益冲突处理结果，他（她）可以向利益冲突委员会提出书面上诉，委员会对所有上诉需要在 15 个工作日内给予回复。[③] 华盛顿大学则成立学校的利益冲突咨询委员会来处理申诉事务。其利益冲突政策规定利益冲突咨询委员会（除非经教务长或科研处长的授权可例外）一般都至少由五个学院选举产生的教职人员参与组成评审小组。委员会的功能是，需要时对书面形式或任何有争议的利益冲突事实进行听证，根据政策合理调整利益冲突行为，可建议这种行为允许进行或者确定限制条件。评审小组成员任期为三年。

三　美国高等院校利益冲突风险管理的经验启示

（一）以人为本的利益冲突管理价值导向

通过对美国三所高等院校利益冲突政策文本进行分析，结合利益冲突管理的内在逻辑，可以发现美国高等院校利益冲突管理具有以人为本的价值导向，有较完美的顶层设计和管理体制，有独立的管理机构和完善的流程，有浓厚的防止利益冲突社会文化氛围。

利益冲突本质上是一个伦理困境。伦理可以理解为人际事实如何地规范以及应当如何地规范。高等院校教职人员面临的利益冲突，是私人领域

[①] The George Washington University . *Policy on Conflicts of Interest and Commitment for Faculty and Investigators.* http：//my. gwu. edu/files/policies/ConflictofInterestandcommitment. pdf 2014/6/27.

[②] 彭熠：《美国大学教职人员责任冲突与利益冲突的政策分析》，《大学教育科学》2008 年第 4 期。

[③] Northwestern University. *Policy on Conflict of Interest and Conflict of Commitment.* http：//www. northwestern. edu/coi/policy/core_ coi_ policy. pdf 2014/6/27.

的伦理与其专业领域伦理之间的冲突。从每一种伦理情境来看，都是符合人性需要的，也是正当的。比如在不违反国家法律法规前提下，教职人员有追求自身正当利益的权利，有为家人和亲属谋取利益的人伦需求。在专业领域，教职人员有遵从专业规范的义务。如果没有合理的利益冲突规范指导行为，利益冲突主体会陷入两难困境，无论对人性还是对制度，都是一种挑战。选择为专业或公共利益而牺牲个人利益，看来很高尚，实际上有某种泯灭人性的嫌疑，也许会让当事人陷入某种心理困境从而导致病态心理。如果选择私人利益而牺牲专业或公共利益，后果则更加严重。

从美国高等院校利益冲突管理的政策文本可以看出，其管理制度设计充分考虑人性的需求，体现了对人性的尊重。大多院校在其政策文本中都特别强调其政策目的不是为了给教师的经济利益和校外学术活动设置障碍，也不是要完全消除利益冲突，而是为了帮助教职人员了解并确定利益冲突和责任冲突发生的情况，并为大学和个人提供管理利益冲突的可能方式，以促进学生和其他教职人员工作的利益最大化。而且在教师填写利益冲突信息披露问卷表格时，还会特别提醒教职人员会对信息进行保密，不会随意公开，以此来打消教职员工的顾虑。

相比之下，我国高等院校对教师职业定位要求很高，教师这一行业被比喻成"太阳底下最光辉的职业"，教师本人应做到"春蚕到死丝方尽，蜡炬成灰泪始干"。教师被架到道德的高温火炉上烧烤，完全抹去了个人利益和需求存在的道德空间。似乎一个人一旦成为教师，就没有了普通人的一切需求。以致小学生看到教师去厕所就大为惊讶：老师也上厕所？这种高标准的要求在物质匮乏和封闭的环境中没有问题，但改革开放和市场经济的运行打破了以往的环境。高等院校的教师面临着社会上的各种诱惑和自身各种需求的推动，如果没有适当的利益冲突管理规范，教师要么就成为维护公共利益、牺牲个人利益的"圣人"，要么就成为谋取私利的"小人"，而没有作为"正常人"的空间和余地。

（二）较完善的顶层设计及三级管理体制

美国经过多年的发展，已经形成了完善的"以防止利益冲突为中心"的公共行政伦理规范体系。美国公共行政伦理的核心价值是："公正无私、依法行事、廉洁诚实、公开透明、效率性、平等、保守秘密、防止利益冲突、慎用国家资源。"① 早在 1978 年，美国国会就通过了《政府伦理法》，明确规定了如何避免受聘前的利益冲突行为，并建立独立检察官等机构督察法律执行。1989 年，美国国会通过了《美国政府伦理改革法》，把《政府伦理法》的适用范围扩大到行政、立法和司法三大机构工作人员，并规定了更为严格的伦理标准。1989 年和 1990 年，时任总统布什又两次签署行政命令，颁布《美国政府官员及雇员的行政伦理行为准则》。1992 年，美国政府颁布了由政府伦理办公室制定的内容更为详细、操作性更强的《美国行政部门工作人员伦理行为准则》。② 同时，美国行政部门、司法部门和立法部门在具体法律指导下设立了多个机构分别负责不同的伦理事务（见表 6-1），它们在负责本系统的伦理管理事务的同时，形成了一个协调机制，积极配合其他部门开展工作。具体机构之间若产生分歧，可求助于国会或总统解决。

表 6-1　　　　美国管理和防止利益冲突的机构及其管理事项

管理事项	负责机构
行政部门雇员的伦理行为准则；处理公开或秘密的财产申报；伦理培训；限制公务外的兼职行为；处理公职人员的特定经济利益；限制后就业	政府伦理署
防止利益冲突法律	政府伦理署；司法部法律顾问办公室
郝奇法案；举报人保护法案	特别法律顾问办公室；人事管理局
禁止政治捐款行为	司法部；美国独立检察官办公室
政府拨款法	总会计署；财务总管；总管理局
伦理审计报告	总会计署；政府伦理署
控告违反防止利益冲突法的行为	司法部公共廉洁处；美国独立检察官办公室
禁止有损公共利益的政府财产交易行为	人事管理局；总务管理局
管理一般人事事务和联邦人员雇佣事务；处理任人唯亲、裙带关系	人事管理局

① OECD. *Trust in Government*: *Ethics Measures in OECD Countries*，OECD，2000，p. 33.

② 钟监研：《美国：加强伦理规范建设　防止利益冲突》，《中国纪检监察报》2010 年 5 月25 日。

续表

管理事项	负责机构
政府工作人员培训法案	人事管理局；政府伦理署
监督公职人员使用国有资产和设备，如电话、扫描仪、公车等；管理官方旅行	总务管理局；政府伦理署
政府采购工作的廉洁要求	行政和预算办公室；联邦政府采购政策办公室；联邦采购管理委员会；国防部；国家宇航局；政府伦理署
禁止游说政府合同、拨款、贷款等	行政和预算办公室；众议院秘书处；参议院秘书处
禁止游说政府基金	司法部公共廉洁处
处理纪律处分的申斥	保护考绩制度委员会
处理贪污行为、浪费行为、管理不善及滥用权力行为	机构监察长
处罚兼职行为及相关收入	司法部公务处和犯罪处；美国独立检察官办公室
管理公职人员接受外国政府的礼物和纪念品	国务院外交礼仪办公室；总务管理局
协同推进政府的廉政建设和效能建设，避免公职人员的贪污行为、浪费行为及在联邦事务中滥用权力	总统廉洁与效能委员会；行政部门廉洁与效能委员会

资料来源：OGE：U. S. Government Entities with Ethics-Related Authority. 转引自庄德水《防止利益冲突与廉政建设研究》，西苑出版社 2010 年版，第 189 页。

美国高等院校利益冲突政策是在这些法律法规指导下制定的，每所高等院校的利益冲突政策中必须包含联邦法规规定的内容，只允许比联邦法规规定的内容更多更详细，不允许比联邦法规更少。

美国对于高等院校利益冲突的管理可以分为三个层次：第一层是联邦级别（Federal Level）；第二层是州级别（State Level）；第三层是各个具体研究机构级别（Institutional Level）。其中，联邦级别通过联邦法案和公共卫生署（Public Health Service，PHS）政策的形式进行规范，州级别通过非营利组织立法的形式进行规范，而各个研究机构制定适应本机构情况的利益冲突准则。①

联邦级别的管理机构是"政府伦理署"、"美国公共卫生署"、"美国国家科学基金会"、"食品药品管理局"。政府伦理署根据《政府伦理法》在 1979 年成立。1989 年进行机构改革，成为一个直接向总统、国会和政务院负责的独立机构。该署内设主任办公室，负责整个行政机构的伦理指导、回应社会公众调查要求和制定行为规范；设总律师办公室，负责完善行政伦理方面的法律法规并解释防止利益冲突法律条文；设监督和服从办公室，负责审核各行政机构的伦理事项、评估财务公开报告和监督公职人员执行情况、审核总统提名人是否有经济方面的利益冲突；设教育办公室，负责行政伦理培训和制作伦理指导手册；设行政管理办公室，负责政府伦理署的日常运作和提供信息、技术和人力支持。政府伦理署事实上已成为美国政府管理和防止利益冲突的核心力量。②

美国公共卫生署是联邦政府下属的行政部门，该署制定了一个行政法规，规范研究基金和合作研发（主要是针对健康、医药和人类研究而言）中的利益冲突行为。它将高等院校或科研机构必须制定利益冲突政策作为接受联邦科研资助的必要条件。所有接受联邦科研资助的研究机构需要实施全面的防范措施，防止其教职人员、研究人员以及管理层利用其职务之便谋求私人利益。

"美国国家科学基金会"（NSF）成立于 1950 年，是美国联邦的一个独立机构。它要求申请 NSF 资助的高等院校或研究机构的教职人员、科研人员必须提交可能影响资助研究设计或行为的利益冲突报告。大学必须对这些利益冲突进行管理，这是 NSF 资助的前提条件。大学必须在资助之前对实际的、潜在的或明显的利益冲突进行管理，将信息披露、减少和祛除利益冲突情况报告给 NSF。

对于第三层次的高等院校和具体科研机构而言，因各个机构性质和职能不同，有关利益冲突政策的内容及详略程度也有很大差异。正如前文所述，如高等院校的利益冲突规定内容与医学研究机构规定的内容就有所不

---

① Witt M. D. et al. *Conflict of interest dilemma in biomedical research. Journal of American Association*, 1994, 271 (7): 547.

② 庄德水:《防止利益冲突与廉政建设研究》，西苑出版社 2010 年版，第 190 页。

同。比如美国心脏学会在有关同行评议中利益冲突规定的主要内容如下："美国心脏学会（American Heart Association，AHA）将同行评议中的利益冲突的关系界定为四种：（1）购买与出售、出租与租借等，任何财产或不动产的关系；（2）对私或对公的雇佣与服务关系；（3）授予任何许可、合同以及转包合同关系；（4）投资或者储蓄关系。"[1]

对于每种类型的利益冲突怎样处理，均有非常详细的指导。

第一，若出现如下利益冲突境况，申请必须转交给另外一个被认可的同行评议小组：（1）主要研究者或合作研究者是同行评议委员会成员；（2）评议委员会成员与申请者是赞助关系；（3）评议委员会成员现在是或曾经是初步入选申请者的导师；（4）评议委员会成员是申请者的配偶，或之间有重要关系，或之间是直接的家庭成员关系。

第二，若出现如下利益冲突境况，在评议过程中，评议委员会成员必须离开房间：（1）评议委员会成员为申请者写过推荐信；（2）评议委员会成员在申请中被列为顾问之一；（3）最近3年内，评议委员会成员和申请者合作发表过文章；（4）评议委员会成员是申请者的系主任；（5）申请来自于评议委员会所在机构；（6）评议委员会成员与申请者曾经有过某种可能会影响到得分的关系，比如博士后与合作导师关系，某项目或某职位的竞争关系；（7）在过去12个月中，评议委员会成员曾经工作于该项目赞助机构。[2]

总之，美国高等院校利益冲突的管理有比较完善的法律法规顶层设计和具体的管理机制，保障了利益冲突管理的效果。与之相比，我国还缺乏一部顶层的《防止利益冲突法》作指导。同时，防止利益冲突、平衡公共利益和私人利益，必然会涉及教职人员的个人生活，甚至会涉及其隐私。高等院校选择在何种程度上干涉教职人员个人生活是一项重要的政策，这一政策必须有相关的法律支持。因为隐私权是由法律来界定的，而目前我国还没有出台专门的《隐私法》，有关隐私权的规定也只是散布在《宪法》、《刑法》和《未成年人保护法》等条款中，如果出现教职人员以侵犯个人隐私为由拒绝向高等院校提供可能发生利益冲突的情况，就会

---

[1] 王蒲生：《科学活动中的行为规范》，内蒙古人民出版社2006年版，第106页。

[2] 同上。

给防止利益冲突管理带来困难。

（三）独立的管理机构和完善的管理流程

美国高等院校对利益冲突管理，大多设有专门独立的管理机构或指定机构管理利益冲突。根据梅尔德博士 2000 年的研究，那时在其调研的 100 所高等院校和研究机构中，已经有 38% 的大学建立了专门的利益冲突管理委员会，具体审查利益冲突。[①] 而斯坦福大学、华盛顿大学和西北大学均设有利益冲突管理委员会和办公室管理利益冲突。

另外从高等院校制定的政策文本来看，从利益冲突信息披露的内容到形式，都作了非常详细的规定，并且都利用信息技术方便教职人员每年披露信息，定期更新自己的信息披露报告。并特别注意考虑教职人员的感受，给出安民告示。在利益冲突信息披露报告审查上也详细规定了管理流程，按照利益冲突的不同类型给予相应处理，甚至规定了教职人员如果觉得处理结果不满意，还可以向利益冲突管理委员会申诉。

独立的审查、监督利益冲突组织机构对建设完善的防止利益冲突制度至关重要。因为利益冲突中牵涉私人利益得失问题，教职人员尤其是一些高风险的人员可能会倾向于隐藏利益冲突信息。如果没有专门的审查和监督机构，防止利益冲突制度就有可能成为摆设。比如，湖北省财政厅对一所党政一把手双双"落马"的高等院校进行调研后发现，该校内部管理制度"要啥有啥"，招标采购程序"样样齐备"。这很让人感慨，"空有制度，没有监督，也是枉然"[②]。同时，如果没有独立的审查和监督机构，仅依靠教职人员的行政职责和职业道德是不能防止利益冲突的。一些高等院校领导干部不能自觉遵守防止利益冲突规定，党组织不能及时掌握利益冲突情况，是导致腐败案件发生的重要原因。由于缺乏监督管理，使一些领导干部没有重视利益冲突问题，防止利益冲突的宣传培训不到位，处理利益冲突问题不及时或失之宽松，甚至出现一些领导"带病提拔"，以致

① Mildred K. Cho, PhD; Ryo Shohara; Anna Schissel, MBioethics; Drummond Rennie, Policies on Faculty Conflicts of Interest at US Universities, *The Journal of American Medical Association*, 2000; 284 (17): 2203 - 2208.

② 刘炎迅、王婧、秋风:《百起高校"大兴土木"腐败案调查》(2009 - 10 - 21) [2012 - 06 - 19] . http: //www. fisen. com/h/2009 - 10/21/content_ 1261005_ 9. htm。

最后酿成腐败大案，对公共利益造成严重危害。

（四）社会中防止利益冲突文化氛围浓厚

文化是由社会确立的意义结构所组成的，对人的行为具有稳定和制约作用。美国社会是一个典型的移民社会，社会文化虽然多元，但是对公共领域与私人领域界分却有非常明确的共识。在美国，公民可以合法持有枪支，这是公民用来维护个人权利，对抗非法公共权力暴力的一个途径。虽然美国不断有校园枪击案发生，但是禁止公民合法持枪的国会提案却总是因为支持票数不够而搁浅。西方国家有句名言，在私人领域，"风能进，雨能进，国王不能进"。这反映民间对公共权力保持着警惕和距离，将公共领域和私人领域区别开来。加上美国人推崇独立自由，家庭成员之间的关系也比较独立自由，财产所有权非常明确，不太容易形成公私不分的融合局面。因此，在美国，通过一定的宣传手段，人们会很快接受防止利益冲突制度规定，并严格遵循其行为规范。由于其社会诚信体系比较完善，其利益冲突信息披露通常都真实可信。

而在我国历史文化传统中，存在着"家国同构"、"宗法一体"的观念，公共领域与私人领域的界分并不清晰。因此，无论是官员道德还是社会伦理道德指向，都缺乏防止利益冲突制度建设的文化支持。

首先，官员自身道德约束软化侵蚀公共文化。由于人是自然性、社会性和文化性三种属性的整合，其行为具有复杂性特征，加上利益冲突本身具有的潜在性和隐蔽性，许多利益冲突行为只有在官员行使职权时才会显现，这就要求官员必须具有较高的道德水准，自觉坚持客观公正地行使公共权力。目前，我国还没有制定专门的防止利益冲突法律，对利益冲突行为的规避要靠官员的自觉性和伦理道德的约束。由于受到市场经济的冲击，当代中国社会伦理道德呈现滑坡迹象，个别官员贪污受贿、"包二奶"等行为反映了其官德低下甚至沦丧。所有这些都对高等院校教职人员产生了较大的负面影响，使他们在面临利益冲突时更易从个人利益角度出发，倾向隐藏或瞒报个人资产或社会关系信息，从而对应承担的职责造成干扰或侵害。

其次，社会人情关系对教职人员的不良影响。中国文化传统是注重人情的社会，人情关系对个人的影响很深。即使到了现代化"陌生人"社会，其影响仍然很大，主要表现为办事的"潜规则"——熟人好办事。每个人都在寻找自己的人脉，编制关系网，教职人员也在其中。同时，由于个人社会关系网络的复杂多样化和高科技通信手段的运用，使某些私密关系难以被察觉，这也给防止利益冲突制度建设带来诸多困难。比如在高等院校招生考试、录取环节中，虽然有亲属回避制度，但现实中总有一些人投机钻营，找门路、拉关系、套近乎、行贿、受贿或者寻租。这些都给高等院校管理人员及教师带来了严峻的考验，也对防止利益冲突制度的建设形成了某种阻力。[①]

综上所述，我国应该借鉴美国高等院校利益冲突管理的经验，根据实际情况，吸取其管理手段的精华，剔除其意识形态的糟粕，建设完善我国高等院校的利益冲突制度。

第二节　完善我国高等院校利益冲突风险控制机制

风险控制是指所有避免、阻止、降低和减少风险和不确定性的策略、程序、工具或技术。利益冲突风险控制是实施利益冲突风险评估工作的最终目的，目前我国高等院校利益冲突风险控制机制在以下方面还需要不断完善。

在此阶段，分别对高等院校各领域风险来源进行过滤和评级，列出各领域的利益冲突风险矩阵，根据利益冲突风险等级（见表5－7和表5－10），采取相应的措施（见图6－1）。即高风险（H）应立即采取一切可能的行动控制情况发展，坚决阻止一切损害发生的可能性；严重风险（S）应重点关注，采取积极措施消除或者减少风险发生的因素和可能性；中等风险（M）应一般关注，加强日常基础制度建设，用严格的程序及加强管理责任降低风险发生的可能性；低风险（L）要严格常规检查，建立健全日常监督制度。

---

① 崔会敏、吴春华：《高等院校防止利益冲突制度建设的困境与对策》，《廉政文化研究》2012年第6期。

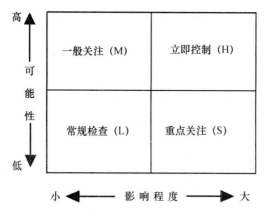

图 6 - 1　高等院校风险管理区域图

在确定了风险管理的相关策略后，对高等院校利益冲突风险管理工作便进入考核反馈阶段。因为在前面几个阶段中，我们过滤掉了一些风险情景，这些情景原来看起来不重要。但事物都处在发展过程中，有些风险因素在发展初期难以察觉，却在发展中期突然起到了关键作用，同时造成严重影响。因此，要对以前过滤掉的风险情景进行评价并提出相应的管理政策。

一　建立高等院校利益冲突风险预警机制

风险预警机制，是指预先发布警告的制度，主要有能灵敏、准确地反映风险前兆，并能及时提供警示的机构、制度、网络、举措等构成的预警系统，主要目的是实现风险信息的提前反馈，为及时了解、处置管理风险奠定基础工作。

利益冲突风险预警机制，以建立一整套利益冲突风险识别、分析、评级和控制标准为主要内容，着力构建"利益冲突风险信息收集—分析评估—风险预警—跟踪反馈"系统。具体内容包括：收集利益冲突风险信息、建立分析指标体系，进行风险评估，制作风险（分析）报告，发布预警监控信息实施跟踪监督。建立健全预警机制，对出现的各种利益冲突风险进行及时的监控，并根据这种监控的结果采取相应的干预行动，化解风险。它对于利益冲突风险的发生具有预见、监测、防范与缓解或化解的功能。

比如德国对可能发生的腐败建立了预警机制,将可能发生腐败的迹象分为中性迹象和报警性迹象。中性迹象包括:不合理的高水准生活;对岗位调动表现令人费解的抵制;出现酗酒或赌博不良问题等迹象。报警性迹象包括:滥用裁量空间;有意回避检查;试图对不属于自己管辖范围的决策施加影响等迹象。对不同风险程度的部门使用不同颜色的标签,红色代表高风险,绿色代表低风险,这些标签就贴在办公室门上。通过这些措施,可以时刻提醒在高风险领域工作的人谨慎用权。[①] 美国一般将利益冲突风险划分为两到三个强弱等级,不同的等级有不同的处理方法。比如美国心脏学会将利益冲突分为两个等级。较强的利益冲突将会把项目申请转交给另外一个评议小组;如果利益冲突不算严重,那么发生利益冲突的同行评议组成员在评议该项目时离开房间即可。

对利益冲突风险预警,可以根据两个变量,即私人获利程度和对公共利益侵害程度,将利益冲突风险划分为四个级别,即蓝色、黄色、橙色和红色四级,如图6-2所示。

根据个人获利程度、对公共利益侵害程度两个变量可知,利益冲突风险后果至少有四种大的类型,其后果的严重程度也相对于蓝色、黄色、橙色和红色四级。在Ⅰ领域里,个人没有获利,或者获利很少,对公共利益没有侵害或者侵害很小,这种利益冲突后果严重程度比较低,属于蓝色风险。在Ⅱ领域,私人有获利并很多,但是对公共利益没有侵害或者侵害较小,这种利益冲突后果严重程度属于黄色级别。在Ⅲ领域,私人获利虽然很少或者没有,但是对公共利益侵害程度较大,所以后果严重程度较高,属于橙色级别。在Ⅳ领域,不但个人获利程度较高,而且对公共利益造成较大侵害,后果严重程度最高,属于红色级别。

---

① 吴晋生:《高校廉政风险防范管理》,华中师范大学出版社2012年版,第42页。

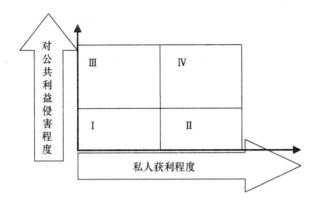

图 6 - 2 利益冲突后果风险预警级别

可以通过对利益冲突行为发生前的信息收集、分析监测，及时发出倾向性的预警信号，进行风险提示和预报。对屡次检查发现的相同利益冲突风险，或者重复出现的相同问题，一律列入严重风险层次，并启动黄色预警和提示报告，督促其消除风险隐患。

目前，我国高等院校还没有明确建立利益冲突风险预警机制，个人利益冲突信息的收集工作还仅限于领导干部的个人重大事项申报，且由于申报制度本身的缺陷，导致个人利益冲突信息的收集几乎处于空白状态。因此，建立高等院校利益冲突风险预警机制是当务之急。

二 健全高等院校利益冲突信息披露机制

利益信息披露是防止利益冲突的首要工作，也是防止利益冲突制度建设的基础。高等院校信息从本质上说是一种高等院校的公共资源，信息公开的目的应该是维护公共利益、保障公民的知情权，同时服务于广大教职工和学生的工作、学习和教学科研等活动。因此，信息披露和公开是防止公职人员个人利益、部门利益侵犯公共利益的重要条件。当前个别领导干部腐败的一个重要原因是缺乏群众的监督，而群众监督领导干部的一个基本前提条件就是利益冲突信息披露和公开。只有利益冲突信息披露和公开，才能消除群众与领导干部间的"信息不对称"问题，使掌握公共权力的人行为公开透明，让群众能够监督他们。当然，利益冲突信息公开具有例外性，当信息的内容涉及公共安全，影响公共的利益或者个人隐私时，信息的公开就要受到严格的控制。

利益公开，特别是财产申报和领导干部个人重大事项报告，是防止利益冲突的前提条件，也是预防腐败的基础性措施。国外的防止利益冲突制度中普遍都有关于财产申报的制度，如美国根据公职人员级别分为秘密申报和公开申报两种。需要公开申报的联邦行政人员包括总统、副总统、GS－15 级以上的雇员，以及高级行政官员和某些高级军官在内的约 2.5 万人。需要进行秘密财产申报是部分中层官员即 GS－15 级或以下官员，大约有 25 万人。申报内容大概都包括个人及其配偶和未成年子女的财产状况，如股票、债券、共享资金、养老金、能带来收入的不动产，个人通过其他劳动、投资及奖励所获得的利益，接受礼品、住房及招待消费，本人在外任职情况，以及为将来所作的安排和制定的个人协议等。

对于高等院校来说，利益冲突信息公开涉及两个方面，一方面是涉及高等院校公共利益的党务、政务公开，另一方面是涉及重点岗位、重点领域责任人的私人利益披露。

我国高等院校校务公开开始于 1999 年全国教工委下发的《关于推进校务公开工作的意见》，之后，各地高等院校纷纷试点并不断推进，校务公开制度日趋完善。2010 年 4 月 6 日，教育部发布《高等学校信息公开办法》（以下简称《办法》），并于 2010 年 9 月 1 日起施行。《办法》共 5 章 32 条，明确了高等院校信息公开的目的、依据、适用范围、原则、职责分工，对高等院校信息公开的管理体制和工作机制、公开的范围和内容、公开的程序和要求、监督和保障等作出了具体的规定。高等院校在信息公开方面遵循"以公开为原则，不公开为例外"的立法精神，其公开范围如表 6－2 所示。①

---

① 尹晓敏：《我国高校信息公开法律制度研究——基于教育部新颁〈高等学校信息公开办法〉的分析》，《现代教育科学》2011 年第 3 期。

表 6 - 2 高等院校信息公开范围

公开类别	公开事项
学校概况	学校名称、办学地点、办学性质、办学宗旨、办学层次、办学规模、内部管理体制、机构设置、学校领导等基本情况；学校章程以及学校制定的各项规章制度
发展规划与计划	学校发展规划和年度工作计划
学生工作（招生、管理、就业）	各层次、类型学历教育招生、考试与录取规定，学籍管理、学位评定办法，学生申诉途径与处理程序；毕业生就业指导与服务情况等；学生奖学金、助学金、学费减免、助学贷款与勤工俭学的申请与管理规定等
教学管理	学科与专业设置，重点学科建设情况，课程与教学计划，实验室、仪器设备配置与图书藏量，教学与科研成果评选，国家组织的教学评估结果等
师资队伍	教师和其他专业技术人员数量、专业技术职务等级，岗位设置管理与聘用办法，教师争议解决办法等
教育收费	收费的项目、依据、标准与投诉方式
财务与资产管理、物资设备采购管理	财务、资产与财务管理制度，学校经费来源、年度经费预算决算方案，财政性资金、受捐赠财产的使用与管理情况，仪器设备、图书、药品等物资设备采购和重大基建工程的招投标
校园安全、重大事件的情况通报	自然灾害等突发事件的应急处理预案、处置情况，涉及学校的重大事件的调查和处理情况
国际合作与交流	对外交流与中外合作办学情况，外籍教师与留学生的管理制度

从表 6 - 2 可以看出，我国高等院校校务公开已经取得了一定的成效。与校务公开相比，高等院校的党务公开还有一定的距离。高等院校教学科研工作是高等院校工作的中心，师生密切关注的对象，而高等院校的党务工作却不太受到重视。究其原因，还是与高等院校党务工作的不公开、不透明有关系，广大师生没有方便有效的途径或方式及时了解学校党委工作。久而久之，高等院校党务工作逐渐脱离师生的关注，成为高等院校领导层的内部会议，从而为个别领导权力滥用创造了有利土壤。因此，高等院校党务、校务公开要协调并进。要将党务工作的内容在校务工作中体现

出来，形成宏观决策与微观执行、工作公开三方面的有机结合，这样才能真正形成以基层部门为重点，由上级部门带动校务、党务公开体系的形成。

校务公开的内容主要是各项行政性事务。但群众最关心的是涉及他们切身利益、权力集中、易滋生腐败的事务，而这些事务往往会涉及党内事务。如果党务不公开，就难以向广大教职工依法公开有关校务。虽然目前高等院校校务公开在形式和程序上已经有了很大突破，但是受党务公开程度限制，也难以在深层次、深领域做到透明。二者必须协调推进，只有党务公开了，校务公开才能深入发展，而校务公开又为党务公开提供了思想基础和工作保障。同时，高等院校的校务、党务要做到全面公开，不仅要对内公开，也要对外公开。学校的各项工作及重大决定都要通过适当的媒介让广大教职工和学生知晓，使涉及学校建设发展和与师生密切相关的政策、行为得到更为广泛的监督和参与，这样就能避免高等院校领导权力滥用，避免可能发生的利益冲突行为，从而达到预防腐败的目的。

利益公开的另一方面，涉及重点岗位和重点领域责任人的私人利益披露。目前，我国高等院校还没有建立相应的利益信息披露机制，即领导干部和相关教师要披露自己可能与公共职责发生冲突的私人利益类型，即"潜在的利益冲突"。目前实行的《关于领导干部报告个人有关事项的规定》（2010）并不是针对高等院校实际情况制定的，而且申报主体范围也不太适合高等院校的特殊情况。因此，需要加快制定高等院校相关的利益冲突信息机制建设，规范高风险领域领导干部和相关教师利益冲突信息的披露行为。而相关责任人应该采取主动回避披露信息行为，以接受学校师生的监督，减少利益冲突风险，提升高等院校管理机构的公信力，维护学生和教师的权利，维护学校的共同利益。对于不主动公开有嫌疑利益信息的人员，应该采取相应的强制措施，由独立的利益审查机构进行利益信息调查和处理。

三 构建高等院校利益冲突风险补救机制

风险补救就是对风险造成的后果进行弥补和挽救。利益冲突风险补救机制就是一系列对利益冲突风险进行弥补和挽救的方法和措施。

利益处理是发现利益冲突后采取的主要手段和重要措施。国外对公职人员利益冲突风险补救，主要先由行政监察部门对个人的财产申报进行详细初次核查，看是否存在利益冲突情况，如果存在就要由国会进行正式审查，审查后要对那些构成利益冲突或潜在利益冲突的资产进行处理。资产处理一般包括三种形式，一是利益出售；二是利益委托；三是利益回避。加拿大规定，任职后 120 天之内，构成利益冲突的资产必须处理完毕。以公平交易的办法卖掉资产，潜在的利益冲突随之消除，这是最有效的办法。若不愿出售，可委托给他人代为管理经营。但是，这种信托是隐名的，即政府官员把其资产委托给他不知名的信托人，主要由政府严格秘密安排的信托人管理，这就是盲目信托管理制度。固定资产也可以冻结信托的方式委托出去。该官员因不知信托人而无法参与决策，也就消除了潜在的利益冲突。①

利益回避也是解决利益冲突的有效办法，也是公平正义的程序保障。利益回避主要包括任职回避、地域回避、公务回避等。利益回避需要以利益公开为必要条件。如美国《道德行为准则》规定："禁止雇员以官方身份参与他知道对自己或其他关联人有经济利益的任何特定事项，其他关联人包括其配偶、未成年子女、合伙人，或将来对其经济利益有影响的人。"② "在两年之内回避参与与其原雇主有关的事项。对需要回避事项，应如实向其主管报告，并提交一份回避的书面报告。即使不属于回避的范围，雇员若意识到某种关系可能会影响自己公正处理某事，这时应请求上级作出决定。鼓励雇员自行判断是否参与其公正性可能受到怀疑的事项。不少国家还实行任职回避制度，禁止具有一定亲属关系的人在同一机关或两者构成上下级关系的单位任职，禁止参与有关他们的任职、晋升、调动、惩处等事项。禁止一切可能潜藏着利益冲突的兼职。对需要回避事项，应如实向其主管报告，并提交一份回避的书面报告。"③

---

① 孔祥仁：《防止利益冲突在国外反腐工作中的应用》，《新时代风纪》2001 年第 3 期。

② 孔祥仁：《防止利益冲突，从高官做起——美国、英国案例解析》，《河南社会科学》2012 年第 2 期。

③ 孔祥仁：《防止利益冲突在国外反腐工作中的应用》，《新时代风纪》2001 年第 3 期。

　　我国高等院校还没有完整的利益冲突风险补救机制，对发现的潜在的利益冲突缺乏相应的管理措施和机构。应该设置合理的利益冲突管理组织机构，并配备专业独立的审查人员。这应当借鉴美国高等院校的做法，设立专门的利益冲突管理委员会和办公室。由于利益冲突管理实际上是对公职人员公权行使的监督与监察，根据中国当前反腐倡廉体系的组织架构，利益冲突管理工作可以由各级纪检监察机关来具体承担。预防腐败局其实也可以承担此项职能，但因为预防腐败局只在国家层面设置机构，没有下到基层，还暂时承担不了此项职能。专门的利益冲突管理组织成立后，其具体工作应该包括："依照全国统一的法律，同时针对本部门工作特点负责制定各部门具体的《利益冲突管理手册》，负责财产申报和公开工作，限制公职人员公务外的兼职行为，处理公职人员的特定经济利益，限制公职人员离职后从业，接受和处理公职人员自己报告和群众举报的利益冲突问题，伦理培训和教育，等等。"①

四　完善高等院校利益冲突风险监督机制

　　无监督则无效力，监督是利益冲突风险控制的重要环节。高等院校的利益冲突风险的监督机制可以分为内部监督机制和外部监督机制。

　　高等院校的内部监督主要依靠纪检监察部门来实施。目前我国的高等院校内部监督机制还存在一些问题制约着利益冲突风险的监督效果。首先，高等院校纪检监察部门权力配置不完善，地位作用不均衡。高等院校领导序列中，纪委书记地位往往达不到应有的高度，对同级领导的监督乏力。同时各个院校的纪检监察部门的效力也有所不同。一些行政级别低的高等院校由于自身规模限制，纪检和监察部门的组织力量弱，职权范围小，独立程度低，导致其自身监督监察职能往往流于形式。而一些行政级别高的院校纪检监察部门虽然组织力量强，职权范围广、独立程度高，但由于院校本身级别高，学校主要领导级别高、权力大，导致纪检和监察部门受到种种限制，也无法真正起到监督制约作用。近些年，一些高等院校腐败行为愈演愈烈，反映出的突出问题就是高等院校纪检监察部门监督的

---

　　①　肖俊奇：《公职人员利益冲突及其管理策略》，《中国行政管理》2011 年第 2 期。

乏力。因此，要完善高等院校利益冲突风险的监督机制，需要调整高等院校内部的权力配置问题，提高纪检监察部门职权和地位，将纪检监察机构的负责人任命权力交由全校职工代表大会，并且每年高等院校的主管领导要向全校职工代表大会作工作报告。这样才能使高等院校纪检监察部门顺利行使监督权力，更好地发挥监督作用。比如西方国家高等院校都有独立的利益冲突监督机构，他们"设行政道德办公室、审计办公室、法律办公室、物资采购和基建工程办公室、科研办公室和教师工会等监督部门。这些部门的设立构成了美国高等院校从教育、制度、监督到惩处的廉政建设运行机制和覆盖财务、基建、物资、科研、招生和行政效能等领域的监督体系"。[①] 高等院校内部监督机构的细化，有利于监督机构权力专业化水平的增强，这样才能保障监督权力得到全面有效的执行。

对于外部监督机制来说，应该形成行政机构、司法机构、高等院校纪检机构以及社会组织统一的监察体系。这样才能真正发挥监督机构的预防作用，将"事后监察、司法处理"变为"事前监督、司法调控"，更好地保障高等院校各项工作的顺利进行。目前，我国政府纪检监察部门与教育部门纪检监察机构、高等院校纪检监察机构还没有形成统筹规范、相互协同、上下联动的工作管理机制，致使对高等院校监督往往"事后监察、司法处理"，忽视高等院校纪检监察机构的监督作用。因此，要形成协调一致的外部监督体系，要从以下几个方面着手。

第一，做好政府监察机构与教育机构的协同配合。目前，我国教育部门没有针对高等院校独立的监察部门，各高等院校的监察机关与纪检机关合署办公。政府监察机构是统领各部门的监察机关，有权力对任何行政组织、事业单位进行监督。与政府监察机构相比，高等院校纪检监察机构权力较弱，预防腐败功能发挥还受到很多权力不足的限制，由于某些领域专业性强、涉及对象多，在监督过程中容易造成监管工作过于形式化，导致不易深入发现问题。因此，在教育机构内部应设置对应高等院校重点岗位、重点领域的防止利益冲突的专门机构，这样才能保障利益冲突审查和监督的专业性与针对性，才能有效保证监督权力的发挥，才能与高

---

① 赵福浩：《美国高校防止利益冲突构建监督体系》，《中国纪检监察报》2011 年 5 月 9 日。

等院校内部监督机制形成有机统一。

第二，发挥司法部门的专业性，做好指导协调工作。利益冲突风险控制是预防腐败的有效措施，西方国家的很多防止利益冲突制度都是在对各种腐败行为分析基础上提出来的。司法部门在对高等院校腐败案件的调查、处理过程中，掌握了腐败行为产生的原因、过程等细节的丰富材料，最了解哪些领域与岗位可能发生利益冲突。因此，要加强司法机关与高等院校纪检监察机构的联系，使司法机关能指导协调具体的预防腐败方面的工作，在识别利益冲突风险因素中发挥作用。同时，司法机关还能帮助提高高等院校纪检监察机构工作人员的办案素质和能力，使高等院校监督机制能发挥更大的作用。

第三，发挥社会公众民主参与作用，形成整体监督合力。宪法规定，"中华人民共和国的一切权力属于人民"，"公民对于任何国家机关和国家工作人员，有提出批评和建议的权利"。公民权利的实现需要相应的制度保障，高等院校可以建立建议征集制度，使广大师生和家长等利益相关群体能够及时将对学校的各种建议传达到决策层。同时，广大师生作为高等院校教学科研学习生活的主体，处在实践活动的第一线，对高等院校各种实际情况有最直接的感受和最真实的反馈。他们的建议不但为进行高等院校各种决策提供重要资料，也是评价决策效果的重要依据。因此，高等院校的审计报告、财产申报、官员兼职、学校招生、学生诚信、基建建设、物资采购、科研经费使用等情况都要向广大师生和家长等利益相关群体公开，接受他们监督。同时，社会舆论也要通过各种媒介对高等院校一些不规范的、非法的行为进行报道，加强社会舆论的监督，通过社会舆论的介入，促使高等院校建立有效的监督机构，形成整体的监督合力，及时发现潜在的利益冲突，有效预防腐败行为的产生。

第三节　建立健全高等院校利益冲突风险评估与管理的保障机制

保障机制是为管理活动提供物质和精神条件的机制。高等院校利益冲突风险的管理活动需要一定的保障机制才能顺利完成。

一 在国家层面建立防止利益冲突的伦理法规

法律法规是指导行政人员行为的最高准则，要将防止利益冲突的制度纳入国家法律体系中，完善整合现有防止利益冲突的法律和法规。我国对公私利益冲突的管理实践开始于 1995 年颁布实施的《关于党政机关县（处）级以上领导干部收入申报的规定》和《关于对党和国家机关工作人员在国内交往中收受的礼品实行登记制度的规定》。此后，中央层面又先后制定了"领导干部个人事项报告"制度（1997 年颁布，2006 年修订）、"廉政准则"制度（1997 年试行，2010 年正式颁布，从最初的 30 个"不准"扩展到目前的 52 个"不准"）。这些制度往往时效性比较强，如果不加以整合，有可能会陷入"钱穆制度陷阱"，即一个制度有漏洞，人们往往制定一个新的制度来完善它。如此制度越来越多，却往往会相互矛盾，而执行新制度的人往往抵不过固守旧制度的人，制度因此而失去效力。

建议围绕"利益冲突"这个核心概念，建立《防止利益冲突法》，用国家立法形式对利益冲突加以科学合理规定，并对现有政策法规进行整合。就像 2010 年 7 月 11 日发布的《关于领导干部报告个人有关事项的规定》，整合了 1995 年的收入申报制度以及 1997 年以来的"个人有关事项"报告制度。"这种整合既可行，也很必要。因为收入也好，其他可能发生利益冲突的事项也好，都属于防止利益冲突制度。"① 有了国家层面的法规，高等院校就可以根据自身特点制定相应的利益冲突管理规定。比如美国在 20 世纪 80 年代就制定了《基本利益冲突法》，而后又出台《美国行政部门雇员道德行为准则》对利益冲突情况作了更详细的规定。加拿大 90 年代制定了《公务员利益冲突与离职后行为准则》，较全面地规定了公务员廉洁从政、防止利益冲突的原则和要求，规避和解决利益冲突的措施和办法，2006 年在总结实践基础上制定了《利益冲突法》。

因此，我国必须根据高等院校利益冲突的实际情况做到针对性立法。一是针对高等院校重点领域和重点岗位利益冲突进行立法。高等院校与行政机关的不同之处在于高等院校中工作岗位的"交叉性"和任职人员身

---

① 任建明：《朝着公开透明的方向改进申报制度》，《学习时报》2010 年 7 月 27 日。

份的"多重性"。高等院校岗位主要分为科研教学、行政管理、后勤服务三类，其中很多岗位负责人大都具有多重身份，既是科研教学领域的教授，又是行政管理岗位责任人，同时也是硕士或博士研究生导师。高等院校应针对重点岗位进行行政伦理道德和学术伦理道德规范立法，使高等院校工作人员的道德规范不再仅凭个人良心和信念来维持，而是依靠我国法律法规的权威来保证。高等院校应制定《高等院校行政管理职业道德规范》和《高等院校学术研究职业道德规范》，为高等院校行政工作和学术研究提供行为规范和道德准则。高等院校招生录取、基础建设、物资采购和学术研究等领域是发生利益冲突的重点领域，应该加强立法的针对性，制定出一套便于操作的高等院校重点领域重点岗位防止利益冲突基本制度规范。

　　二是要完善高等院校利益冲突领导责任制度，明确违反利益冲突风险管理工作的惩罚性措施。利益冲突领导责任，是指领导者对高等院校利益冲突风险管理工作中所担负的责任。在我国的特殊国情下，领导在管理工作中的作用非常突出，利益冲突风险管理工作的顺利推进，离不开领导的大力支持，因此，完善领导责任制度非常重要。根据《中共中央纪委、教育部、监察部关于加强高等学校反腐倡廉建设的意见》，高等院校院系党政领导班子、各职能部门和各级领导干部要按照"一岗双责"和"谁主管，谁负责"的要求，认真执行党风廉政建设责任制，各负其责，齐抓共管，形成合力，努力构建权责明晰、逐级负责、层层落实的反腐倡廉建设责任体系。在高等院校校级领导和部门负责人之间建立责任制，形成自上而下的重点岗位和重点领域的责任制，这样会有利于利益冲突风险的控制，抑制腐败行为的产生。在确立领导责任的同时，还需要明确违反利益冲突风险管理的惩罚措施。我国对高等院校利益冲突行为惩治主要还是依据《行政法》以及仿效公务人员防止利益冲突的惩治方式，缺乏自身有效的惩治措施，使一些行为进一步发展到腐败行为，造成违法事实后才能得到惩治，法律制度的预防作用没有得到体现。

二　完善高等院校防止利益冲突制度建设

　　制度建设是高等院校反腐倡廉、防止利益冲突的科学、独立与公正的根本方法。正如诺斯所说："制度是一系列被制定出来的规则、守法程序和行为的道德伦理规范，它旨在约束主体福利或效用最大化利益的个人行为。"① 制度在社会中起着根本性的作用。因此，高等院校对利益冲突风险的管理和控制的核心问题是要完善高等院校防止利益冲突制度建设。

（一）完善高等院校重点岗位负责人利益冲突信息披露制度

前文已经指出我国高等院校利益冲突制度存在一定的缺陷，如利益冲突信息披露公开的主体范围设置还不够科学，利益冲突信息披露的内容不尽详细，缺乏独立和专业的受理机构，利益冲突信息缺乏公开性等。因此，要针对这些缺陷和高等院校自身的特点去构建并完善重点岗位负责人利益冲突信息公开制度。

由于高等院校负责人都具有相应的行政级别，所以公职人员财产申报制度的有关规定已经适用于高等院校负责人，但是由于高等院校属于中央和地方两级管理体制，各高等院校本身行政级别不同，所以在确定财产申报的对象上无法按级别统一。同时，高等院校中最重要的工作是教学科研，教师队伍是学校的主力军。广大教学人员用不用利益冲突信息申报、有没有利益冲突，众说纷纭，意见不同。而且高等院校中特有的"跨界"现象（既是行政领导又从事教学科研）使利益冲突信息申报对象更难以明确。因此，建议扩大利益冲突信息申报主体范围，对高等院校校级领导和各部门负责人以及重点领域的岗位负责人都要进行财产申报；对教学领域的学科带头人、科研负责人要实行利益冲突审查。高等院校领导以及部门负责人利益冲突信息申报后要通过一定的媒介向全校和社会公开，接受学校教职工、学生家长和社会舆论的监督。在利益冲突信息披露的内容上，建议高等院校领导者不但要披露自己的利益信息，还要披露与自身职权或岗位相关的配偶、子女、父母及与其共同生活的其他家庭成员的利益信息。利益的内容要包括其任职期间的工资所得、劳务所得以及投资经营所得；除了要申报资产收入外，还要申报所收受的消费卡、礼品、福利、补贴等非货币性所得；还要申报在职期间的债权和债务以及在职期

---

① ［美］道格拉斯·C. 诺斯：《经济史中的结构与变迁》，陈郁、罗华平等译，上海三联书店 1994 年版，第 185 页。

间买卖的大额动产与不动产。而且这些内容要通过合法的渠道予以公开。明确规定利益冲突信息申报的时限。要进行初任利益信息申报、在职利益信息申报和离职利益信息申报。在职者要在每个学期开学前一个月内申报上一学年的新增利益，并详细说明新增利益的来源。高等院校领导离职或离任的，要再离职（任）后三个月内申报在职（任）期间的全部利益信息。

同时，高等院校还要设立专门的利益冲突审查审计机构，聘任专业的利益冲突信息审查审计人员，否则会导致对利益信息申报材料真假难辨、监督失位等问题，影响利益冲突信息披露制度的运行效果。

（二）完善高等院校重点岗位负责人利益冲突回避制度

前文分析我国高等院校利益冲突回避制度还存在一定缺陷，比如对回避类型的规定较为简单，对回避范围的界定不够全面，对回避程序缺乏相关规定，对违反回避制度的法律责任界定过轻，等等。本书认为，应该完善高等院校重点岗位负责人利益冲突回避制度，明确规定利益冲突回避制度的内容。应该根据高等院校领域特点分别制定行政管理、教学科研以及后勤服务方面的利益回避制度。在回避范围上，增加以下内容：高等院校领导的亲属以及在经济上有合作关系的人不能在其主管的行政部门和后勤服务部门中担任领导职务；高等院校领导者在涉及亲属以及身边工作人员的就业、职称评定、职务晋升问题上要申请回避；高等院校领导亲属不能参与学校相关的经营性的活动；高等院校领导不能参与关于对其亲属以及身边工作人员的处罚；高等院校各部门主管领导在同一岗位任职时间不能超过 5 年；高等院校领导不能在与学校利益相关的校外组织或机构兼职等。

在回避程序上，要明确规定高等院校重点岗位负责人利益冲突回避制度的程序。高等院校可在利益冲突风险评估基础上，对利益冲突风险值较大的领域通过自行回避、申请回避和命令回避等方式实施。同时，明确规定高等院校重点岗位负责人利益冲突回避制度的惩治措施。在法律后果上应当明确规定，高等院校领导故意违反回避制度的，应一律给予行政处分。对于其中构成犯罪的应依法追究刑事责任，故意违反回避制度所作出的职务行为均属非法，一律无效。①

（三）完善高等院校重点岗位负责人外部行为限制制度

利益冲突行为限制是应对利益冲突的有效措施。前文分析我国高等院校相关制度还存在一些缺陷，如对行为限制的主体范围设定不够全面，对限制行为的内容规定较笼统，对于兼职行为的限制规定不够科学，对违规责任界定较轻，等等。因此，完善高等院校行为限制制度，必须结合高等院校自身特点，着重完善以下方面。

首先，对行为限制主体方面，不能仅限于县处级行政级别以上的领导干部，而是根据高等院校实际岗位设置情况和利益冲突风险级别，确定行为限制的主体范围。

其次，明确高等院校重点岗位负责人日常交往活动利益范畴。高等院校作为教学组织，其内部与外部的联系要比行政机关单一。学校之间的联系一般都以学术交流为主，而参与者主要是学校学术方面的专家学者，这其中不会涉及太多的利益交易。但是，高等院校重点岗位负责人特别是基建、后勤和物资采购等领域，与社会联系非常紧密，可能会有交易型利益冲突，因此需要明确其日常交往活动的利益范畴，这能有效帮助高等院校重点岗位负责人远离权钱交易困扰，区分合法利益与非法所得的必要界限，有效防止腐败行为的发生。在收受礼物标准规定上，应参照借鉴国外公务员收受礼物的标准。如美国规定，"政府工作人员收受外国赠送的礼品价值不得超过305美元，超过这一数额应在60天内交给政府部门。同时规定，下级不得向上级送礼品，违反者将被开除。如果收受礼品总价值超过7000美元，将对其处以3倍的罚金，并可判处15年以下监禁。"②建议高等院校重点岗位负责人在公务活动中，从同一人员处一次不得接受价值超过200元③的礼物，一年之中从同一人员处接受物品的价值累计不得超过500元，超过部分应当个人花钱买下。同时，每年要对收受的礼物

---

① 湖南省常德市纪委调研法规室：《关于完善防止利益冲突法规制度的思考》，廉洁常德网，http：//www.cdlz.gov.cn/col/col41929/index.html。

② 《一些国家限制官员收受礼品的规定》，南通廉政网，http：//www.ntlz.gov.cn/gdxw/View.aspx? id=5622。

③ 此数额应根据物价水平进行合理浮动，或以国家规定的享受最低保障生活费为标准。

进行利益登记，说明礼物的形态、价值、来源、赠送者与收取者之间的关系、赠送目的、收受场所、收受时间、现场见证人及见证人的职业等内容。在时间规定上，高等院校负责人也应仿效公务员在收受应当登记礼物的三个月之内，必须进行利益登记。负责利益登记的机构应当是专业独立的审查和监督利益冲突的机构。这样可以对利益登记表进行专业审查和有效管理，并通过法定渠道向广大师生和社会公开。对于违反登记规定的人员，应给予严厉的处罚。对于不按照利益登记制度进行利益登记的负责人，给予所收受利益价值 10 倍的罚款，两年之内不得晋升。所接受利益价值超过 5000 元而故意违反利益登记制度的，按照受贿罪论处。高等院校重点岗位负责人违反利益收受制度规定收受利益的，视其情节、收受利益的金额等，分别给予罚款、限制晋升、降级、开除公职直至刑事处罚等惩处。

再次，完善高等院校重点岗位负责人兼职制度规定。高等院校重点岗位负责人身份往往具有特殊性，在担任行政管理职务同时也可能是某一专业领域的学术权威，具有知识层次高、社会威信力强的特征。因此，对于高等院校负责人外部兼职不宜采取"一刀切"的做法，应结合公务员的标准区别对待，具体情况具体分析。比如美国"对于高等院校教师兼职，康州政府采取'鼓励加规范'的政策。康州政府制定的《教授科研和校外兼职的守则》，规定了高等院校教师在外兼职取酬的事先批准制度和年度报告制度"。[①] 因此，建议对于高等院校重点岗位纯行政管理负责人（不兼学术职务）应参照公务员标准，不应在营利性组织和非营利性组织中兼职，不能在本院校下属二级学院或企业组织兼职；对于那些兼有学术职务的重点岗位负责人，我们认为可以根据具体情况允许其在社会非营利性、公益性组织兼职，但其工作情况应及时向学校党组织汇报，并接受学校监督部门的监察。此外，具有学术职务的负责人可以在与学校没有业务联系的科研营利性组织兼职，但必须与其自身科研项目、方向有关，并将其收入情况及时登记上报，接受学校利益冲突审核和经济审计部门的监督。

---

① 赵富浩：《美国高校防止利益冲突构建监督体系》，《中国纪检监察报》2011 年 5 月 8 日。

　　最后，完善高等院校科研行为规范制度。高等院校作为国家的公共资源，拥有众多专业人才，实验设备齐全，研究氛围浓厚，对当代科技创新贡献很大。据统计，美国技术创新项目 80% 以上与高等院校紧密联系，显示了高等院校的社会价值。因此，美国高等院校把监管教师科研行为作为防止利益冲突的重点，要求教授不能参与涉及利益冲突的校外科研活动，特别是以获取商业利益为目的的科研活动。科研监督的内容包括：防止科研中篡改数据、侵犯知识产权、企业对科研的不正当资助、挪用科研经费、隐私保护、科研志愿以及科研成果的归属等。① 高等院校在我国经济社会发展中起着举足轻重的作用，同时国家对重点院校、重点项目的投入很大。因此，针对我国高等院校的具体情况，更应重视科研领域的利益冲突，完善科研行为规范制度。一是建立健全科研专项经费审计制度。目前，我国高等院校虽然从理论上说科研经费的使用权实现了分离，经费的使用要凭票据或单据才能批准，但财务部门对票据或单据的审核形式过于单一，往往依照有关规定，只要票据或单据所显示的用处符合科研经费使用项，并且金额符合要求就予以报销，在科研完成时也没有统一对科研经费的使用进行详细的审查监督。这就为某些人提供了腐败的条件，他们利用虚开票据或串通卖方高价购买设备仪器从中提成等手段不断地侵吞科研经费。这种行为属于典型的实际利益冲突行为，因为科研经费是国家或学校拨款。二是要建立健全科研项目公开制度。每个项目无论是什么级别，都要及时公开项目的相关情况。申报、竞争、批准以及项目进度、经费使用方面都要做到及时公开。这样才有利于社会和各部门及时了解项目进展，及时发现问题，做到防患于未然。目前，高等院校只是注重公开已经通过审批的项目，而对项目的经费使用等情况还未公开。三是要制定科学合理的科研经费管理使用规范。只有科学合理的规范才能让人心甘情愿执行，才没有漏洞可钻。目前，科研项目经费报销中还有些不科学的规定，比如课题负责人及成员不能领取劳务费，而参加的研究生和临时成员却可以获得合法劳务费。这一规定等于不承认课题负责人及成员的辛勤脑力劳动付出，也变相逼着负责人用虚开票据方式补偿劳动付出。通过科学的规

----

　　① 赵富浩：《美国高校防止利益冲突构建监督体系》，《中国纪检监察报》2011 年 5 月 8 日。

范，明确科研经费的管理方式、使用方法，并制定相应的惩罚措施，这样才能保障科研经费的合理使用，规范科研行为。

（四）完善高等院校重点岗位负责人离职后行为限制制度

高等院校重点岗位的负责人大多是学校公共权力和公共资源的掌控者，具有广泛多样的社会关系，其离职后的行为也应受到相应限制。但是，高等院校重点岗位负责人由于其身份的交叉性和在学术上的权威性及其社会价值，使其在离职后行为限制上具有特殊性。因此，应该根据具体情况加以区别对待：对于身份单一的纯行政管理负责人，参照公务员离职行为管理，离职后不能参与关于高等院校的财务、基建、后勤、采购等重点领域、重大项目的事项；不能以顾问的形式担任本院校二级学院的负责人，也不能担任与原学校有联系的其他相关二级学院的负责人；不能以任何形式担任院校下属企业的负责人；两年内不能参与同原单位有经济利益的活动。对于兼有学术身份的重点岗位负责人，如果离职后因其学术能力被学校返聘继续担任学术领域负责人的，则规定其不能单独参与与其学术领域相关的经济活动，如根据情况必须参与，需要以学校名义参与或获得学校的书面同意。

三　增强高等院校防止利益冲突的科技保障

信息技术在当代已经成为公共管理和公共服务系统的中心。因为"没有高度发展的电子化政府，就无法跨越政府的层级鸿沟，也无法将数量庞大的行政机构和单位用电脑连接起来，以便向民众提供整合性的服务"。[①]科学信息系统几十年来一直是促进政府行政变革的重要因素。科学技术在提高完善制度执行力上具有重要作用，运用科技手段防止利益冲突，预防腐败产生，是当前高等院校反腐倡廉建设新形势的迫切要求，又是提高高等院校反腐败科技含量的必然要求。

因此，可以借助科学信息系统技术，将电子监察、风险预警的科技手

---

① 彭锦鹏：《全观型治理：理论与制度化策略》，《政治科学论丛》（中国台湾）2005年第23期。

段运用到高等院校利益冲突风险管理机制建设上，用科技手段支持防止利益冲突制度的顺利有效运行，切实把好高等院校的以下"七个关口"。[①]

一是建立招生信息管控平台，完善各类招生录取程序，严格执行招生录取制度，规范特殊类型招生行为，严把招生录取关；二是建设基建工程管理监控系统，通过计算机流程化管理，健全并落实基建项目集体决策、招标投标、资金支付、审批报批等制度，严把基建修缮项目关；三是建立健全内部采购监管制度，对大宗物资设备实行统一采购、阳光采购，对少量物资采购严格审批、规范程序。高等院校可以通过设备采购网上行，减少供货商与客户及采购员接触的机会，严把物资采购关；四建立财务信息管理系统，监察审计部门可以实现同步监督，严格执行财务预决算制度，规范教育收费管理，加强预算外资金管理，推进财务阳光预算程序化、规范化、透明化，严把财务管理关；五是建立科研经费管理系统，监察和审计人员能够随时查阅科研经费的预算及使用状况，严把科研经费关；六是通过科技手段加大对校办企业高管职务消费的监督，严把校办企业关；七是充分利用"防止学术行为不端检测系统"，建立教师学术诚信信息库，发挥学术委员会的积极作用，严把学术诚信关。

"比如上海一些高等院校积极进行了技术管控平台建设的新探索，如华东师范大学建立了设备采购竞价系统，通过遴选供应商、需求发布、集合竞价、用户初选、主管部门审核、监察同步监督，在提高工作效率的同时，减少供货商与客户及采购员接触的机会，防范廉政风险；又如上海音乐学院通过编制软件，实现对艺术招生面试打分的流程管控，确保招生工作的公平公正。"[②] 此外，还应在重点领域配备专业健全风险评估系统，通过信息的输入和比较，能够直观获得相关项目的评估报告，对于重点项目的决策起到辅助作用。科学技术的运用以其独立性、客观性、准确性，增强了高等院校权力运行的透明度，规范了利益冲突行为。

---

① 黄锐：《贺国强：深入推进高校反腐倡廉建设》，新华网，2011 年 11 月 11 日。http：// news. xinhuanet. com/politics/2011 - 00/11c_ 111161600. htm。

② 斯阳、李伟、王华俊：《"制度＋科技＋文化"高校廉政风险防控机制建设新探索》，《上海党史与党建》2012 年 8 月号。

四　加强高等院校防止利益冲突文化的研究与教育

人是群居动物，生活在现代社会，其价值观念、行为准则和思维方式都会受到文化的影响。任何社会现象的存在都不是孤立的，都有一定的文化背景和社会环境。我国由于在历史上有"家国同构"、"宗法一体"传统观念的影响，对公共利益与私人利益的认识与界分不是很明确，加上"公共利益"本身的抽象性，就为以公权谋求私利留下了心理空间。

本书认为，人追求自身利益是生存的需要，但是不应该通过侵犯公共利益的方式去获取。因为社会公共利益的损失最终是要社会中的每个人去承担。明确划分公权与私利的界限是防止公职人员私人利益侵犯公共利益的重要手段，这样能够保证公共权力只为社会公共利益服务，防止公权私用，让公职人员明确自己的责任与义务是为公共利益服务，也能通过为公共利益服务获得自己正当的个人利益。同时，明确地划分公权与私利也是对公共利益与私人利益的合理疏导，既能保证公民个人利益的实现，也能防止公共权力侵犯私人利益。

"防止利益冲突文化"的提出不仅是一个理论问题，还是一个实践问题。作为"廉政文化"的重要组成部分，防止利益冲突文化以廉政为目的，明确界分公共利益与私人利益边界，给公职人员提供防止利益冲突的道德规范。它以文化为载体，是社会意识与制度的结合。文化具有调控社会生活和人的行为的功能，它通过影响人的思想意识水平可以直接控制人们的各种活动行为及其方式，是一种内在自律的行为约束机制。从广义上说，制度也是文化有机整体的一部分。制度"是一系列被制定出来的规则、守法程序和行为的道德伦理规范，它旨在约束主体福利或效用最大化利益的个人行为"。[①] 从狭义上说，制度是指法律法规等规范。制度是制约人的行为、调节人与人之间关系的被社会承认的规则，是一种他律的行为约束机制。制度与文化相辅相成，"从某种意义上说，没有文化精神和文化价值的制度是不存在的，没有制度秩序和制度规则或制度规范的文化

---

① ［美］道格拉斯·C. 诺斯：《经济史中的结构与变迁》，陈郁、罗华平等译，上海三联书店1994年版，第185页。

也是不存在的。文化人类学家马林诺斯指出，'制度是文化分析的真正单元'。他认为，文化是一个有机整体，包括工具和消费品、各种社会群体的制度宪纲、人们的观念和技艺、信仰和习俗。文化作为一个整体是由部分自治和部分协调的制度构成的整合体。在文化的整体结构中，制度是最基本的要素。在这个文化的整体结构中，作为组织化的群体或者是制度化的群体，依照对共同价值观的文化认同，并遵循制度规范而共同行动"。①因此，只有防止利益冲突的文化与制度有效结合，才能真正有效地防止利益冲突行为。

目前，在我国的现实社会生活中还没有形成浓厚的防止利益冲突文化，甚至由于我国传统的"家国同构"的影响，公职人员中还普遍存在着传统的公私观念——公私不分和以私代公。"公"是官僚行政的外在借口，"私"才是官僚行政的实质内容。② 我国公职人员的"防止利益冲突"观念还普遍没有真正树立，公众及官员对利益冲突的认识还比较模糊。

同时，随着我国的改革开放和经济社会的发展，社会中慢慢形成了一些与防止利益冲突文化相背离的腐败文化，并大行其道，主要表现为以下几方面。

一是对腐败的消极态度。有些人认为在中国当前的环境中，腐败不可能被消除，与其保持清廉被孤立，不如一同腐败。因此出现一些腐败的窝案和串案。同时，"宁结千人好，莫结一人仇"的观念也阻碍着腐败案件举报人的行为。

二是"人情"天大的思想。人情本是人与人之间联系的本能感觉和生存方式。在中国却成了某种情义、地位和利益的交易载体，被称为"中国式人情"。③ 比如办事都是先找"熟人"，关系不同，价格也不同。人情的极致就演变成权力崇拜，因为此时公共权力不再是为公众服务，而是为人情服务，为个人服务。人情背后是异化了功利追求。

---

① 孙晓莉：《国外廉政文化概论》，中国方正出版社 2011 年版，第 3 页。
② 庄德水：《权力结构、利益机制和公私观念——传统官僚制行政的制度—行为分析》，《中共天津市委党校学报》2010 年第 3 期。
③ 刘旗辉、李楠：《中国式人情》，《商界评论》2011 年 1 月 28 日。

三是权力崇拜的心理。"官本位"是中国传统文化中消极的社会意识，主要是指社会价值观以"官"来定位，官大社会价值高，官小价值小，其他职业也比照"官"来定位各自的价值。新中国成立后曾经淡出人们的视野。但是随着经济的发展及社会人情的影响，一些人逐渐产生了权力崇拜心理，把做官、升官看作人生最高价值追求，一切服从于官级地位，认为"做官才有出息、从政才是本事"，有了官位就能谋求私利、封妻荫子、光宗耀祖，可谓"一人得道，鸡犬升天"。因此也有了"学而优则仕、商而优则仕"，在"官大一级压死人"的制度支持下，形成了"万般皆下品，唯有做官高"的社会心理。

四是腐败的侥幸心理。腐败的侥幸心理指一些领导在以权谋私或受贿后，认为不会被发现的一种心理。这种心理其实也有着"法不责众"、"家丑不可外扬"和"抓大放小"传统社会文化的支持。① 中国传统文化中人治色彩浓厚，法治意识淡薄，如果腐败只是一个人，难免会成为众矢之的。但如果是你也腐败，我也腐败，大家都腐败，就无所谓了，反正"法不责众"。"家丑不可外扬"的观念也助长着腐败在家庭中蔓延，"夫贵妻荣"的思想使不少"贤内助"变成了"贪内助"。"抓大放小"是传统文化中惩办罪犯的常用方法，这也助长了一些人的腐败侥幸心理，认为自己贪的不多，不会被处理，结果却在腐败的泥潭中越陷越深。

因此，应该加强对防止利益冲突文化的研究与教育。特别是高等院校，肩负传承知识、创新知识的重任，更应该加强防止利益冲突文化研究，分析防止利益冲突文化的核心内容、形成条件、传导机制等，为防止利益冲突制度的贯彻执行提供思想保障。

第四节　整合对接高等院校防止利益冲突 与廉政风险防控工作机制

结合我国防止利益冲突制度建设的实际，笔者认为高等院校防止利益冲突工作应该与当前的廉政风险防控工作对接起来，这样才能提高反腐倡

---

① 胡杰群：《当代中国非廉文化点击》，《先锋队》（下半月刊）2005 年第 6 期。

廉建设的科学性和有效性。廉政风险防控是我国结合实际工作提出的预防腐败工作的有力措施，各地在实行中取得了一定的效果，但也出现了被动应付、风险点查找参与度不高等问题。这些实践中出现的问题与当前反腐倡廉研究基础理论滞后有一定的关系。应该将防止利益冲突和廉政风险防控整合对接起来，进行文化交融、制度整合、组织对接和机制创新，以克服管理碎片化倾向和两者各自的缺陷，发挥制度合力。①

一 防止利益冲突与廉政风险防控的异同分析

防止利益冲突制度的本质是在公共利益和私人利益之间设置"防火墙"或"隔离带"，使公职人员明确认识两者之间的冲突及严重后果，合理处理权力与利益的关系，并按照规定处理两者之间的冲突，在维护公共利益的同时，也保护自己的私人利益并避免腐败行为的发生。可以说，防止利益冲突制度是预防腐败的有效制度安排。

廉政风险是指党员干部在执行公务或日常生活中出现违纪违法问题的可能性。② 廉政风险防控是为了超前化解权力运行过程中各种容易诱发腐败的风险，使腐败行为不发生或者少发生而采取的各种措施。廉政风险防控也是预防腐败的有效方法。

防止利益冲突和廉政风险防控的核心共同点都是"预防腐败"，立足于利益与权力的内在关系，用科学的制度安排和有效措施，从源头上清除公职人员滋生腐败的土壤。但是，两者又有着内在的区别。

首先，两者的逻辑起点不同。防止利益冲突以公职人员为主体，以利益为逻辑起点，主要以公共利益与私人利益的合理分离为主线进行制度安排。廉政风险防控则以工作岗位为主体，以权力为逻辑起点，主要以规范权力运行流程和工作流程为主线进行风险点排查和控制。廉政风险防控的运行逻辑是排查与控制腐败行为构成的三种条件，从而达到预防腐败的目的。其一，针对腐败行为发生的客观条件，廉政风险防控设计了以权力为

---

① 本节以"防止利益冲突与廉政风险防控对接机制研究"为题发表在《河南社会科学》2013 年第 1 期。

② 欧召大：《大力推进廉政风险防控机制建设》，《人民日报》2010 年 1 月 27 日第 7 版。

逻辑起点，以规范权力运行流程和工作流程为主线的风险点排查和控制措施。具体包括绘制权力流程图和工作业务流程图，查找（三重一大）"重大事项决策、重大项目安排、重要人事任免、大额度资金使用"环节中的违法违纪行为。这保障了公共权力行使或公共资源配置的规范性，同时也有助于优化公共权力结构，促进不同功能权力之间的协调与配合，减少权力之间的不必要摩擦和矛盾。其二，针对腐败行为发生的主观要件，廉政风险防控设计了思想道德风险的排查和防控措施。思想道德风险是导致腐败行为的主观条件，客观条件和机会条件都需要这一主观因素才会转变为现实行为。其三，针对腐败行为发生的机会条件，廉政风险防控设计了岗位职责、制度机制的排查和控制措施，腐败机会条件是复杂的，不但包括通常所说的制度漏洞，还包括制度在执行中被扭曲或者不被执行的情况。①

其次，两者的制度层次不同。根据各预防制度安排发挥作用的空间广度及其重要性程度不同，可将众多预防制度划分为宏观、中观和微观三个层次。② 防止利益冲突制度属于中观层次，主要从公职人员整体角度来分析腐败行为产生的内在原因，从而作出有效的预防腐败安排，既包括公职人员的职业伦理道德，也包括离职后行为限制，预防的范围和空间更广泛。廉政风险防控措施则属于微观层次，更多的是以一个部门或单位为主体，对一定范围内的具体腐败行为进行风险点的排查和预防，预防范围主要是具体岗位权力行使的规范，空间相对较小。

最后，两者的针对性不同。防止利益冲突制度安排主要针对某领域公职人员进行私人利益与公共利益分离。具体包括财产申报、资产处理、公务回避和离职后行为限制等，既能针对个人，也能针对某个领域所有公职人员，具有整体指向和个别针对的特征。廉政风险防控则主要针对岗位权力的行使流程和工作流程，进行违法违纪可能性的风险排查。具体包括绘制权力流程图和工作业务流程图，查找"重大事项决策、重大项目安排、重要人事任免、大额度资金使用"环节中的违法违纪行为，内容是思想

---

① 任建明、杜治洲：《腐败与反腐败：理论、模型和方法》，清华大学出版社 2009 年版，第 109 页。

② 同上书，第 171 页。

道德、岗位职责、业务流程、制度机制和外部环境五方面的风险，具有对事不对人的特征。

二 防止利益冲突与廉政风险防控在具体实施过程中存在的问题

防止利益冲突与廉政风险防控在预防腐败方面效果显著，但在具体实施过程中还存在一些亟待解决的问题。

从防止利益冲突方面来说，虽然我国防止利益冲突实践早在1984年就开始了，[①] 但利益冲突作为廉政概念却源于西方国家。由于我国传统"家国同构"的影响，官场中还存在着传统的公私观念——公私不分和以私代公。"公"是官僚行政的外在借口，"私"才是官僚行政的实质内容。[②] 我国公职人员的"防止利益冲突"观念还普遍没有真正树立，公众及官员对利益冲突的认识还比较模糊。在本课题调研过程中，很多高等院校的领导甚至不知道利益冲突的廉政含义，认为是教师与管理人员之间的冲突。只有很少一些领导明白利益冲突的廉政含义，但对具体的管理措施也知之甚少。

同时，从立法角度看，我国至今还没有一部整合的防止利益冲突法律法规，有关防止利益冲突的规定散见于各种准则、条例、报告中，很不系统；制度规定约束的对象各不相同，原则、尺度很难统一；根据某一阶段中心工作制定的许多"不准"，具有时效性和局限性，一段时间之后会出现"过时"现象。[③] 从执行角度来看，防止利益冲突作为中观制度，还缺乏微观制度的支持，比如在官员选拔任用制度规定中，还缺乏任前利益冲突的审核程序，官员任前的财产公示还没有形成正式的法规，一些试点单位中的官员忧心忡忡。[④]

---

① 王琳瑜、杜治洲：《我国防止公职人员利益冲突制度的变迁及完善》，《广州大学学报》2011年第3期。

② 庄德水：《权力结构、利益机制和公私观念——传统官僚制行政的制度—行为分析》，《中共天津市委党校学报》2010年第3期。

③ 楚文凯：《关于借鉴国外防止利益冲突做法的思考》，《中国监察》2006年第14期。

④ 《安徽试点干部任前财产 公示当事人忧心忡忡》，《齐鲁晚报》2011年8月24日。

从廉政风险防控方面来说，也存在以下问题。

第一，实践缺乏理论指引，已陷入"盲目"困境。廉政风险防控作为我国反腐倡廉建设的一项创新措施，在基层工作中首创，在中央政策的推动下实施，有着中国特色，同时也有些"摸着石头过河"的味道。这使廉政防控工作具有鲜明的实践特征，却缺乏理论的提炼和指导。学术界对廉政风险内涵的认识"显然与实践中的廉政风险的内涵和外延不相符合。对概念内涵认识不清，难免造成实际工作中的混乱"①。这种情况直接导致廉政风险防控措施在全国推行过程中出现"盲目"情况，即一些纪委工作人员因为没有完全了解廉政风险防控的内在逻辑关系或者认识模糊，从而无法发挥积极主动性，只能被动服从工作安排，影响工作效果。

第二，缺乏高层次制度规范和针对性，防控措施较难进行实质性推动。首先，在规范高等院校权力运行中缺乏针对性。高等院校权力运行有自身的特点和规范，既有行政管理权力，又有学术权力，还有教育权力，权力性质和范围不同，具体操作中很难明确设定流程标准。如果说行政管理权力还可以根据科学管理原理设置标准的话，那学术权力和教学权力就很难明确具体标准流程。任何的标准流程都可能与学术自由求真的目的相互冲突。其次，在结合院校具体情况出台的预防措施方面，制度层次低，制约效果不理想。很多高等院校并没有出台具有针对性的应对措施，也没有建设相应的廉政风险评估指标体系，风险点的查找也是让各院系和行政机关自查自找，风险级别的确定也是根据以往经验确定，缺乏科学的评估基础。同时，对教师思想道德领域风险防控措施主要通过述职述廉、民主生活会、党政联席会等方式进行，并和党建工作中的党员先进性教育和"抓四风"联系起来，这些防控措施没有鲜明的廉政风险防控特征。"由于廉政风险防控主要是以基层单位为主体进行的，这些单位虽然出台了一系列防控措施，但这些防控措施仅停留于一般规范性文件的层次，缺乏相应的法律效力，制约效果较差。基层在廉政风险防控中发现的问题，尚未与更高层次的预防腐败工作实现系统化互动，使实质性的高危廉政风险存在监管盲区。"②

---

① 郭兴全：《关于完善廉政风险防控管理机制的思考》，《中州学刊》2012 年第 4 期。

② 张法和：《从防止利益冲突视角看加强廉政风险防控》，《中国纪检监察报》2012 年 6 月 26 日。

第三，缺乏高等院校师生的民主参与，使廉政风险查找不符合实际。虽然采取"上下结合、全员参与"的方针，但在具体执行中一般都是在单位内部自己查找，高等院校师生民主参与不够。具体方法是"采取领导干部自己查找、征求群众意见、召开领导班子专题民主生活会等方式"。但这种"自己找、群众帮"的方式难免会出现"避重就轻"现象，一些院校甚至故意将容易暗箱操作的地方风险级别定得较低，以回避问题。

第四，缺乏执行主体的支持，出现被动应付情况。高等院校廉政风险防控的目的是规范高等院校各种公共权力的运行，消除权力寻租，这势必影响一些人的利益。这些人可能会产生抵触情绪，在廉政风险防控工作落实上消极应付，使防控措施流于形式。还有一些单位领导担心大范围排查风险点和公开风险点会引起社会对本部门的过分"关注"，从而带来不必要的"麻烦"，甚至会影响自身的晋升前途，因而对廉政风险防控工作心存顾虑。以致高等院校在推进廉政风险防控之时着重强调廉政风险防控"对事不对人"的特征。这客观上都影响了防控工作推进的自觉性和积极性，也影响了廉政风险防控的预防腐败效果。

三 构建防止利益冲突与廉政风险防控的对接机制

综上所述，防止利益冲突和廉政风险防控作为预防腐败的有效制度安排，在高等院校反腐倡廉工作中应该整合对接起来，克服管理碎片化倾向和两者各自的缺陷，发挥制度合力，提高制度的科学性和有效性。具体路径如下。

（一）文化交融

文化具有整合与导向功能，能够协调群体成员的行动，并为人们的行动提供方向和可选择的方式。防止利益冲突文化是廉政文化的重要组成部分，应该重视防止利益冲突文化观念的构建与培养。"这种文化观念不同于一般的社会文化，它能使党员干部和公职人员在同一类型和模式的文化氛围中得到教化、培养，从而以相同的价值观、思维模式、行为方式在不同层次上联系起来、聚集起来，使整个队伍因同一文化渊源而形成一种强大的凝聚力。"① 目前，防止利益冲突中的最大难题是文化的缺失。一些干部和公职人员受传统"一人得道，鸡犬升天"的观念影响，认为自己掌握了公共权力后，就负有让整个家族荣耀的责任，因此会借助职务影响和权力作用，为自己谋取私利。甚至一些官员在市场经济冲击下，变成了"双面人"，即表面上谈大公无私、廉洁从政，内心却想着以权谋私、见利忘义。在这样的思想状态下，一旦有制度漏洞和机会，发生腐败就是必然的事情。因此，应当将防止利益冲突文化融入廉政文化建设当中，构建防止利益冲突的公共组织文化，使公职人员在一个防止利益冲突文化的组织氛围内工作，实现文化认同，自觉认清公共利益与私人利益冲突的危害。对公职人员个人来说，应当把防止利益冲突观念的培养纳入公职人员的教育培训日程中去，形成道德层面的职业伦理规范。在廉政风险防控中增加教育提醒机制，可利用谈话方式提醒高风险岗位公职人员树立防止利益冲突观念，注意利益冲突事项。

（二）　制度整合

预防腐败作为系统工程的一部分，需要将防止利益冲突与廉政风险防控整合起来，上升到国家战略高度，做好"顶层设计"。"顶层设计"原本是一个系统工程学的概念，"这一概念强调的是一项工程'整体理念'的具体化。就是说，要完成一项大工程，就要以理念一致、功能协调、结构统一、资源共享、部件标准化等系统论的方法，从全局视角出发，对项目的各个层次、要素进行统筹考虑"。②

目前，我国防止利益冲突作为中观制度设计，还没有很好的微观制度支持，其制度要素设计还需要完善，而廉政风险防控因为缺乏高层次的规范指导，在实践中的效果有限。要将两者整合起来，首先要完善防止利益冲突的制度设计，"根据国际经验，应该主要从利益公开、利益回避和利益处理三个方面着手系统构建防止利益冲突制度。除了这三个主体外，防止利益冲突制度还应该用罚则来保障、技术条件来支撑这三个主体制

---

①　李喆：《文化规范与防止利益冲突》，《中国纪检监察报》2012 年 1 月 10 日。
②　汪玉凯：《准确理解"顶层设计"》，《北京日报》2012 年 3 月 26 日。

度"。① 其中的技术支撑包括金融实名制、银行联网、现金交易限制、身份证信息制度和不动产登记制度等。利益公开是防止利益冲突的前提条件，尤其是财产公开，是预防腐败的基础性工作。如果没有财产公开，防止利益冲突制度就无法真正建立。目前，我国财产申报制度还处于探索中，还存在着需要解决的问题。比如财产申报主体不应仅仅限于行政级别，还必须考虑那些在经济和社会生活中拥有各种审批、处罚和采购等实权的工作人员；财产申报的内容不尽详细，也未制定详细的各种财产价值的算定方法和表示方法；申报的受理机构缺乏必要的独立性和专业性等。利益回避是防止利益冲突的核心，本质就是排除影响公共利益的私人利益。目前我国的回避制度还存在回避类型规定过于单一、对回避范围的界定不够全面、对违反回避制度的法律责任界定过轻等问题。比如，对于现实中广泛存在并对公职人员有着较强影响的师生关系、同学关系、战友关系等缺少回避规定。利益处理是对那些构成利益冲突或潜在利益冲突的资产进行出售或委托，是防止利益冲突的主要手段和重要措施。

完善的制度还需要具体的执行才能落到实处。防止利益冲突的制度安排需要嵌入廉政风险防控工作中才能有落脚点，否则就是"空中楼阁"。廉政风险防控需要防止利益冲突制度提供规范和指导，否则就会陷入"盲人摸象"的困境中。廉政风险防控主要以规范权力为主体进行思想道德、制度机制、岗位责任和外部环境风险点排查。相对于利益来说，权力是抽象无形的，比较难以把握，而思想道德、制度机制、岗位责任和外部环境等风险点在不同单位和岗位表现各异，影响程度也不同，容易发生信息过载，遗漏关键风险点。而利益相对权力来说，不管是有形利益（动产和不动产、现金、存款、有价证券等）还是无形利益（盛名、幸福、快感等），比较容易把握。利益是目的，权力只是获取利益的手段，权力背后就是利益。因此，廉政风险防控应以防止利益冲突为核心，审核高风险岗位公职人员的利益冲突情况；关注权力运行过程中的利益冲突情况，比如在事务决策、执行环节的利益冲突，形成利益冲突报告，进行合理的利益处理。这样不但可以使廉政风险防控更有针对性，也能使防控工作有了更高层次的规范和指导，有利于减少风险防控的工作量，提高防控

---

① 杜治洲：《我国防止利益冲突制度的顶层设计》，《河南社会科学》2012 年第 1 期。

效率。

（三）组织对接

无论是防止利益冲突还是廉政风险防控，都需要有具体的组织负载其职能。目前，我国还没有专门进行利益冲突管理的机构，比如缺乏独立的审核利益冲突机构、公职人员伦理指导委员会等。廉政风险防控工作也是由各地纪检监察部门具体实施，或成立由各部门负责人参与的廉政风险防控领导小组。防止利益冲突与廉政风险防控作为预防腐败的主要措施，应当成立明确的统一执行机构。目前纪检监察机关既要抓宏观的反腐倡廉工作，也要抓微观的案件查处工作，任务很重，有人用"四最"来形容纪委工作：最忙——包打天下；最累——工作很多；最重——百姓期望高；最难——案件查处很难。因此，将防止利益冲突与廉政风险防控再放到纪检监察机关不太合适。反贪局主要针对工作人员贪污、受贿等职务犯罪进行侦查，不适合承担预防腐败的职能。我国 2007 年 9 月成立预防腐败局，主要负责全国预防腐败工作的组织协调、综合规划、政策制定、检查指导等，因此将防止利益冲突和廉政风险防控职能归入预防腐败局承担是实至名归。但是现在预防腐败局编制仅限于国家和省一级，并且不是专门执行机构，按照现在的管理体制还难以承担防止利益冲突与廉政风险防控整合后的组织工作。因此，建议把利益冲突管理职能和廉政风险防控职能明确授予预防腐败局，将其作为利益冲突的主管机关，并且"加强该机构的组织建设。如其组织要向下延伸，不能仅限于国家和省一级；人员编制也需要增加；同时也需授予其对违反利益冲突管理制度的行为的处罚权，以使其能够承担起利益冲突管理的职责"。[①] 由于利益冲突审核要求的专业性，建议增加的人员编制中设立专家席位，聘请一定数量的金融专家、法学专家、伦理专家和廉政专家参与防止利益冲突和廉政风险防控工作。

（四）机制创新

机制是经过实践检验证明有效的、系统化和理论化的做事方式和方

---

① 龙太江：《防止利益冲突与廉政风险防控》，见第四届杭州西湖论坛编委会《反腐败：防止利益冲突的理论与实践》，中国方正出版社 2012 年版，第 106 页。

法，就是制度的内化。防止利益冲突制度与廉政风险防控工作需要靠有效的机制才能落实到位，二者对接也需要机制创新。

首先，建立健全利益信息公开和廉政风险排查机制。利益冲突作为潜在的腐败因素是重要廉政风险点，因此，利益信息公开是廉政风险防控的基础工作，应该根据利益信息公开的规定并结合廉政风险点的排查共同推进。目前廉政风险防控在风险点排查内容上种类过多，容易挂一漏万，如果明确以利益冲突排查为重点，就使防控工作有了一个有力的"抓手"。而对风险点的排查要真正做到全员参与，不能简单地依靠单位内部人员去查找，这样不能排查出"部门利益与公共利益"的冲突，应该创新排查方法，增加社会参与度，比如邀请专家查找、听取公众意见等，还可以通过匿名问卷调查的方式取得实质性的廉政风险点内容。

其次，结合利益冲突建立廉政风险教育提醒机制。当前我国对利益冲突还存在认知性问题，很多公职人员由于认识不到防止利益冲突制度对其长久的保护作用，对防止利益冲突制度的构建采取了消极甚至是抵制的态度。比如我国的财产申报制度推行一直没有取得突破性进展，很大一部分原因在于官员对财产公开的抵触。因此，廉政风险防控教育应着重以利益冲突为重点，帮助公职人员认识到财产公开的目的是要防止利益冲突，预防腐败，是维护公务员和政府廉洁声誉的措施。这种教育与疏导需要长期坚持，循序渐进，并在容易发生问题的环节适时提醒。如遇重大节假日、婚丧、乔迁、职务变动、出国考察、外出培训时，可以采取提醒教育或廉政谈话等方式给公职人员以提醒，提高其廉政风险意识，自觉约束行为。

最后，强化防止利益冲突和廉政风险防控的问责机制。无问责则无效果，强化问责机制是保障防止利益冲突和廉政风险防控工作有效进行的关键条件。应该建立职权冻结机制，即如果发现公职人员有明显利益冲突行为和情况，廉政风险很高，组织上可以采取职权冻结措施，阻止其参与重大事项决策、执行等行为，使其利益冲突行为不产生严重后果。待利益冲突处理和风险降低之后，再解除冻结。同时，对隐瞒利益冲突情况、不配合风险点查找的单位与个人，一旦审核确定，就需要强化惩处机制。可以建立诚信管理机制，即"对于发生利益冲突问题且处理不当的领导干部应列入其诚信档案，并规定其在五年内不得提拔任用；若其在日后发生相同利益冲突行为，应予以开除党籍和开除公职处分"。[1]

　　总之，防止利益冲突和廉政风险防控作为预防腐败的措施，应该对接起来发挥制度合力，在尊重中国国情的前提下，要注重整体发展，逐步推进，提高制度的科学性和有效性。

---

[1]　庄德水：《防止利益冲突视角下的廉政风险防控机制创新研究》，见第四届杭州西湖论坛编委会《反腐败：防止利益冲突的理论与实践》，中国方正出版社 2012 年版，第 89 页。

结　语

　　本书将全面风险管理理论和方法引入高等院校利益冲突管理当中，运用德菲尔法、等级全息风险建模扫描高等院校利益冲突风险因素，然后使用风险矩阵分析法、RFRM 方法框架对高等院校利益冲突风险进行过滤和评级。在高等院校利益冲突风险中要保护的公共利益包括高等院校的财务与资产、高等院校功能的正常运行、高等院校的学风、高等院校的声誉。利益冲突是一种伦理困境，这种困境的形成需要一定的条件，同时满足各种条件才能形成实际的利益冲突。本书认为，利益冲突逻辑具有四个基本构成要件，即主体性要件是公职人员、影响性要件是私人利益、客体性要件是公共责任、伦理性要件是行为选择。据此可以确定高等院校利益冲突风险来源的影响因素有以下四个方面：主体性要件是高等院校领导干部和教师，影响性要件是高等院校公职人员私人利益情况，客体性要件是高等院校工作岗位的职权和责任，伦理性要件是高等院校公职人员的思想道德情况。由于高等院校是一个较大规模的系统，其运行涉及大规模的人员与技术，同时由于高等院校在社会文化中的影响较大，其利益冲突风险可能涉及高等院校各个领域和环节，所以引进等级全息建模（HHM）对高等院校的利益冲突风险进行辨识。

　　本书认为，美国高等院校有关利益冲突管理的经验可以借鉴。目前，我国高等院校现有的防止利益冲突制度和措施都不同程度地存在一定的缺陷，而高等院校利益冲突行为主体的能力影响级并不相同，其中行政职务、职称和头衔级别越高的行为主体，对高等院校的公共利益影响越大，尤其是当行政领域与学术领域交叉时，其交叉任职者的影响级成几何倍数增长，意味着这些公职人员一旦发生利益冲突，其后果影响也就很大，破坏性也更大些。而且利益冲突主体的行为能力量级越高，就越会利用高等院校防止利益冲突制度的缺陷。在全面扫描利益冲突风险因素之后，运用 RFRM 方法框架对风险因素进行过滤和评级，然后根据具体评级结果进行高等院校风险管理。

利益冲突风险控制是实施利益冲突风险评估工作的最终目的。高等院校要在利益冲突风险评估基础上，建立利益冲突风险控制机制，包括利益冲突风险预警机制、利益冲突信息公开机制、利益冲突风险补救机制和利益冲突监督机制。同时，要完善利益冲突风险管理的保障机制，包括在国家层面建立防止利益冲突的伦理法规，完善高等院校利益冲突制度建设，增强高等院校利益冲突管理的科技保障，加强高等院校利益冲突文化的研究与教育等。最后本书认为，高等院校利益冲突风险管理作为预防腐败制度安排的有效措施，应该和当前的廉政风险防控工作有机结合起来，才能克服目前具体管理工作中各自的难题。比如目前我国公职人员的"防止利益冲突"观念还普遍没有真正树立，还缺乏一部系统整合的防止利益冲突的法律法规，而且防止利益冲突作为中观制度，还缺乏微观制度的支持。而廉政风险防控在具体工作中还存在理论认识的误区和缺乏高层次制度系统的指导与规范，缺乏全社会和基层执行主体的主动参与和全力配合。因此，在高等院校实践工作中，防止利益冲突与廉政风险防控应该整合对接起来，克服管理碎片化倾向和两者各自的缺陷，发挥制度合力，提高反腐倡廉建设的科学性和有效性。

当然，本书在以下几个方面还有待深入研究：其一，本书只是对高等院校利益冲突风险评估管理过程进行了较为详细的论述，但对高等院校利益冲突风险评估的主体还缺乏具体详细研究，比如评估主体是由高等院校自身成立专门机构，还是由第三方评估组织承担，抑或由利益冲突审查和监督组织承担。其二，本书提出了高等院校利益冲突风险评估的八个指标和确定风险等级的两个维度，即以岗位的重要程度（Ji）、制度的完善程度（Si）、个人职务（Pi）、职称（Ti）影响力、兼职（PTi）情况、冲突资产（Ai）、社会关系（SRi）、个人道德观念（Mi）为指标，首先根据可能性维度进行风险过滤，再根据对高等院校公共利益（高等院校财务与资产、功能、学风、声誉）损害程度为维度进行风险等级评定。这样的指标还缺乏系统性和科学性，有待进一步研究以丰富指标体系，构建更加完善的利益冲突风险评估指标体系。其三，本书在最后提出应当建立防止利益冲突与廉政风险防控的对接机制，以克服各自实践困境，发挥制度合力，提高反腐倡廉建设的科学性和有效性。但是对具体的对接机制论述还缺乏一定的深度，需要进一步的研究和探讨。以上几个问题也是高等院校利益冲突风险管理的核心问题，对此研究也是笔者今后继续努力和探索的方向。

作　者

2014 年秋

附　录

一　乔治·华盛顿大学：《教职人员和研究人员利益冲突与责任冲突政策》The George Washington University. *Policy on Conflicts of Interest and Commitment for Faculty and Investigators*

POLICY ON CONFLICTS OF INTEREST AND COMMITMENT FOR FACULTY AND INVESTIGATORS

Responsible University Official：Provost and Executive Vice President for Academic Affairs

Responsible Office：Office of the Provost and Executive Vice President for Academic Affairs

Policy Statement

Faculty and investigator activities shall be conducted in a manner that avoids inappropriate conflicts of interest and commitment. Conflicts of interest may occur when there is a divergence between a Faculty Member's private interests and professional service to the University. The goal of the University is to establish boundaries within which conflicts of interest are tolerable and beyond which they are intolerable; processes for review of actual and apparent conflicts of interest; and appropriate mechanisms for management of tolerable conflicts of interest.

Reason for Policy/Purpose

This Policy is designed to assist faculty and investigators and the University in the identification of potential and actual conflicts of interest and to support compliance with applicable government regulations. For purposes of this Policy, the terms "Faculty" and "Faculty Member" mean those individuals defined in the Faculty Code, pages 1 and 2, section Ⅰ, subsection B, items 1, 3, and 4, and the term Investigator refers to any person responsible for the design, conduct or reporting of externally sponsored University research, including without limitation Research Scientists, Senior Research Scientists and Lead Research Scientists.

Who Needs to Know This Policy

Faculty and investigators

Policy/Procedures

I. GENERAL STATEMENT

A. Purpose and scope of policy

This Policy is designed to assist faculty and the University in the identification of potential and actual conflicts of interest and to support compliance with applicable government regulations. For purposes of this Policy, the terms "Faculty" and "Faculty Member" mean those individuals defined in the Faculty Code, pages 1 and 2, section I, subsection B, items 1, 3, and 4, and the term Investigator refers to any person responsible for the design, conduct or reporting of externally sponsored University research, including without limitation Research Scientists, Senior Research Scientists and Lead Research Scientists.

B. Underlying principles

The Faculty Code states, "faculty shall have a primary responsibility of devoting their time, thought, and energy to service of the University." Of no less importance is a Faculty Member's responsibility to further his or her own professional development and the goals of his or her professional discipline. Normally a Faculty Member's participation in activities of governmental, industrial, and professional institutions is consistent with academic interests of the University and the Faculty Member.

Conflicts of interest may occur when there is a divergence between a Faculty Member's private interests and professional service to the University. Conflicts of interest differ in nature and degree. The goal of any institution cannot be to eliminate all conflicts of interest. Rather it should be to establish boundaries within which conflicts of interest are tolerable and beyond which they are intolerable; processes for review of actual and apparent conflicts of interest; and appropriate mechanisms for management of tolerable conflicts of interest.

Faculty activities shall be conducted in a manner that avoids inappropriate conflicts of interest. As specifically described in Sections Ⅱ and Ⅲ, conflicts of interest may require review and oversight when:

1. the University is deprived of appropriate (compensated) time and effort of the Faculty Member due to external commitments (for example, when a Faculty Member exceeds the limitations of the "one-day-a-week" rule set forth in Section Ⅱ. B; or accepts obligations that may frequently conflict with scheduled classes or other academic responsibilities);

2. substantial use is made of human and material resources of the University for non-University purposes (for example, when a Faculty Member or Investigator inappropriately uses University equipment, supplies, personnel, and other facilities and resources for activities that yield financial benefit to the Faculty Member, Investigator or a third party; or receives outside financial incentives that distort scholarly activity or the shaping of academic goals; or facilitates the erroneous impression that the University endorses or is connected to an outside activity);

3. the Faculty Member's or Investigator's extra-University financial involvements affect, or reasonably appear to have a significant potential to affect, his or her academic responsibilities, or compromise basic scholarly activity or freedom of action [for example, when a Faculty Member or Investigator hires a family member; or enters into an agreement to limit or delay the free publication, or access to the results, of sponsored research, other than according to normal University practice (as in the case of patents); or has a reportable interest in a transaction described in Section Ⅲ. B; or when a Faculty Member,

Investigator or his or her immediate family member is a founder, board member or equity stakeholder in a company sponsoring the Faculty Member's or Investigator's research] ; or

4. the University is deprived of appropriate potential financial gain (for example, when a Faculty Member or Investigator inappropriately seeks to obtain research support in a manner that substantially undermines responsibilities of the Office of the Vice President for Research; or has an outside commitment that provides an individual or organization, other than the University, intellectual or tangible property rights, such as patent ownership or license rights, that ought to accrue to the University) .

C. Nature of policy

Because precise boundaries are difficult to establish without reference to specific facts, it is prudent to establish a flexible, not formulaic, approach based on principles of fairness and trust. Fairness is advanced by policies firm enough to provide clear guidance and consistency, yet sufficiently flexible to accommodate diversity of discipline and unique circumstance. Trust is advanced by appropriate disclosure and discussion. In light of these principles, this Policy has two essential elements: (1) Faculty are provided a mechanism to report and seek guidance concerning significant actual, potential, and apparent conflicts of interest, thus to ensure appropriate disclosure and that the interests of the Faculty Member and the University are well served. To promote fairness, all faculty are required to report, as set forth in this Policy. (2) Each school shall administer in accordance with this Policy: a procedure for annual Faculty disclosure of reportable actual, potential, and apparent conflicts of interest; disclosure by Faculty of information pertinent to such conflicts; and a procedure for review and resolution of any lack of agreement arising from disclosure of such conflicts.

D. Obligation of University

In its promotion and administration of research and otherwise, the University shall be sensitive to prospective conflicts of interest involving Faculty and Investigators, including, for example, with respect to (1) the independence of Faculty and Investigators to determine subjects of research and scholarship and (2) enabling Faculty and Investigators to report accurately their time and effort.

Ⅱ. CONSULTING, OTHER PROFESSIONAL ACTIVITIES, AND RESEARCH SUPPORT FROM OUTSIDE ENTITIES

A. The merit of external involvements

Increasingly, industry and government rely on university faculties for advice. Such practical contributions from higher education institutions to the nonacademic world have provided many Faculty Members the opportunity to use their knowledge and talents constructively, to strengthen their competence through a greater variety of professional experiences, to enhance the Faculty Member's and the University's scholarly reputation, and to serve the public interest.

B. "One-day-a-week" rule

A full-time Faculty Member may spend the equivalent of up to one working day a week on average during the academic year on outside consulting and other professional activities, provided such commitments do not interfere with University obligations. Payments for such activities are negotiated by the Faculty Member directly and do not involve the University. This privilege is not extended to research Faculty Members paid wholly from research grants or contracts, or other physician Faculty Members whose University contracts preclude such activities.

C. Administration of the rule

The department chair (or, where applicable, head of other pertinent academic unit) and the dean are responsible for ensuring compliance with this Policy and that no Faculty Member abuses this privilege. In particular, Faculty involved in private income-producing activities shall not, absent prior written approval by the Provost and Executive Vice President for Academic Affairs ("Provost and Executive Vice President"), for such purposes substantially utilize University space or resources or the services of secretaries or other University staff, provided that this Policy does not prohibit incidental use of personal office space, local telephone, library resources, and personal computer equipment.

D. Need for written sponsored-research agreements

Before the University enters into any arrangement in which an entity outside the University provides support for research, a clearly stated written agreement should be negotiated that sets forth the Faculty Member's, the Investigator's, the University's, and the external entity's expectations. Funding amounts and other financial arrangements, realistic timetables for mutually agreed objectives, and intellectual property agreements should be in writing before work begins. If the research project involves or may potentially involve a product or service with commercial potential, that prospect must be made known to all parties in advance.

Ⅲ. REPORTABLE INTERESTS

A. Reportable interests (i. e., "significant financial interests") defined

This Section Ⅲ and the disclosure requirements contained in Section Ⅳ apply only to transactions and relationships, described in Section Ⅲ. B, that involve a Faculty Member,[①] Investigator or immediate family member, the University, and an outside entity. For purposes of this Policy:

Ů "Immediate family member" means spouse/domestic partner and dependent children.

Ů "Significant financial interest" means (1) any stock, stock option, or similar ownership interest in the outside entity by the Faculty Member or Investigator that, alone or together with interests of immediate family members, is valued at least at the lesser of $10,000 or five percent of the total ownership interests in the outside entity, excluding any interest arising solely by reason of investment by a mutual, pension, or other institutional investment fund over

---

① Principal investigators should take the lead in identifying those individuals in their organizations who are "responsible for the design, conduct or reporting" of externally sponsored University research and therefore are Investigators potentially subject to conflict of interest disclosure requirements. Such individuals may not be limited to the PI and/or co-PI, but could include, depending on the circumstances, persons such as technicians, other staff members and unpaid lab workers.

which neither the Faculty Member, Investigator nor an immediate family member exercises control; or (2) receipt, individually or collectively by a Faculty Member, Investigator and immediate family members, of, or the right or expectation to receive, income, whether in the form of a fee (e. g., consulting), salary, allowance, forbearance, forgiveness, interest in real or personal property, dividend, royalty derived from the licensing of technology or other processes or products, rent, capital gain, real or personal property, or any other form of compensation, or any combination thereof, that over the last 12 months exceeded or over the next 12 months is expected to exceed $10, 000 in income of all types; or (3) that the Faculty Member, Investigator or immediate family member provides services as a principal investigator for, or holds a management position in, an outside entity. ①

B. Transactions covered

Before the University enters into any transaction potentially presenting an apparent or actual conflict of interest, and annually thereafter, a Faculty Member or Investigator must submit to the school dean a written disclosure of any current or pending relationship of such Faculty Member, Investigator or immediate family member with the outside entity, the relationship of the proposed University activity to the entity, and, if desired, means by which the Faculty Member or Investigator will manage his or her University role in relation to the Faculty Member's, Investigator's or immediate family member's role or interest in the entity. The Disclosure Forms annexed to this Policy pursuant to Part Ⅳ. A. 1. provide descriptions of covered transactions for which Faculty Members and Investigators must make disclosure. Some examples of such covered transactions are:

---

① "Significant financial interest" does not include: (1) salary, royalties or other remuneration from the University; (2) income from seminars, lectures or teaching engagements sponsored by public or non-profit entities; or (3) income from service on advisory committees or review panels for public or non-profit entities.

1. Gifts to the University of cash or property that will be under the control, or will directly support the teaching or research activities, of a Faculty Member or Investigator from an outside entity in which the Faculty Member, Investigator or immediate family member has a significant financial interest;

2. Sponsored-project proposals as to which the involved Faculty Member, Investigator or immediate family member has a significant financial interest in the proposed sponsor or in a proposed subcontractor, vendor or collaborator;

3. University technology-licensing arrangements with an outside entity in which the Faculty Member, Investigator or immediate family member has a significant financial interest;

4. Procurement of materials or services from an outside entity in which the Faculty Member, Investigator or immediate family member has a significant financial interest, if the Faculty Member or Investigator is personally involved in or has the ability to influence the formation or implementation of the procurement transaction; and

5. Submission to an external sponsor of an application for funding of University research in the design, conduct or reporting of which a Faculty Member or Investigator plans to participate that would reasonably appear to affect the Faculty Member's, Investigator's or immediate family member's interest in an outside entity or would reasonably appear to affect the entity's financial interests.

A Faculty Member or Investigator who seeks funding from or who works on a project funded by an external sponsor must comply with that sponsor's additional requirements, if any, related to disclosure, management, and avoidance of conflicts of interest. [See Section III. D regarding sponsored research and Appendix C regarding Public Health Service ("PHS") research proposals and awards.]

C. Ongoing and elective disclosures

In addition to disclosures required under Section III. B, Faculty members and Investigators shall disclose to the department chair (or, where applicable, head of other pertinent academic unit) or dean on an ad hoc basis current or prospective situations that are likely to raise questions of reportable conflict of interest under this Policy, including any new reportable significant financial interests, as soon as such situations become known to the Faculty Member or Investigator. In addition, a Faculty Member or Investigator may elect to disclose voluntarily other financial benefit to the Faculty Member, Investigator or immediate family member, related to an existing or contemplated relationship between the University and an outside entity with which the Faculty Member, Investigator or immediate family member is or expects to be involved, if the Faculty Member or Investigator deems it desirable to seek review in accordance with the procedures specified in Section IV.

D. Additional reporting procedures for research

Consistent with the requirements of external sponsors, including federal government agencies, this Policy is designed to identify potential, actual and apparent conflicts of interest and support compliance with applicable rules and regulations. A number of external organizations, in particular PHS and the National Science Foundation ("NSF"), have developed policies requiring the disclosure of financial conflicts of interest.

1. PHS requirements

Appendix C of this Policy sets forth additional requirements that apply to PHS research proposals and awards. Investigators who plan to participate in PHS-funded research or who are engaged in PHS-funded research must comply not only with this Policy but also with Appendix C.

2. NSF requirements

Under NSF rules,[1] a Faculty Member or Investigator utilizing or seeking NSF funding has a potential conflict of interest if the Faculty Member, Investigator or his/her immediate family member has a "significant financial interest" (as defined in paragraph III. A, above) that could directly and significantly affect the design, conduct or reporting of NSF-funded research. NSF requires the

---

① NSF conflict of interest rules are incorporated into the NSF Award & Administration Guide, Ch. IV. A, "Conflict of Interest Policies", NSF Proposal and Award Policies and Procedures Guide. See Section V of this Policy for a list of resources providing information on financial conflicts of interest.

University to report any conflict the University is unable to manage satisfactorily. As part of the NSF grant proposal process, the University additionally must certify that actual or potential conflicts were, or prior to funding will be, managed, reduced, or eliminated, or disclosed to NSF.

In order to manage conflicts of interest, the University may impose conditions or restrictions on itself, on the design and conduct of research, and on Faculty Members and Investigators, such as requiring:

1) public disclosure of significant financial interests;

2) monitoring of research by independent reviewers;

3) modification of the research plan;

4) disqualification from participation in all or part of the funded research;

5) divestiture of the significant financial interest; and/or

6) severance of relationships that create actual, potential or reasonably apparent conflicts of interest.

In accordance with NSF requirements, the University will maintain all records of financial disclosures made by Faculty Members and Investigators and actions taken by the University with respect to conflicts of interest for at least three years from the termination or completion of the relevant grant, and will make such records available in appropriate circumstances for inspection and review upon request by the agency.

3. Food and Drug Administration requirements

Faculty Members and Investigators also should be aware of Food and Drug Administration (FDA) regulations (21 CFR Part 54) regarding conflicts of interest, which apply to any applicant who submits a marketing application for a human drug, biological product or device, and who submits clinical studies covered by the regulation. The regulations require the disclosure of conflicts or a certification that no financial conflicts exist.

4. Other requirements

Other sponsors may have specific requirements regarding the disclosure of financial interests. For more information, contact the sponsor or the Office of the Vice President for Research.

IV. PROCEDURES FOR REVIEW

A. Review of disclosure form; management of disclosed conflicts

1. Faculty Members and Investigators shall supply the annual and ad hoc disclosures required by Section III on the annexed Disclosure Forms, for confidential review by the Administration. Each dean shall forward to the Provost and Executive Vice President a copy of each Disclosure Form submitted by a Faculty Member or Investigator, any related material submitted by a Faculty Member or Investigator, and the dean's recommendation for action.

2. If the dean, with the concurrence of the Provost and Executive Vice President, determines that the conduct disclosed is permissible under this Policy, the Faculty Member or Investigator shall be so informed in writing. Guidance on types of conduct approved shall be provided the Faculty from time to time, without identifying Faculty Members or Investigators who received approval.

3. If the dean or the Provost and Executive Vice President determines that the conduct may present an actual conflict of interest, or reasonably appears to present a significant potential for such a conflict of interest, within the scope of this Policy, conditions or restrictions to manage or prohibit the conflict, agreeable to the Provost and Executive Vice President, may be imposed. Such conditions or restrictions may include, but are not limited to: Public disclosure of significant financial interests; monitoring of research by independent reviewers; modification of the research plan; disqualification from participation in all or part of an externally funded research project; divestiture of significant financial interests; and severance of relationships that create actual or reasonably apparent conflicts of interest.

4. It is not the object of this Policy to discourage outside activities by Faculty and Investigators that present no actual or reasonably apparent conflict of interest within the scope of this Policy. Instead, the review process is designed to allow Faculty Members and Investigators to undertake permissible activities without concern about later criticism, to provide the University accurate information about those Faculty and Investigator activities, and to be fair to all involved.

B. Procedures for resolving disputes about conflicts

1. If a dean learns from a Faculty Member, Investigator or otherwise of conduct the dean believes presents a significant question under this Policy, the dean should discuss the conduct with the Faculty Member or Investigator; shall relate his or her findings to the Provost and Executive Vice President, and subject to the concurrence of the Provost and Executive Vice President shall advise the Faculty Member or Investigator whether (a) the conduct is permissible under this Policy without conditions or restrictions; (b) may be undertaken subject to conditions or restrictions as described in Section A. 3 above; (c) or should cease, subject to further review. If the dean or Provost and Executive Vice President determines that conditions or restrictions should be imposed, the Faculty Member or Investigator shall, as the case may be, cease the conduct, accept the conditions or restrictions agreeable to the Provost and Executive Vice President, or seek review of the matter by the school's Conflicts Consultation Committee.

2. Any member of the University community ("Complainant") may bring directly to the attention of a school's Committee a probative and not frivolous matter alleged to be reportable under this Policy. A Faculty Member or Investigator whose activity has been questioned shall be entitled to know the identity of the person or persons bringing such allegations to the Committee and the full extent of the allegations.

3. A school's Conflicts Consultation Committee, unless otherwise authorizedby the Provost and Executive Vice President, shall be composed of at least five Faculty Members of the school, elected, ordinarily annually, by the Faculty of the school. The Committee's function shall be to conduct a hearing if necessary, to make written findings about any disputed facts, and to write a reasoned recommendation as to whether the conduct entails a reportable conflict of interest under this Policy and whether the conduct may be undertaken subject to conditions or restrictions.

4. The dean, the Provost and Executive Vice President, the Complainant, the Faculty Member or the Investigator may consult a member of the Conflicts

Consultation Committee informally, with that member's consent, before the matter is referred to it, to discuss whether a given activity would entail a reportable conflict of interest under this Policy and/or what if any conditions or restrictions would be appropriate, but no such informal advice should bind any party to the process described above. The Committee member who has provided such consultation shall not participate in the hearing or decision.

5. The Provost and Executive Vice President shall review the Committee's recommendation, confer with the Dean, and render a formal decision.

6. A Faculty Member or Investigator dissatisfied with the Provost and Executive Vice President's decision may appeal it to the University Conflicts Resolution Panel ("Panel"), which shall be composed of five Faculty Members nominated by the Faculty Senate Executive Committee in consultation with the Provost and Executive Vice President and elected by the Faculty Senate. Members of the Panel shall ordinarily serve for staggered three-year terms.

7. The Panel shall be bound by the factual findings of the school Conflicts Consultation Committee unless in the judgment of the Panel the school Committee clearly failed to consider important facts submitted to it. Ordinarily there should be no need for a hearing before the University Panel and no augmenting of the factual record.

8. A member of the Panel from the school from whose Committee the appeal is taken may not participate in the appeal. No informal or other ex parte communication with members of the Panel shall be permitted as to a matter that has been or may be brought before the Panel.

9. The Panel shall render its report to the affected Faculty Member or Investigator, the dean, and the Provost and Executive Vice President. The conclusion of the Panel shall be forwarded to the Administration for final disposition.

10. To the extent that conduct of Faculty or Investigators who are identified in Section I. D. 1. is ultimately determined to be impermissible under this Policy, the Provost and Executive Vice President (or other supervisors, for Investigators) may impose sanctions not inconsistent with the substantive and procedural requirements of the Faculty Code (or other applicable procedures).

11. A Faculty Member or Investigator whose conduct has been ultimately determined to be permissible under this Policy shall be insulated from school or University sanction for that conduct. However, another Faculty Member or Investigator may not rely on an approval that addressed a different Faculty Member's or Investigator's conduct, as it may have been based on unique circumstances.

Website Addresses for This Policy

GW University Policies http: //www. policy. gwu. edu/

Contacts

Subject	Contact	Telephone
Conflicts of Interest and Commitment	Office of the Provostand Executive Vice President for Academic Affairs	202 – 994 – 6510
Sponsored Research Requirements	Office of the Vice President for Research	202 – 994 – 6255

Who Approved This Policy

The George Washington University Board of Trustees

Faculty Senate of The George Washington University

Steven Lerman, Provost and Executive Vice President for Academic Affairs

Beth Nolan, Senior Vice President and General Counsel

Leo M. Chalupa, Vice President for Research

History/Revision Dates

Origination Date: February 13, 1998

Originally adopted by the George Washington University Board of Trustees February 13, 1998.

Last Amended Date: August 24, 2012

Revisions approved by the Faculty Senate of The George Washington University May 11, 2012, and by the George Washington University Board of Trustees May 18, 2012.

Revisions approved by the Faculty Senate of The George Washington University February 13, 2004, and by the George Washington University Board of Trustees May 14, 2004.

Revisions approved by the Faculty Senate of The George Washington University January 21, 2005, and by The George Washington University Board of Trustees February 11, 2005.

Next Review Date: **March** 31, 2015

二　美国西北大学：《利益冲突与责任冲突政策》 Northwestern University. *Policy on Conflict of Interest and Conflict of Commitment*

Policy on Conflict of Interest and Conflict of Commitment
Responsible University Official: Provost
Responsible Office:
Northwestern University Conflict of Interest Office (NUCOI)
Origination Date: August 24, 2012
Last Updated: November 16, 2012

Policy Statement

Northwestern University ("Northwestern" or "University") Faculty and Staff have a fundamental obligation to act in the best interests of the University and not let outside activities or outside financial interests interfere with that obligation. Northwestern University expects its Faculty and Staff to advance the University's mission of education, research and service. As part of this responsibility, the University expects Faculty and Staff to apply their time and effort appropriately and use University resources toward University ends. When the application or use of University time or resources results in inappropriate personal advantage, or is detrimental to the University's mission, that use of time or resources represents a conflict between one's interest and that of the University.

Reason for Policy/Purpose

The purposes of this Policy are: to educate Faculty and Staff about situations that generate Conflicts of Interest and Conflicts of Commitment; to provide means for individuals and the University to manage these conflicts; to promote the best interests of students and others whose work depends on Faculty and Staff direction; and to describe situations that are prohibited. All members of the University community are expected to conduct University business with high ethical and legal standards. This Policy establishes a standard of conduct to protect the financial well-being, reputation and legal obligations of the University. Furthermore, this Policy establishes a method to protect the University community from questionable circumstances that might arise and to resolve any apparent or real conflicts.

Who Approved This Policy

Provost

Senior Vice President for Business and Finance

Vice President for Research

Who Needs to Know This Policy

All Faculty and Staff

Website Address for This Policy

Website: http://www. northwestern. edu/coi/policy/index. html

Contacts

If you have any questions with regards to the policy or procedures email: nucoi@ northwestern. edu

Definitions

1. Conflict of Commitment: A situation where an individual engages in outside activities, either paid or unpaid, that interferes with his or her primary obligation and commitment to the University.

2. Conflict of Interest: A situation in which an individual's financial, professional or other personal considerations may directly or indirectly affect, or have the appearance of affecting, his or her professional judgment in exercising

any University duty or responsibility.

3. Faculty: For purposes of this Policy, "Faculty" means any person possessing either a full- or part-time academic appointment in Northwestern University, including faculty-level research appointees, faculty librarians, and contributed service faculty, but normally excluding adjunct faculty[①].

4. Financial Interest: A financial Interest, as described in Section 4.1 of the Policy, is an interest in a business or the receipt or right to receive certain types of remuneration over stated thresholds.

5. Immediate Family Member: The immediate family of a Faculty member or Staff member includes his or her spouse, dependent children, domestic or civil union partner, and others as defined in the Faculty Handbook and Staff Handbook.

6. Outside Professional Activities: An outside activity is any paid or volunteer activity undertaken by a Staff or Faculty member outside the scope of his or her regular University duties. Outside Professional Activities may include consulting, participation in civic or charitable organizations, working as a technical or professional advisor or practitioner, or holding a part-time job with another employer, whether working in one's University occupation or another.

7. Staff: For purposes of this Policy, Staff means any regular, non-exempt and exempt staff in research, academic or administrative positions, including postdoctoral fellows, research associates, coaches, non-faculty physicians and non-faculty veterinarians.

Policy/Procedures

1.0 Guiding Principles

It is the policy of Northwestern University that it's Faculty and Staff conduct the affairs of the University in accordance with the highest ethical and legal

① Adjunct Faculty meeting the definition of Investigator as set forth in the Northwestern University Policy on Conflict of Interest in Research (for example, Adjunct Faculty serving as principal investigator or key personnel on a grant) are subject to the disclosure requirements set forth in the University's Policy on Conflict of Interest in Research.

standards. To avoid a conflict between personal or professional interests and University interests, individuals must not be in a position to act on behalf of or make decisions for the University if their personal economic gain or interest may directly or indirectly influence, or have the appearance of influencing, the performance of their Northwestern duties.

Good judgment of Faculty and Staff is essential, and no list of rules can provide direction for all the varied circumstances that may arise. If a situation raising questions of Conflict of Interest or Conflict of Commitment arises, Faculty and Staff are urged to discuss the situation with their school dean, supervisor or the Northwestern University Conflict of Interest Office (NUCOI) . Access to information collected in connection with this Policy will be limited to those with a need to know and will be shared in accordance with University policy and federal regulations.

1.1 Conflict of Commitment

Northwestern University Faculty and Staff owe their primary professional allegiance to the University; their primary commitment of time and intellectual energies is to the education, research and other programs supporting the University's mission. A Conflict of Commitment occurs when a Staff or Faculty member's professional loyalty is not to Northwestern because the time devoted to outside activities adversely affects their capacity to meet University responsibilities.

Attempts to balance University responsibilities with outside activities - such as consulting, government service, public service, or pro bono work - can result in conflicts regarding allocation of time and energy. Conflicts of Commitment usually involve issues of time allocation. Whenever an individual's outside consulting activities exceed permitted limits as set forth in the Conflict of Commitment section of the Northwestern University's Faculty or Staff Handbooks, as applicable, a Conflict of Commitment exists. The Northwestern University *Faculty Handbook*describes the responsibilities of the Faculty; the *Staff Handbook*describes the responsibilities of the Staff. Faculty and Staff are also subject to the University's *Patent and Invention Policy.*

Faculty and Staff intending to engage in an activity that involves significant effort outside of the University and that may present a Conflict of Commitment must have written approval from the relevant department chair, center director, and dean or department/unit head.

1. 2 Conflict of Interest

Considerations of personal gain must not influence the decisions or actions of individuals in discharging their University responsibilities. Such incentives might create a perception of impropriety and, therefore, require that such conflicts be identified, and then managed, reduced or eliminated.

The following activities are examples of situations that may raise questions regarding an apparent or real Conflict of Interest:

a) Undue personal gain from University funds or resources

b) Excessive or unauthorized use of University time or resources for professional, charitable or community activities

c) Exploitation of students for private gain

d) Compromise of University priorities due to personal financial considerations

e) Unfair access by an outside party to Northwestern programs, services, information or technology

f) Selection of an entity as a University vendor by an individual who has a personal or economic interest in that entity; this includes engaging a relative as an independent contractor, subcontractor or consultant

Northwestern will exercise oversight and care in eliminating or managing Conflicts of Interest that do or may arise because of an individual's personal interest in University activities. The University will not accept or enter into agreements, contracts, gifts or purchases that give rise to a Conflict of Interest unless the conflict can be eliminated or appropriately managed through administrative oversight to protect the interests of the individual and the University.

2.0 Appropriate Use of University Resources

University resources are to be used only in the interest of the University. Faculty and Staff may not use University resources, including facilities, personnel, equipment or confidential information, as part of their outside consulting activities or for any other non-University purposes. Inappropriate use of University resources includes, but is not limited to, the following:

(1) A Faculty member assigning his or her students, Staff or postdoctoral scholars University tasks to advance the Faculty member's own monetary interest rather than to advance the scholarly field or educational needs.

(2) Granting external entities access to Northwestern programs, resources, services, information or technology for purposes outside the University's mission.

(3) Offering inappropriate favors to outside entities in an attempt to unduly influence them in their dealings with the University.

(4) Using for personal gain, or granting others unauthorized access to confidential information acquired through conduct of University business or research activities.

3.0 Situations that May Create a Conflict of Interest

3.1 Outside Professional Activities

3.1.1 Staff

University occupation or another.

Outside Professional Activities that use University resources or an individual's time on the job, thereby competing with the University or conflicting with the performance of the job, present a Conflict of Interest and are not permitted. Activities that present a potential Conflict of Interest require the written permission of the supervisor or department/unit head. Permission is given if the activity does not compete with University activities, result in undue personal gain, or interfere with the performance of the Staff member's University duties.

3. 1. 2 Faculty

Appointment as a Faculty member of Northwestern University confers the obligation to pursue teaching, research and/or University service. Fulfillment of these obligations requires a primary commitment of expertise, time and energy. Faculty engagement in Outside Professional Activities is a privilege and not a right and must not detract from a Faculty member's obligation to his or her University duties.

A full-time appointment conveys an obligation for a Faculty member to have a significant physical presence on campus, to be accessible to students and Staff, to carry his or her share of committee responsibilities, to meet any assigned obligations and to be available to interact with Northwestern colleagues, unless the relevant department chair and/or school dean has granted specific prior approval for extended or frequent absences from campus. Activities such as pro bono work, government service in the public interest and any outside employment unrelated to the Faculty member's University responsibilities must be managed so they do not take precedence over a Faculty member's primary commitment to the University.

Significant management roles (those that involve substantial supervision of the work of others and/or day-to-day responsibility for operating decisions) in private business typically are demanding both in terms of time and energy.

Because full-time Faculty are expected to devote their primary energies and professional interests to their University obligations, they may not accept significant managerial responsibilities as part of their Outside Professional Activities. It will be necessary for a Faculty member to obtain the permission of his or her chair and school dean and may require an unpaid leave of absence from his or her University responsibilities in order to take on a significant management role in an outside entity.

Certain Outside Professional Activities, such as submitting or directing a program of research or scholarship at another institution that could be conducted appropriately at Northwestern, can generate conflicts regardless of the time involved. Northwestern Faculty, absent express approval by the relevant chair and school dean, are prohibited from serving as principal investigators on sponsored projects submitted and managed through other academic, federal or commercial institutions. This stipulation does not apply to subcontracts awarded to the University; it is not intended to limit Faculty members' participation in multi-site training or research programs, nor is it intended to apply to circumstances in which the Faculty member's research requires access to facilities not available at Northwestern.

3.2 Faculty Use of Students in Outside Professional Activities

Student involvement in Faculty enterprises may provide the potential for substantial benefits to the education and career development of the student. Such involvements need to be guided to avoid conflicts of interest or interference with the student's primary educational and research duties. Students and Faculty need to sign the *Student-Faculty Agreement* before engaging in these activities and provide a copy to the school's dean or his or her designee. This includes both paid and unpaid engagements. The dean's office will maintain a list of students involved and will query these students on a biannual basis for the duration of the work to assure that students are engaged voluntarily in meaningful work that does not interfere with their academic progress. In addition, students working for Faculty enterprises must complete an annual conflict of interest disclosure process as set forth below.

3.3 Faculty Use of Staff in Outside Professional Activities

Faculty and others in a supervisory capacity may not require those they supervise to perform services outside those related to their University position. It may be appropriate for Staff to assist Faculty members in their Outside Professional Activities, depending upon the nature and extent of the Staff involvement on an incidental or infrequent basis. However, because such involvement is a potential source of conflict between Faculty members and their Staff, any Staff involvement must be approved by the relevant department chair, center director or dean and discussed with the Staff person.

4. 0 Reporting Requirements for Faculty

4. 1 Financial Interests

Financial Interests create Conflicts of Interest when they provide, or appear to provide, an incentive to the Faculty member to affect a University decision or other University activity (for example, because of the possibility for personal gain) and when the Faculty member has the opportunity to affect the University decision or other University activity (for example, because he/she is the principal investigator for a research project). If there is both sufficient incentive from the Financial Interest and opportunity to affect the University activity, a Conflict of Interest exists.

For purposes of this Policy, "Financial Interest" is one or more of the interests defined below held by a Faculty member or his or her Immediate Family member if the interest reasonably appears to relate to the Faculty member's University responsibilities:

(1) With regard to any publicly traded entity, a Financial Interest exists if the value of any remuneration received from the entity in the twelve months preceding the disclosure and the value of any equity interest in the entity as of the date of disclosure, when aggregated for the Faculty member and members of his or her Immediate Family, exceeds $ 10, 000 OR is more than five percent (5.0%) of a company's equity for any single business. For purposes of the definition of Financial Interest, remuneration includes salary and any payment for services not otherwise identified as salary (e. g., consulting fees, honoraria, paid authorship); equity interest includes any stock, stock option, or other ownership interest, as determined through reference to public prices or other reasonable measures of fair market value;

(2) With regard to any non-publicly traded entity, a Financial Interest exists if the value of any remuneration received from the entity in the twelve months preceding the disclosure, when aggregated for the Faculty member and members of his or her Immediate Family, exceeds $ 10, 000

OR is more than five percent (5.0%) of a company's equity for any single business; or

(3) Intellectual property rights and interests (e. g. , patents, copyrights), upon receipt of income related to such rights and interests. Financial Interests do not include intellectual property rights assigned to the University or agreements to share in the royalties related to such rights.

Financial Interests DO NOT include the following:

(1) Salary, royalties, or other remuneration paid by the University to the Faculty member if the Faculty member is currently employed or otherwise appointed by the University;

(2) Intellectual property rights assigned to the University and agreements to share in royalties related to such rights;

(3) Income from investment vehicles, such as mutual funds and retirement accounts, as long as the Faculty member does not directly control the investment decisions made in these vehicles;

(4) Income from seminars, lectures, or teaching engagements sponsored by a federal, state or local government agency, a qualifying institution of higher education, an academic teaching hospital, a medical center, or a research institute that is affiliated with a qualifying institution of higher education; or

(5) Income from service on advisory committees or review panels for a federal, state or local government agency, a qualifying institution of higher education, an academic teaching hospital, a medical center, or a research institute that is affiliated with a qualifying institution of higher education.

4.2 Annual Reporting Requirement

On an annual basis, all Faculty members must provide information on the nature and extent of their Outside Professional Activities and Financial Interests. Faculty disclosure/certification reports will be submitted to the appropriate school dean's office and University research center, if applicable. At the discretion of the dean, the reports may also be shared with and reviewed by department chairs and division chiefs.

For University research centers, oversight resides with the Northwestern University Conflict of Interest Oversight Committee (COIOC) . Dean's disclosure/certification reports will be submitted to the Provost.

4.3 Disclosure Update Requirement

Faculty members must update their disclosure information in a timely manner as follows:

(1) Current or prospective situations that may raise questions of Conflict of Commitment or Conflict of Interest as soon as such situations become known to the Faculty member. For these situations, Faculty members must provide all information required on an updated annual disclosure/certification report.

(2) Changes in financial interests or external activities, including changes that alter the nature or eliminate an actual or potential conflict previously disclosed.

Activities that may be subject to questions of Conflict of Commitment or Conflict of Interest must be approved before the activity is undertaken.

4.4 Annual Disclosure Reports and Disclosure and Certification of Compliance

Faculty members' annual disclosure/certification reports must:

(1) Certify compliance with Northwestern University's Policy on Faculty Conflict of Commitment and Conflict of Interest;

(2) Report the number of days or percent of time above designated department or school thresholds spent on Outside Professional Activities;

(3) Disclose prior year's Outside Professional Activities (including consulting) or other Financial Interests of the Faculty member;

(4) Disclose any proposals to or awards from any funding agency that could benefit outside entities in which the Faculty member has employment, consulting or other Financial Interests;

(5) Disclose if the Faculty member has served as principal investigator or manager of outside research or business activities in his or her professional field;

(6) Disclose any inventions/creations licensed through Northwestern to any outside entity in which the Faculty member or members of his or her Immediate Family have employment, consulting, or other Financial Interests;

(7) Disclose any inventions/creations developed using University resources to which title has not been assigned to the University; and

(8) Disclose if the Faculty member has involved his or her students or support Staff in Outside Professional Activities.

If there is doubt about the existence of an actual or apparent Conflict of Commitment or Conflict of Interest, the Faculty member should err on the side of disclosing it for review and approval. Each school of the University may request more, but not less, information than that specified above.

4.5 Responsibilities of the School Dean

Each school dean is responsible for establishing guidelines for accepted standards for Outside Professional Activities, including reporting thresholds; for the timely collection and review of annual disclosure/certification forms, as well as updated disclosure reports; and for approving or rejecting activities in which Faculty members proposed to be engaged. Individual schools may have more, but not less, restrictive internal policies than those set forth by the University in this Policy.

5.0 Reporting Requirements for Staff

5.1 Advance Notice

A Staff member about to engage in an activity that may present a Conflict of Commitment or Conflict of Interest must provide written notification to his or her immediate supervisor or department/unit head. The supervisor or department/unit head considers all factors relevant to the situation and advises the Staff member in writing regarding whether the activity may be undertaken.

5. 2 Disclosure

In addition to the advance notice required of a Staff member about to undertake an activity with a possible Conflict of Commitment or Conflict of Interest, each Staff member is to affirm a lack of such conflicts or disclose any Conflict of Commitment or Conflict of Interest or potential Conflict of Interest on an annual basis in response to a questionnaire distributed for that purpose. The immediate supervisor or department/unit head reviews responses to the questionnaire and approves or disapproves relationships or situations where conflict exists. All Staff Conflict of Commitment and Conflict of Interest disclosures are subject to review by the Staff Conflict of Interest Committee.

5. 3 Appeal

If a Staff member disagrees with a decision regarding a Conflict of Commitment or Conflict of Interest, he or she may appeal the determination to the Staff Conflict of Interest Committee. All appeals must be made in writing within 15 calendar days of the date of the Staff member's receipt of the determination regarding the Conflict.

6. 0 Conflicts in Research

Northwestern strongly encourages its Faculty, students and, where appropriate, Staff, to participate in scholarly activities that may benefit not only the participants, but also the University and the larger public. Researchers are expected to carry out such activities with the highest ethical standards. All individuals engaged in research at Northwestern University must follow the *University's Policy on Conflict of Interest in Research*. The Policy on Conflict of Interest in Research supports Northwestern's commitment to the basic values of openness, academic and scholarly integrity as well as to its tradition and expectation that Faculty and Staff will at all times conduct themselves with integrity in their scholarly pursuits.

University researchers must be open about their involvement with and obligations to outside parties who could benefit from the work or ideas of students,

Staff and colleagues, and inform these individuals of any personal or commercial interest in the research project. Similarly, University researchers should provide students, Staff and colleagues with access to information about the sources of funds that support their research.

External sponsors, whether governmental or private, promulgate conflict of interest regulations of their own for investigators seeking research funding. The purpose of such regulations is to promote objectivity in research and to provide a reasonable expectation that the design, conduct and reporting of sponsored research will be free from bias arising from Financial Interests of participating investigators. As a recipient institution of external funding from governmental and nongovernmental sponsors, the University must comply with these regulations. Similarly, investigators engaged in research on human subjects will be expected to comply with the Conflict of Interest provisions of the University's Institutional Review Board (IRB) whether the research is funded from external sources or not. To the extent that such policies and guidelines are more stringent than this Policy and/or the *Policy on Conflict of Interest in Research*, the sponsor's or IRB's regulations or guidelines will take precedence.

7.0 Conflicts Related to the Clinical Environment

Conflicts arising in the clinical environment will be addressed in accordance with the provisions of the *Feinberg School of Medicine Disclosure and Professional Integrity Policy.*

8.0 Northwestern University Conflict of Interest Office

The Northwestern University Conflict of Interest Office (NUCOI) reports to the Office of the Provost. The NUCOI will be responsible for policy development and implementation, training and education. The NUCOI will also interact with and receive periodic updates from the school-based Conflict of Interest committees, as well as the Staff Conflict of Interest Committee and will be responsible for reporting Conflicts of Interest to external sponsors and to the public as set forth in the University's Policy on Conflict of Interest in Research.

9.0 Conflict of Interest Oversight Committee

The Provost has created a Conflict of Interest Oversight Committee (CO-

IOC) comprised of representatives from each of the schools of the University and from central administration. The role of the COIOC includes resolution of potential financial Conflicts of Interest arising through annual or updated disclosures that cross school or Faculty/Staff boundaries or from within University-level research centers, oversight of management plans brought to the Committee's attention by the schools, and other steps needed to ensure consistent application of this Policy throughout the University. The COIOC will also interact with and receive periodic updates from any school-based Conflict of Interest committee, as well as the Staff Conflict of Interest Committee. The COIOC will provide the primary review of appeals filed by Faculty or Staff regarding management plans created by Conflict of Interest committees within individual schools. Finally, the COIOC will oversee and recommend changes, as needed, to the University's Policy on Conflict of Interest and Conflict of Commitment.

10. 0 Appeal Process

If a faculty member disagrees with a management plan issued by their school, he or she may appeal that determination to the COIOC. All appeals must be made in writing within 15 calendar days of the date of receipt of the determination regarding the Conflict. If a Faculty member wished to appeal a Conflict of Interest or Conflict of Commitment under consideration by the COIOC, such an appeal, would be made to the Provost within 15 calendar days of receipt of the COIOC's determination. In the case of a Staff member, appeals are made as set forth above in Section 5. 3. However, should a Staff member be determined to be an Investigator as defined in the University's Policy on Conflict of Interest in Research, he or she may make an appeal of a management plan as set forth in this section to the COIOC and then to the Senior Vice President for Business and Finance within 15 calendar days of the COIOC's determination.

11. 0 Gifts

Favors of any value should be recognized for their potential influence on the objectivity of judgment with respect to the provider and the recipient of the favor. Faculty and Staff shall not solicit a gift or accept a significant gift when such solicitation or acceptance may influence, or have the appearance of influencing, the performance of Northwestern duties. A "significant gift" is defined as any item, service, favor, monies, credits, or discounts not available to others. Faculty and Staff may accept trivial items as a matter of courtesy, but may not solicit them. Acceptance of social invitations to occasional business meals, entertainment and hospitality will be subject to prudent judgment as to whether the invitation places or appears to place the recipient under any obligation. Questions about the value of a gift or the appropriateness of an invitation should be referred to your department chair, center director, dean or department/unit head.

12. 0 Sanctions

Instances of breach of this Policy, including failure to submit or submission of an incomplete, erroneous or misleading annual or ad hoc disclosure/certification report, failure to disclose information as required by this Policy, or failure to comply with prescribed monitoring procedures, will be decided in accordance with applicable disciplinary policies and procedures as stipulated in the Northwestern University *Faculty Handbook* or Northwestern University *Staff Handbook*, as applicable.

Related Information

Staff Handbook

Faculty Handbook

Patent and Invention Policy

Copyright Policy

Gift Policy

Feinberg School of Medicine Disclosure and Professional Integrity Policy

University's Policy on Conflict of Interest in Research

Student-Faculty Agreement

History/Revision Dates

Origination Date: August 24, 2012

Last Amended Date: N/A

Next Review Date: August 24, 2013

参考文献

外文类

[1] OECD. *Managing Conflict of Interest in the Public Service*: *OECD Guidelines and Overview*. Paris: OECD, 2003.

[2] David B. Resnik, *The Price of Truth*: *How Money Affects the Norms of Science*, MA: Oxford University Press, 2007.

[3] Charles Fombrun. Reputation: *Realizing Value from the Corporate Image*. Boston: Harvard Business School Prees. 1996.

[4] Michael Dav. *Conflicts of Interest*, *in Ruth Chadwick (editor-in-chief)*: Encyclopedia of Applied Ethics, Vol. 1, London: Academia press, 1998.

[5] Queensland Crime and Misconduct Commission. *Managing Conflicts of Interest in the Public Sector*. New South Wales Independent Commission Against Corruption, 2004.

[6] Lewis L. Strauss. *Conflict of Interest*, Winter 1964. California Manangmengt Review.

[7] Rebecca Walker. *Effectively Handling Conflicts of Interest*, *Journal of Health Care Compliance*, 2009 (01 – 02).

[8] W. Boulevard. *Conflicts of Interest and Standards of Ethical Conduct*, Arlington, 2007.

[9] P. Pairote. *Conflicts of Interest*: *An Ethical Issue in Public and Private Management*, State of California, 2005.

[10] S. Harper. *Conflicts of Interest and Post-employment Code for Public Office Holders*, Canada, 2006.

中文著作类

[1] 王沪宁:《腐败与反腐败——当代国外腐败问题研究》,上海人民出版社 1990 年版。

[2] 中共中央:《建立健全惩治和预防腐败体系 2008—2012 年工作规划》,中国方正出版社 2007 年版。

[3] 任建明、杜治洲:《腐败与反腐败:理论、模型和方法》,清华大学出版社 2009 年版。

[4] 第四届杭州西湖论坛编委会:《反腐败:防止利益冲突的理论与实践》,中国方正出版社 2012 年版。

[5] 刘新立:《风险管理》,北京大学出版社 2006 年版。

[6] 孔祥仁:《"利益冲突"与预防腐败》,《澳门廉政》,澳门廉政公署,2004 年。

[7] [美] 特里·库珀:《行政伦理学:实现行政责任的途径》,中国人民大学出版社 2001 年版。

[8] [美] 马国泉:《行政伦理:美国的理论与实践》,复旦大学出版社 2006 年版。

[9] 刘明波:《廉政思想与理论》,人民出版社 1994 年版。

[10] [美] D. 诺斯:《经济史中的结构与变迁》,上海三联书店、上海人民出版社 2003 年版。

[11] [美] 雅科夫·Y. 海姆斯:《风险建模、评估和管理》(第 2 版),胡平等译,西安交通大学出版社 2007 年版。

[12] 曾健、张一方:《社会协同学》,科学出版社 2000 年版。

[13] 杨东平:《中国教育公平的理想与现实》,北京大学出版社 2007 年版。

[14] 朱永新主编:《中国教育蓝皮书》(2004),高等教育出版社 2005 年版。

[15] [美] 约翰·布鲁贝克:《高等教育哲学》,郑继伟等选译,浙江教

育出版社 2001 年版。

［16］［美］伯顿·克拉克：《高等教育系统——学术组织的跨国研究》，王承绪等译，杭州大学出版社 1994 年版。

［17］吴晋生：《高校廉政风险防范管理》，华中师范大学出版社 2012 年版。

［18］孙晓莉：《国外廉政文化概论》，中国方正出版社 2011 年版。

［19］张岚：《廉政风险防范管理》，学习出版社 2009 年版。

［20］周琪、袁征：《美国的政治腐败与反腐败——对美国反腐败机制的研究》，中国社会科学出版社 2009 年版。

［21］庄德水：《防止利益冲突与廉政建设研究》，西苑出版社 2010 年版。

［22］李秋芳：《世界主要国家和地区反腐败体制机制研究》，中国方正出版社 2007 年版。

［23］段龙飞、任建明：《香港反腐败制度体系研究》，中国方正出版社 2010 年版。

［24］林喆：《权力腐败与权力制约》（修订本第二版），山东人民出版社 2012 年版。

［25］程文浩：《预防腐败》，清华大学出版社 2011 年版。

［26］中央纪委法规室、监察部法规司：《国外防治腐败与公职人员财产申报法律选编》，中国方正出版社 2012 年版。

［27］李成言：《廉政工程：制度、政策与技术》，北京大学出版社 2006 年版。

［28］胡杨：《反腐败导论》，中共中央党校出版社 2012 年版。

［29］［新西兰］杰瑞米·波普：《制约腐败——构建国家廉政体系》，中国方正出版社 2003 年版。

论文类

［1］庄德水：《利益冲突：一个廉政问题的分析框架》，《上海行政学院学报》2010 年第 5 期。

［2］庄德水：《中国公职人员利益冲突政策的现状及发展对策》，《"中国特色社会主义行政管理体制"研讨会暨中国行政管理学会第 20 届年

会论文集》，2010 年。

[3] 庄德水：《利益冲突视角下的腐败与反腐败》，《广东行政学院学报》2009 年第 12 期。

[4] 庄德水：《利益冲突研究：理论路径、政策视界与廉政分析》，《学习与实践》2010 年第 1 期。

[5] 胡琴：《论政府利益及其冲突治理》，《行政与法》2002 年第 10 期。

[6] 龙太江、博岚岚：《公务员辞职后的利益冲突问题》，《探索与争鸣》2007 年第 6 期。

[7] 周琪：《从解决"利益冲突"着手反腐败》，《中国新闻周刊》2006 年 6 月 5 日。

[8] 程铁军、江涌：《建立健全利益冲突制度》，《瞭望》2010 年 3 月 8 日。

[9] 刘瑞、吴振兴：《政府人是公共人而非经济人》，《中国人民大学学报》2001 年第 2 期。

[10] 邹东升、冯清华：《公共行政的伦理冲突场景与消解途径》，《理论探讨》2007 年第 4 期。

[11] 楚文凯：《腐败概念的泛化和界定》，《中国监察》2005 年第 16 期。

[12] 卢少求：《试析行政组织中的伦理责任及其规避》，《毛泽东邓小平理论研究》2004 年第 11 期。

[13] 肖茂盛：《论公务员的责任冲突及行政伦理决策》，《中国行政管理》2006 年第 5 期。

[14] 谢鹏程：《腐败的源头在哪里》，《研究参考》2007 年第 4 期。

[15] 肖茂盛：《论公务员的责任冲突及行政伦理决策》，《中国行政管理》2006 年第 5 期。

[16] 杜治洲：《我国防止利益冲突制度的顶层设计》，《河南社会科学》2012 年第 1 期。

[17] 林兴：《利益冲突制度的探讨》，《广西社会科学》2005 年第 9 期。

[18] 程文浩：《中国治理和防止公职人员利益冲突的实践》，《广州大学学报》（社会科学版）2006 年第 10 期。

[19] 樊建武：《加拿大预防利益冲突给我们的借鉴与启示》，《理论导刊》2009 年第 2 期。

［20］杨芳勇：《试论"防止利益冲突"与反腐倡廉》，《中共南昌市委党校学报》2009 年第 5 期。

［21］任勇：《风险管理理论在工程合同管理工作中的运用》，《高科技与产业化》2002 年第 1 期。

［22］顾阳、唐晓清：《防止利益冲突制度：理论内涵、制度功能和实践途径》，《探索》2011 年第 2 期。

［23］孔祥仁：《亮出你的家底——美国财产申报制度一瞥》，《正气》2001 年第 5 期。

［24］邬大光：《范·海斯的高教思想》，《高教文摘》1990 年第 6 期。

［25］李廉水：《高校社会服务的性质、内涵与功能研究》，《高等工程教育研究》1990 年第 4 期。

［26］袁贵仁：《做好新形势下的高校稳定工作》，《中国高等教育》2002 年第 2 期。

［27］郑家茂、潘晓卉：《关于加强大学生学风建设的思考》，《清华大学教育研究》2004 年第 4 期。

［28］蔡红梅、李郴生：《高校学风建设的思考》，《湖南社会科学》2004 年第 3 期。

［29］胡锦涛：《在北京大学师生代表座谈会上的讲话》，《光明日报》2008 年 5 月 4 日第 A1 版。

［30］林荣日：《中国研究型大学综合实力评价指标体系设计》，《中国高等教育评估》2002 年第 2 期。

［31］吴剑平、陈星博、孙茂断：《一流大学评价的基本问题探讨》，《教育发展研究》2002 年第 12 期。

［32］何亚明：《高校声誉管理：内涵、意义与策略》，《黑龙江教育（高校教育与评估）》2007 年第 22 期。

［33］段婕：《新时期高校的声誉管理》，《山西财经大学学报》（高等教育版）2006 年第 3 期。

［34］樊怀洪：《私人利益和公共利益的含义及其辩证关系》，《学习论坛》2011 年第 2 期。

［35］谭志合：《当代中国高等学校学术权力与行政权力的关系》，《理工高教研究》2002 年第 8 期。

[36] 姚锡远:《关于高校学术权力问题的思考》,《黑龙江高教研究》2003 年第 6 期。

[37] 杜桂平:《高校学术权力与行政权力的关系》,《中国现代教育装备》2006 年第 5 期。

[38] 张昊、张德良:《高校行政权力与学术权力的张力与耦合——以高校教师发展为例》,《长春工业大学学报》(高教研究版) 2009 年第 3 期。

[39] 黎平:《高等院校防止利益冲突制度初论》,《上饶师范学院学报》2011 年第 2 期。

[40] 周攀、王蓉:《论公职人员财产申报制度的完善》,《四川行政学院学报》2008 年第 5 期。

[41] 尹晓敏:《我国高校信息公开法律制度研究——基于教育部新颁〈高等学校信息公开办法〉的分析》,《现代教育科学》2011 年第 3 期。

[42] 孔祥仁:《防止利益冲突在国外反腐工作中的应用》,《新时代风纪》2001 年第 3 期。

[43] 孔祥仁:《防止利益冲突,从高官做起——美国、英国案例解析》《河南社会科学》2012 年第 2 期。

[44] 肖俊奇:《公职人员利益冲突及其管理策略》,《中国行政管理》2011 年第 2 期。

[45] 赵福浩:《美国高校防止利益冲突构建监督体系》,《中国纪检监察报》2011 年 5 月 9 日。

[46] 任建明:《朝着公开透明的方向改进申报制度》,《学习时报》2010 年 7 月 27 日。

[47] 斯阳、李伟、王华俊:《"制度 + 科技 + 文化"高校廉政风险防控机制建设新探索》,《上海党史与党建》2012 年 8 月号。

[48] 庄德水:《权力结构、利益机制和公私观念——传统官僚制行政的制度—行为分析》,《中共天津市委党校学报》2010 年第 3 期。

[49] 欧召大:《大力推进廉政风险防控机制建设》,《人民日报》2010 年 1 月 27 日第 7 版。

[50] 王琳瑜、杜治洲:《我国防止公职人员利益冲突制度的变迁及完

善》，《广州大学学报》2011 年第 3 期。

［51］张法和：《从防止利益冲突视角看加强廉政风险防控》，《中国纪检
　　　监察报》2012 年 6 月 26 日。

［52］李喆：《文化规范与防止利益冲突》，《中国纪检监察报》2012 年 1
　　　月 10 日。

网站类

［1］中华人民共和国中央人民政府网，http：//www. gov. cn/。

［2］中华人民共和国教育部网，http：//www. moe. edu. cn/。

［3］中华人民共和国国家统计局网站，http：//www. stats. gov. cn/。

［4］中国廉政建设网，http：//www. lzwh. com/。

［5］国家预防腐败局网，http：//www. nbcp. gov. cn/。

［6］新华网，http：//news. xinhuanet. com。